中共福建省委党校中共党史重点学科资助成果

中共福建省委党校中共党史重点学科资助成果

鼓楼史学丛书·区域与社会研究系列

太平天国战争时期江苏人口损失研究

1853—1864

侯竹青 著

中国社会科学出版社

图书在版编目（CIP）数据

太平天国战争时期江苏人口损失研究：1853—1864／侯竹青著.—北京：中国社会科学出版社，2016.11

ISBN 978-7-5161-9437-9

Ⅰ.①太… Ⅱ.①侯… Ⅲ.①太平天国革命战争—人口—损失—史料—江苏 Ⅳ.①K254.106②C924.2

中国版本图书馆 CIP 数据核字（2016）第 290723 号

出 版 人	赵剑英
责任编辑	宋燕鹏
特约编辑	席建海
责任校对	张依婧
责任印制	李寡寡

出　　版	中国社会科学出版社
社　　址	北京鼓楼西大街甲 158 号
邮　　编	100720
网　　址	http://www.csspw.cn
发 行 部	010-84083685
门 市 部	010-84029450
经　　销	新华书店及其他书店
印刷装订	三河市君旺印务有限公司
版　　次	2016 年 11 月第 1 版
印　　次	2016 年 11 月第 1 次印刷
开　　本	710×1000　1/16
印　　张	19.5
插　　页	2
字　　数	328 千字
定　　价	70.00 元

凡购买中国社会科学出版社图书，如有质量问题请与本社营销中心联系调换
电话：010-84083683
版权所有　侵权必究

鼓楼史学丛书·区域与社会研究系列

侯竹青 著

太平天国战争时期江苏人口损失研究

1853—1864

中国社会科学出版社

图书在版编目（CIP）数据

太平天国战争时期江苏人口损失研究：1853—1864／侯竹青著 .—北京：中国社会科学出版社，2016.11

ISBN 978-7-5161-9437-9

Ⅰ.①太… Ⅱ.①侯… Ⅲ.①太平天国革命战争—人口—损失—史料—江苏 Ⅳ.①K254.106②C924.2

中国版本图书馆 CIP 数据核字（2016）第 290723 号

出 版 人	赵剑英
责任编辑	宋燕鹏
特约编辑	席建海
责任校对	张依婧
责任印制	李寡寡

出　　版	中国社会科学出版社
社　　址	北京鼓楼西大街甲 158 号
邮　　编	100720
网　　址	http://www.csspw.cn
发 行 部	010-84083685
门 市 部	010-84029450
经　　销	新华书店及其他书店

印刷装订	三河市君旺印务有限公司
版　　次	2016 年 11 月第 1 版
印　　次	2016 年 11 月第 1 次印刷

开　　本	710×1000　1/16
印　　张	19.5
插　　页	2
字　　数	328 千字
定　　价	70.00 元

凡购买中国社会科学出版社图书，如有质量问题请与本社营销中心联系调换
电话：010-84083683
版权所有　侵权必究

序

侯竹青博士的学术专著《太平天国战争时期江苏人口损失研究》终于出版了，这是她在博士论文基础上的修订本。而同题的博士学位论文早于2008年即已通过答辩。

人口损失研究属于人口史的研究。这是跨学科的有着相当学术难度的研究，因为它要求研究者既须具有扎实的历史学的功底，又须具有一定的人口学的素养，两者缺一不可。

中国进入近代以来，先后有三次较大的人口损失：一是1850—1878年的太平天国战争时期，二是1937—1945年的抗日战争时期，三是1959—1961年的三年困难时期。后两次人口损失，现都已有所研究，其中有些还相当深入。唯独第一次，也即太平天国战争时期的人口损失问题，因距今年代久远，加之清代人口统计制度的不完善和有关统计资料的相对缺失，迄今仍缺乏全面深入的探讨。侯竹青的研究，是很重要的基础性工作。

在这里，有必要重申一下有关人口损失的界定问题。人口损失与人口死亡密切相关，但两者并不是等同的概念。

卞修跃博士在《抗日战争时期中国人口损失问题研究》（华龄出版社2012年版）一书中对于人口损失是这样界定的：

> 人口损失指社会在演进过程中，因受若干因素影响，某一特定区域在一定时段内人口保有量相对其正常发展所应达水准之减损。在非常状态下，灾害、战争和疾病以及大量人口外迁等因素会造成重大的社会人口的减损，从而扭曲人口发展的正常轨道。这种以非常因素造成的社会人口保有量的减损正是我们所指的人口损失，它并不包括社

会常态下人口的自然死亡而导致的人口保有量的减少。所以，我们也可以认为，人口损失指的是特定区域内在具体时段中的社会人口的非正常死亡数以及由于非常因素影响导致的人口相对于按常规发展水准而减损的增长量。（见该书《导论》）

这一界定，也为本书所吸纳采用。

太平天国战争时期，太平军的兵锋曾横扫十数省，其后更有各地各族民众起义或造反的响应。从1850年金田起义的爆发直到1878年最后一支民众造反的平息，前后几达三十年之久。由此可见，研究太平天国战争时期中国的人口损失问题，是一个系统性的大工程，其工作量之巨，远非单独的研究者个人短期内所能承担。而从博士论文的角度，选择其中的某一省区进行系统深入的研究，则具有现实的可操作性。本书作者选择了江苏省。

为什么是江苏？

首先，江苏从1853年太平军攻克南京并将其定为天京直到1864年被湘军攻占，前后十一年间，一直是太平天国与清王朝两军对垒的主战场。战区主要集中于长江以南各府州（包括江北沿岸的个别地方），而偏于海隅的上海乃至江北腹地的里下河等地区，却由于种种原因得以幸免。研究江苏地区的人口损失，显然具有典型意义。

其次，江苏人文发达，地方有修志的优良传统。各府州县不仅战前已修有方志，且战后一经恢复，即有续修之举。士子文人也或多或少留下若干有关这场战争的文字记载。这就使得研究江苏地区的人口损失，有了不可多得的可资利用的地方性史料。

再次，江苏特有的江宁、江苏两个布政使司的设置，也即两个并行的省级行政管理系统，又使其人口册报乃至各自所辖地方的方志修纂，分别具有着不同的特点，这固然增加了人口资料分析的难度，但问题一旦突破，却也使得本书的研究增色不少。

最后，业已出版的各种太平天国的资料，尤其是近年来出版的第一历史档案馆编辑的《清政府镇压太平天国档案史料》，也有若干关于江苏战区的史料可资利用。它们可印证或修正方志的记载，多少提供了战争所直接造成的人口损失乃至人口变迁的信息。

作者在充分占有上述资料的基础上，对本书的篇章结构作了精心的安排。本书正文计六章，除第一章为战前江苏人口概况，第六章为总结性的战时江苏人口之推计外，其余的四章，是将江苏全省各地区概分出四个具有不同类型的案例而分别予以研究，即：战时南京城市人口之变动、战时江宁布政使司（不含南京城）人口损失、战时江苏布政使司（不含上海城）人口损失、战时上海人口状况。这种概分，是切合战时江苏人口变动的实际的，也从而保证了研究的系统和深入。

本书作者对方志资料的使用，尤其是分属江宁、江苏两布政使司的不同册报系统的人口或人丁资料的分析处理，可谓得手应心；对涉及人口学的统计数字，如出生率、死亡率、性别与年龄的构成等，处理应用时也相当娴熟；而在对城市人口的变动（比如南京），对作战双方军队人数、作战死亡人数进行估算时，也有着自己独到的分析处理方式。至于具体数据的判断认定乃至分析处理是否完全得当，那是见仁见智的事。而几种方法的综合运用，则在总体上制约了相关的分析研究不致出现大的偏差。

总而言之，侯竹青的工作，于太平天国战争时期的人口损失研究，打下了相当坚实的基础。而对这一时期中国人口损失的全面深入的研究，仍有俟于来者。

是为序。

姜涛

2016 年 10 月 7 日

目　录

绪　论 ··· (1)
 第一节　学术史的回顾 ··· (3)
  一　对清代人口制度的研究和人口资料的整理 ················· (4)
  二　太平天国战争时期人口死亡和人口损失的研究 ············ (6)
 第二节　基本概念、研究对象和方法论 ····························· (13)
  一　研究对象和基本概念 ·· (13)
  二　相关研究之方法论问题 ······································· (17)

第一章　太平天国战前江苏人口概况 ································· (21)
 第一节　乾嘉道时期江苏人口统计与人口状况 ···················· (21)
  一　人口增长率 ·· (22)
  二　人口性别结构 ··· (28)
  三　人口年龄结构 ··· (31)
  四　人口城乡结构 ··· (32)
 第二节　战前江苏人口之估计 ·· (36)
  一　《嘉庆一统志》江苏人口资料 ······························ (36)
  二　江宁布政使司 ··· (40)
  三　江苏布政使司 ··· (63)
  四　江苏嘉庆二十五年人口数重建 ······························· (72)

第二章　战时南京城市人口之变动 ···································· (76)
 第一节　太平天国奠都时南京人口数 ································ (77)
  一　奠都前太平军人数考察 ······································· (77)

二　太平天国奠都前南京人口 …………………………………… (87)
　第二节　南京城市人口之变动 …………………………………… (90)
　　一　太平天国奠都后南京人数考察 …………………………… (90)
　　二　南京城市人口之变动 ……………………………………… (99)
　第三节　江宁战区军人死亡数 …………………………………… (123)

第三章　战时江宁布政使司（不含南京城）人口损失 ………… (138)
　第一节　宁扬战区人口损失 ……………………………………… (138)
　　一　江北战区（里下河以南地区）军人死亡数 ……………… (139)
　　二　平民死亡状况 ……………………………………………… (147)
　第二节　里下河及其以北地区人口状况 ………………………… (163)
　　一　捻军与里下河及其以北地区人口 ………………………… (164)
　　二　江北里下河及其以北地区自然灾害与人口 ……………… (172)

第四章　战时江苏布政使司（不含上海城）人口损失 ………… (180)
　第一节　战争中军人死亡数 ……………………………………… (180)
　第二节　平民人口损失 …………………………………………… (200)
　　一　1860年江苏布政使司各城市人口损失 …………………… (202)
　　二　战时乡镇人口损失 ………………………………………… (216)
　第三节　自然灾害和人口损失 …………………………………… (240)

第五章　战时上海人口状况 ……………………………………… (260)

第六章　战时江苏人口损失之推计 ……………………………… (275)

结　论 ……………………………………………………………… (288)

附　录 ……………………………………………………………… (293)

参考文献 …………………………………………………………… (297)

表目录

绪　论

表0-1　乾隆以降江苏所辖二、三级政区 ……………………………（14）

第一章

表1-1　清代中叶（1772—1852年）江苏人口年增长率 ………（25）

表1-2　清乾嘉道年间（1772—1839年）江苏所属府县人口
性别比 …………………………………………………………（29）

表1-3　嘉庆二十一年（1816年）东台、青浦的人口
年龄结构 ………………………………………………………（32）

表1-4　《嘉庆一统志》和方志关于江苏各府州厅于嘉庆二十五年
（1820年）的人口统计数 ……………………………………（38）

表1-5　嘉庆二十五年（1820年）江宁布政使司所属各府州厅
人口估计数 ……………………………………………………（40）

表1-6　江宁府所属各县原额人丁和原额军丁 ……………………（44）

表1-7　乾隆四十年（1775年）和嘉庆十四年（1809年）溧水
县人丁占江宁府人丁之比例 …………………………………（46）

表1-8　康熙五十年（1711年）至光绪七年（1881年）淮安府
所属各县人丁 …………………………………………………（54）

表1-9　乾隆四十年（1775年）、乾隆六十年（1795年）、嘉庆
九年（1804年）海州直隶州所属州县人丁 …………………（57）

表1-10　乾隆四十年至同治十三年（1775—1874年）通州
直隶州所属各县丁口 …………………………………………（58）

表1-11　泰兴县乾隆至光绪间丁口数 ………………………………（60）

表1-12　乾隆至光绪年间海门厅的人口状况 ………………………（62）

表1-13 嘉庆十四年（1809年）和嘉庆二十五年（1820年）
江宁布政使司所属各府州厅人数 ……………………（63）
表1-14 苏州府所属各县嘉庆十五年（1810年）、嘉庆二十五年
（1820年）、道光十年（1830年）的人口年均增长
率、性别比 …………………………………………（63）
表1-15 松江府乾嘉间人口（人丁）状况 ……………………（65）
表1-16 常州府乾隆至道光年间的人口、年均增长率 ………（71）
表1-17 嘉庆二十五年（1820年）江宁布政使司所属各州县
人口数 ………………………………………………（74）
表1-18 本书对江宁布政使司所属各府州厅嘉庆二十五年
（1820年）人口之估计 ……………………………（74）
表1-19 太平天国战前江苏嘉庆二十五年（1820年）、道光
三十年（1850年）、咸丰二年（1852年）人口估
计数 …………………………………………………（75）

第二章

表2-1 太平天国奠都初期南京三次人口调查数据 …………（93）
表2-2 太平天国战争时期南京旗兵及家属死亡数 …………（124）
表2-3 《清政府镇压太平天国档案史料》中南京战场太平军
死亡人数统计 ………………………………………（125）
表2-3 《清政府镇压太平天国档案史料》中南京战场太平军
死亡人数统计（续）………………………………（126）
表2-4 江南大营所辖兵勇 ……………………………………（130）
表2-5 1853年8月江南大营所辖兵数 ………………………（131）
表2-6 《清政府镇压太平天国档案史料》中江苏省清方
死亡可查人数 ………………………………………（133）

第三章

表3-1 《清政府镇压太平天国档案史料》江北战区太平军
死亡人数统计 ………………………………………（139）
表3-1 《清政府镇压太平天国档案史料》江北战区太平军
死亡人数统计（续）………………………………（140）

表 3-2	《清政府镇压太平天国档案史料》中江北战区清军死亡人数统计	(144)
表 3-3	太平天国战争时期苏北各地人口死亡情况	(168)
表 3-4	1840—1866年里下河及其以北地区的自然灾害	(174)
表 3-5	1840—1852年和1853—1866年苏北洪涝灾害	(176)

第四章

表 4-1	《清政府镇压太平天国档案史料》江苏布政使司战区历年战役次数	(181)
表 4-1	《清政府镇压太平天国档案史料》江苏布政使司战区历年战役次数（续）	(183)
表 4-2	《清政府镇压太平天国档案史料》江苏布政使司战区太平军伤亡人数统计	(187)
表 4-2	《清政府镇压太平天国档案史料》江苏布政使司战区太平军伤亡人数统计（续）	(188)
表 4-3	英国对太平军作战时期双方伤亡状况	(191)
表 4-4	《清政府镇压太平天国档案史料》江苏省清方死亡可查人数	(196)
表 4-5	历次战役中常胜军的伤亡情况	(199)
表 4-6	地方志中江苏布政使司所属三级政区人口死亡统计数	(201)
表 4-7	江阴各乡镇民团与太平军对峙期间双方伤亡状况	(208)
表 4-8	1860年武进、阳湖地区团练和太平军交战大事记	(223)
表 4-9	太平天国统治时期吴江大事记	(231)
表 4-10	太平军攻占、保卫苏南时战争情况	(235)
表 4-11	道光二十年（1840年）至咸丰二年（1852年）和咸丰三年（1853年）至同治四年（1865年）江苏布政使司自然灾害状况	(243)
表 4-12	太平天国战争期间江苏布政使司所属各地区疫情	(254)

第五章

表 5-1	江苏各县志中太平天国战争时期民众迁徙状况	(261)

第六章
    表 6-1　战争期间苏州府所属各县男丁损失情况 ……………（286）
附　录
    附表 1　江苏民国二十一年人口（1932 年）性别比 …………（293）
    附表 2　苏南各县太平军守将………………………………………（295）

绪 论

本书的题目为《太平天国战争时期江苏人口损失研究（1853—1864）》。选择这一题目，主要出于以下几个原因。

首先，人口是指生活在一定社会生产方式、一定时间、一定地域，实现其生命活动并构成社会生活主体，具有一定数量和质量的人所组成的社会群体。① 任何社会如果没有人的劳动、生产，就不能产生物质文明和精神文明，同时人类的生存发展也需要一定的物质条件做基础。因此，一方面，人口是人类社会发展的基础；另一方面，一定的人口数量、结构、分布也受到社会经济发展条件的限制，且人口数量、人口结构、人口地理分布等人口状况所表现出的各种社会关系和社会联系也是社会的重要组成部分。可见，人口与社会有着密切的关系。因而，人口研究不仅可以认识人口自身的发展规律，也是深入理解当时社会的一个窗口。对历史上的人口进行研究即构成了人口史。②

其次，人口损失，包括直接人口损失和间接人口损失，是人口史研究的重要组成部分。它不仅与天灾有关，更与所谓的"人祸"密不可分，反映着错综复杂的自然和社会关系、社会联系。自秦汉以来，中国人口历史的发展就表现为相当明显的与王朝更替周期大致相同的周期波动性，即随着一个王朝的兴起，中国的人口就会有一个以较高速度增长的时期；然后增长速度逐渐减缓，人口也逐渐达到该周期的峰值；再后即因种种天灾

---

① 刘铮主编：《人口学辞典》，人民出版社1986年版，第21页。
② 历史人口学和人口史均对历史上的人口进行研究，但"历史人口学无疑应更强调规律的总结和理论的构建，更注重整体性的研究，而人口史必须也涉及人口的各种历史事实和数据为基本研究对象，尽管也注意寻求其规律和提高相关的理论水准。"葛剑雄：《中国人口史》，第一卷，复旦大学出版社2005年版，第19页。

人祸引起社会危机的总爆发，造成人口在短时间内大幅度的锐减，并跌落到谷值；此后随着动乱的平定（大多是建立起一个新的王朝），人口也重新走向恢复，进入下一个发展周期。① 而对以农业为立国之本的中国来说，每一次人口损失，不管是人口死亡还是人口流失，都对当时的社会产生了深刻的影响，甚至左右了历史的进程。所以了解某个时期的人口损失有助于进一步加深对人口与社会之间关系的理解。

最后，近代中国有三个时期的人口损失极为严重，分别是太平天国战争时期（1850—1878 年）、抗日战争时期（1937—1945 年）和中华人民共和国成立后三年困难时期（1959—1961 年）。这三次人口损失规模巨大，均达千万之众，对中国近代人口乃至近代历史的发展都产生了重大的影响。学术界对后两次人口损失已有一些初步的研究，唯独被何炳棣称为世界史上规模最大的内战②——太平天国战争所造成的人口损失，由于种种原因，学术界鲜有立足于较为严谨研究基础上的成果，且现有的成果关于这场战争所造成的人口损失有着种种不同的估计。最高的估计数字已逾亿；最少的估计也有 2000 万。③ 这些初步的研究说明了一个问题：传统冷兵器战争对人口的影响是巨大的。对于这一点，毛泽东有着极为深刻的见解，他说：

> 打仗死人我们见过，人口消灭一半在中国历史上有过好几次。汉武帝时五千万人口，到三国两晋南北朝只剩下一千多万。一打几十年，断断续续几百年，三国两晋南北朝宋齐梁陈。唐朝人口开始是两千万，以后到唐玄宗时又达到五千万。安禄山反了，分为五代十国，一两百年一直到宋朝才统一，又剩下千把万。这个道理我和×××讲过，我说现代武器不如中国关云长的大刀厉害，他不信。两次世界大战死人并不多，第一次死一千万，第二次死二千万，我们一死就是四

---

① 姜涛：《近代人口史》，浙江人民出版社 1993 年版，第 2 页。

② 何炳棣著，葛剑雄译：《明初以降人口及其相关问题（1368—1953）》，生活·读书·新知三联书店 2000 年版，第 279 页。

③ 转引自王士达《近代中国人口的估计》，《社会科学杂志》第一卷第 4 期，民国十九年版，第 37 页；陈恭禄《中国近代史》上卷，商务印书馆 1947 年版，第 217 页。

千万。你看那些大刀破坏性多大哪！①

毛泽东对中国历代战争与人口损失之关系和两次世界大战死亡人口的表述，并不是十分准确，但他所提出的"现代武器不如中国关云长的大刀厉害"的命题，足以引发我们对冷兵器时代战争与人口的关系进行深入的探讨。太平天国战争时期的人口损失是中国传统冷兵器战争史上人口损失最为严重的一次②，对中国近代史的进程影响甚大，对其进行研究的意义自不待言。而江苏在太平天国战争这段历史中地位极其重要，不仅作为太平天国都城所在地的南京是战争双方争夺的焦点；且战略重地江苏也是主战场之一，冷兵器和现代兵器先后在此施展，战争在其他战区所表现出的不平衡性和残忍性及其对人口的影响在江苏均可体现。因而，对太平天国战争时期江苏的人口损失进行研究，不仅可起到管中窥豹的效果，且对于研究近代历史的变迁也有很大的帮助。

这样看来，人口损失研究具有多重意义。本书主要通过对太平天国战争前后及期间江苏的人口数据资料、其他相关的文字材料进行较为系统的搜集和整理，拟对太平天国战争时期江苏的人口损失及人口损失相关之问题予以初步的研究，同时对目前这一领域内的研究状况进行回顾和分析，以期对这些问题作出自己的思考与回答。

第一节 学术史的回顾

太平天国史研究至今已持续了近一个世纪。20世纪五六十年代，该研究在国内达到一个高潮，成为中国近代史学科成果最丰、研究最为深入的一个分支，被国内史学界誉为"五朵金花"之一。与此同时，海外学术界也相继出版了一批重要论著。20世纪80年代以来，学界对太平天国社会史亦给予了一定的关注。可以说，这些成果涉及太平天国的政治、经济、文化、社会诸方面。但是与这些丰硕的成果相比，学界对太平天国战

---

① 《学习资料》，1967年。
② 在太平天国战争时期，尤其在战争后期，热兵器已有所使用，但从总体上说，太平天国战争仍属于中国传统的冷兵器战争。

争时期人口损失方面的研究要薄弱得多。

一 对清代人口制度的研究和人口资料的整理

对太平天国战争时期的人口以及相关问题进行研究，前提是了解清代的人口统计制度及拥有系统、准确的人口统计资料。但是学界对人口统计制度的研究和人口资料的整理在相当长的时间内一直比较薄弱。20世纪80年代以前，对学界有重大影响的仅有美国学者何炳棣。1959年，他出版了其力作《明初以降人口及其相关问题（1368—1953）》[①]。该书对明清以来6个世纪的人口发展脉络做了初步梳理，考察了太平天国战争对长江中下游地区人口的影响及战后的移民问题，但没有对太平天国战争时期的人口损失问题做出具体研究。该书更为显著的贡献是对人丁做出了正确的解释：从顺治八年至雍正十二年的"丁统计数既不是人口数，也不是户数或纳税的成年男子数，而只不过是纳税单位"[②]。

20世纪80年代后，出现了一批有分量的人口史专著。在近代人口统计制度和人口资料整理两方面所获丰硕的成果中首推姜涛的《中国近代人口史》。这本书以清代初年为近代人口研究起点，相当程度上填补了中国近代人口史研究的空白。姜涛除了对清初、中期的人口统计制度做出了出色的解释外，还对太平天国战争前后的人口统计数据做了大量的十分烦琐的基础性工作，提出了独到见解。其主要成果是：一、整理人口资料。不管是研究近代的人口还是研究与之相关的问题，均需要可靠的人口数据。因咸丰年间的人口数据已极不可靠，后人多利用《嘉庆一统志》中的人口数据。那么《嘉庆一统志》中的数据是否可靠呢？经过仔细研究，姜涛指出，《嘉庆一统志》中的数据质量不高，除时点差异和统计口径的差异外，各省原载人口往往与按府州厅的合计数不符，有些地区的数据存在很大的错误。并且他根据《大清一统志》、各省《通志》和有关府志，尽可能地对有关数据做了校正处理。此外，他还对清代户部历年的《汇

[①] 原书英文版题作 *Studies on the Population of China, 1368 - 1953*（Harvard University Press, Cambridge, 1958），中译版1989年版题目为《1368—1953年中国人口研究》（上海古籍出版社），再版时改为文中题目。

[②] ［美］何炳棣：《明初以降人口及其相关问题（1368—1953）》，葛剑雄译，生活·读书·新知三联书店2000年版，第41页。

造各省民数谷数清册》做了整理,对每年所缺报的省份、缺报州县的省份一一标出,这为后人利用户部《清册》提供了诸多便利。二、提出了判断数据是否准确的方法。即上一级的人口数字是否准确有赖于下一级的人口数字是否准确。三、发现江苏省有两个人口统计体系。与其他省份不同,江苏有江宁布政使司和江苏布政使司两个布政使司,这两个人口统计体系最大的差异是公布的资料不一致。在《嘉庆一统志》中江苏布政使司提供的是全体民数(人口)的状况,江宁布政使司提供的则是人丁(男丁)的状况。而在战后的人口统计中,"苏南地区,即江苏布政使所属苏州、松江、常州、镇江、太仓等4府1州,在太平天国战后就一直未将所属人口上报"①。在姜涛的发现之前,一些学者对太平天国战争在江苏造成人口死亡数的估计达2400万人,虽然其他学者对这种过高的估计表示怀疑,但缺乏足够的证据证明其错误。如果说何炳棣对"丁"在制度层面的诠释对明清人口史的研究产生了重要影响的话,姜涛的发现则澄清了史学界长期以来存在的错误认识,对中国近代人口史的研究功不可没。

对晚清人口史研究有所发展的还有曹树基。1997年,他在《太平天国战前的中国人口》一文中,提出了研究近代人口的方法,即采用区域比较及人口自然增长率曲线平滑移动的方法重新描述。2001年,在《中国人口史》中他又进一步完善了此方法②。

除了上述专著外,一些论文对清代的人口制度也做出了具体研究。

王跃生在《十八世纪初期中国的人丁数量与人口数量变动研究》一文中,利用1741年以后部分省份奏折中的统计数字得出18世纪初期和中期的丁口比为1:2.35的结论③。曹树基认为"在江宁布政使司辖区中,每一个'男丁'对应着2.09—2.25个人口"④。

---

① 姜涛:《近代人口史》,浙江人民出版社1993年版,第66页。
② 《太平天国战争对苏南人口的影响》,《历史研究》1998年第2期;曹树基:《中国人口史》第五卷,复旦大学出版社2001年版,第70页。
③ 方法为:首先计算出男性人口总数(男大口与男小口之和),然后乘以老年人口占男性人口的比例6.5%得出老年丁口数,再用男大口人数减去老年人丁数,从而得出成年人丁数,最后用成年人丁数除以成丁之外的全部口数(老年人丁数、男小口、女大口和女小口4项之后),得出18世纪初期和中期丁口比为1:2.35。
④ 曹树基:《中国人口史》第五卷,复旦大学出版社2002年版,第76页。

学者对清代人口制度的探索研究为研究太平天国战争时期人口损失提供了基础。

二 太平天国战争时期人口死亡和人口损失的研究

最早对太平天国战争时期人口死亡情况做出量化估计的是当时长期在华的外国人。美国传教士 S. Ells Williams（1857—1876 年任美国公使馆的书记官）认为太平天国战争在所达到的 15 省之内，经过 18 年的屠杀，大约杀死了 2000 万人①。1880 年，美国长老会的医生传教士 Andrew Patton Happer（哈巴安德）在《中国纪事》发表了关于中国人口的论文，他认为：Williams 对近四十年来因战事、灾荒、瘟疫而死亡的人数估计太低，应为 6100 万人，其中太平天国造成的人口死亡至少为 4000 万人。1883 年，他又修正了自己原有的看法，认为人口死亡达 8300 万人，其中太平天国战争造成的人口死亡为 5000 万人②。同样的战争，两人的结论却相差很大。原因在于两人的推论是建立在旅行者于沿路上所见荒地的情况、当地士绅意见的基础上的，既缺乏实际的人口调查，也没有进行考证研究。此外，还有一些传教士或地理学家，他们虽没有直接对太平天国战争时期造成的人口死亡情况加以估计或研究，但从他们在试着对战后中国的人口总数进行估计的论证中，可以看出他们的结论中包含了太平天国战争时期人口死亡的情况，只有没有具体的数字而已。比如，1872 年来华的英格兰传教士 John Ross 认为：经过太平天国战乱和各地的灾荒，中国在 1880 年的人口较 1853 年大不了许多。类似这样的估计还有德国地理学家 Ernest Bethm 与 Hermann Wagner。与 Happe 和 Priwilliams 相比，后几个人对太平天国战争时期的人口死亡情况并没有明确的估计数字③。

---

① 转引自王士达《近代中国人口的估计》，《社会科学杂志》第一卷第 4 期，民国十九年版，第 37 页。
② 同上书，第 37、40 页。
③ 同上书，第 52 页。

除了外国人，国人也逐渐对此问题关注起来。如章炳麟、孙中山等①，但他们对太平天国战争时期的人口损失并没有太多论述。南京国民政府成立后，学界加强了对社会问题的研究，人口问题遂进入了社会学家和历史学家的视野。他们在重点研究当时人口状况的同时，对太平天国战争时期的人口死亡情况也给予了一定的关注。胡焕庸将《东华录》中同治三年（1864年）的25674万人与咸丰元年（1851年）的43189万人进行了对比，得出了"十四年中剧减40%"（即减少17515万）"中国人口下降到惊人的程度"的结论。其中江苏在1874年的人口为1982万人，只有1851年的45%②。他忽略了同治年间因若干省区缺报而导致的不完整人口统计数字与动乱前咸丰元年（1851年）完整的人口数字之间并不存在可比性这一事实；具体到江苏，他把江苏一个布政使司上报的人口数作为整个江苏的人口数，结果夸大了人口损耗的程度。陈恭禄则在其所著《中国近代史》一书中，首倡太平天国革命时期"死者殆有全国人口总数三分之一，约一万万以上"③之说，但他的结论缺乏实证研究。

台湾学者王业键、王树槐，利用《嘉庆一统志》、道光三十年（1850年）的户部《清册》及民国元年（1912年）的人口统计数字，对太平天国战争期间苏南人口的死亡情况进行了定量分析。按照王业键的估计，江苏人口在太平天国之乱期间达1900余万人④。王树槐在王业键研究的基础上，进一步得出了江苏人口在太平天国战争期间减少了55.3%（即2400余万人）的结论⑤。姜涛指出了他们在研究中存在的问题：

> 他们所利用的《嘉庆一统志》中江苏各属人口分布的比例是不

---

① 章炳麟主要对乾隆以后人口骤然增多的因素及其后果进行了探索，见《论民数骤增》，汤志钧：《章太炎政论选集》（上），中华书局1977年版，第17页；孙中山主要探讨了农学对人口增多的作用，见《上李鸿章书》，中山大学历史系孙中山研究室、广东省社会科学院历史研究所、中国社会科学院近代史研究所中华民国史研究所编：《孙中山全集》第一卷，中华书局1981年版，第11页。
② 胡焕庸、张善余：《中国人口地理》上册，华东师大出版社1984年版，第59、60页。
③ 陈恭禄：《中国近代史》上卷，商务印书馆1947年版，第217页。
④ 转引自王树槐《中国现代化的区域研究，江苏省，1860—1916》，"中央研究院"近代史研究所专刊，1987年，第444页。
⑤ 同上书，第444页。

正确的，战后的有关统计，不仅单位（人口、人丁）不统一，时点也很不一致，失之毫厘，谬以千里。因而他们的结论也是不能令人信服的。比如，他们所估计的1850年江苏各属人口中，小小太仓州竟与江宁府同为308万人。据此推算的苏南地区人口总损失竟高达1700—1800万人，以致王树槐也觉得过高而硬行削减为1400万人左右。①

实际上，王树槐在校正过程中采用的数据也是有问题的。嘉庆二十四年（1819年）的人口数字，户部《清册》记载为39274000人，比《嘉庆一统志》多1289000人。这主要是两种不同的统计口径造成的。《嘉庆一统志》中江苏布政使司提供的是人口状况，但江宁布政使司提供的则是人丁状况；《清册》中两个布政使司提供的均是人口状况。王树槐并没有找出真正的原因，最后他采取折中方式，以《嘉庆一统志》中江苏的人口数和清册中江苏的人口数之和（江苏布政使司和江宁布政使司提供的均是人口状况）的平均数估计出咸丰二年（1852年）江苏人口为3500万人，由此计算出江苏在太平天国战争时期人口减少了1400余万人。

1978年之后，大陆学者开始涉足人口史领域，对之进行系统研究的首推赵文林、谢淑君。1988年，他们出版了《中国人口史》，但是该书因对人丁的错误理解致使结论谬之千里②。具体到太平天国战争时期江苏的人口死亡情况，该书认为损耗了一半以上的人口。其采取的计算方法是1852年的人口册报数字（4449万人）减去根据1874年的人口上报数字，推断出1868年的人口数据为1931万③。乾隆四十一年（1776年）以后，具有人口普查意义的登记制度重新建立，因而该书不存在因对丁的误解而产生的错误，问题是赵文林、谢淑君把1874年江宁布政使司上报的一个

---

① 姜涛：《中国近代人口史》，浙江人民出版社1993年版，第163页。
② 何炳棣的著作于1959年出版，当年即送中国科学院近代史研究所一部（英文版）。或许与政治史独霸史坛的特殊时代有关，该书被束之高阁，并未受到重视。直到20世纪80年代，姜涛在其博士学位论文中才加以引用，但在中文版出版之前，何的著作并没有被中国学术界广泛关注，大部分中国学者似乎遗忘了这本书，几乎在与世隔绝的状态下进行研究，对他的研究成果并没有吸纳。
③ 赵文林、谢淑君：《中国人口史》，人民出版社1988年版，第421页。

系统的人口，作为了整个江苏的人口①，因而其得出的结论亦是不正确的。

20世纪90年代以后，中国学者对中国近代人口史给予了前所未有的关注，已有的研究成果重新受到学者们审视。1995年，王育民在《中国人口史》一书中对学术界认为太平天国战争造成中国人口损失逾亿的观点提出了质疑，分析了导致这种结论的原因，并收集了苏、浙、皖三省有关县份战争前后的数据，归纳出各区域人口死亡的百分比，得出了各区战后人口的死亡数。该书关于江苏人口死亡的结论为：咸丰元年（1851年），江苏4430.3万人，倘以同样比例（按照嘉庆二十五年即1820年江苏之府、厅、州人口分布的比例）推算，则苏南、苏北分别为3269.6万人、1160.7万人，前者减少1863.7万人，后者增加208.9万人。通计之，全省实际减耗1654.8万人②。这一做法，避免了战后户部清册中不实的人口数据。但其嘉庆二十五年（1820年）苏南与苏北人口的比重，系据《嘉庆一统志》的错误信息，因而结论是不准确的。

曹树基对太平天国战争时期人口损失问题的研究也有所进展。除《简明中国移民史》外，1997年他又出版了《中国移民史》（清代卷）。该书对姜涛《中国近代人口史》中省略证明过程的江苏两个布政使司有不同人口统计口径的发现进行了检验③，并且进一步发现了江宁布政使司除了存在人丁的统计口径外，在《嘉庆会典》和嘉庆二十五年的户部清册中也存在另外一个统计口径——人口。根据姜涛的研究成果，他对以前的结论给予了订正：苏州府、松江府、太仓直隶州、镇江府、常州府、江宁府、扬州府等苏南地区的人口死亡数分别为425万人、33.0万人、52万人、195.5万人、260.5万人、344.2万人、173.8万人，合计1484万人。在2002年出版的《中国人口史》一书中，他以府为基础，经过比较分析得出：江宁、扬州、镇江、常州、苏州、松江六府和太仓直隶州在太平天国战争中共死亡人口1679万人；同一时期，苏北地区人口净增加了

---

① 犯此错误还有《简明中国移民史》（曹树基等著，福建人民出版社1993年版）、《中国人口通史》（路遇、滕泽之著，山东人民出版社2000年版）、《中国分省区历史人口考》（路遇、滕泽之著，山东人民出版社2006年版）等书。

② 王育民：《中国人口史》，江苏人民出版社1995年版，第539页。

③ 姜涛在其博士学位论文《近代中国人口研究》中有证明过程。

49万人，这是按照战前苏北人口的自然增长率所做出的估计；死亡人口与增加人口相互抵消，人口仍减少了1630万人，战后人口约为战前人口的63.6%。

江苏省地方志编纂委员会于1999年出版的《江苏省志·人口志》一书，以中华人民共和国成立后的江苏政区为准求得太平天国战争期间江苏人口损失数几达1700万（不包括原松江府人口数，再扣除崇明、嘉定、金山三县人口数，扣除划归安徽的萧县、砀山二县人口数，加上从安徽划进的盱眙、泗洪县人口数）。①

此外，杨子慧的《中国历代人口统计资料研究》（改革出版社，1996年）、葛庆华的《近代苏浙皖交界地区人口迁移研究》（上海社会科学院出版社，2002年）、葛剑雄等著的《人口与中国的现代化》（学林出版社，1999年）、段纪宪的《中国人口造势新论——中国历代人口社会与文化发展》（中国人口出版社，1999年）、路遇、滕泽之合著的《中国人口通史》（山东人民出版社，2000年）等一些资料汇编和专题研究成果的一些章节，对太平天国战争时期的人口状况也有概括性阐述。

至于对太平天国战争时期人口死亡情况有所论述的论文主要有以下几篇。周源和的《清代人口研究》一文统计出了1851年至1868年人口变化不大的12个省和人口变化剧烈的9个省，其中"尤以浙江、江苏、河北酷烈，人口亡失竟多在二千万以上"②。王育民认为江苏全省减耗1622万人③。曹树基则认为江苏人口减少了1413万人，战后人口约为战前人口的63%④。谢世诚等论述了太平天国统治下苏福省各县的人口损失的原因及其情况，认为当时人口损失达7057348人，占战前人口的70%⑤。行龙对太平天国战争时期江南地区的人口损失和人口迁移状况也进行了探讨⑥。李楠、林矗用历史自然试验的方法对太平天国战争对近代人口影响

---

① 江苏地方志编纂委员会：《江苏志·人口志》，方志出版社1999年版，第64页。
② 《清代人口研究》，《中国社会科学》1982年第2期。
③ 《太平天国革命时期"人口损耗逾亿说"辨证》，《学术月刊》1993年第6期。
④ 《太平天国战争对苏南人口的影响》，《华东理工大学学报》（文科版）1997年第4期。
⑤ 《太平天国苏福省人口初探》，《学海》1993年第2期。
⑥ 《论太平天国革命前后江南地区的人口变动及其影响》，《中国经济史研究》1991年第2期。

进行了分析,得出战争区人口死亡数最多不会超过 1 亿人的结论①。

随着太平天国史研究的深入,学界对其丰富的社会史内容也给予了足够的关注。就人口史的研究而言,热点主要集中于对太平天国战争时期人口死亡因素的探讨。葛剑雄等的《人口与中国的现代化》一书认为:

> 太平天国战争期间在长江中下游地区造成了数以千万计的人口死亡,但江苏、安徽、浙江的死亡人口中,只有 30% 是直接死于战争本身,其余 70% 则是死于另一种烈性传染病——霍乱。

作者对造成人口损失的原因做出了这样的分析:

> 当时战争基本上仍然是冷兵器与原始的火器混合性的战争,很难想象双方军队运用如此落后的武器能造成几千万人的死亡。根本的原因还是在于战争破坏了正常的经济生产秩序,再兼双方军队掠夺了平民的食物,造成了大饥荒;而救灾系统已被战争彻底破坏,战争又持续不断,因此人口处于一种长期的饥饿状态,营养不良,身体抵抗力严重下降;此时由于战争死亡人口的尸体无法得到及时的掩埋,空气、水源与食物必然遭受污染。"大灾之后必有大疫",其原理也正在于此。②

路遇、滕泽之在《中国人口通史》中认为清军对太平天国革命的残酷镇压和官军的蹂躏破坏是中国人口损失的重要原因③。李文海等编纂的《近代中国灾荒纪年》一书于 1990 年出版,该书首次对太平天国战争时期疫灾的史料进行了较全面的汇录。1996 年,谢高潮发表了研究性论文

---

① 李楠、林矗:《太平天国战争对近代人口影响的再估计——基于历史自然实验的实证分析》,《经济学》第 14 卷第 4 期。

② 葛剑雄、侯杨方、张根福:《人口与中国的现代化》,学林出版社 1999 年版,第 133、134 页。曹树基也认为:"在太平天国战争期间,苏、浙、皖三省在战争中的死亡人口只占人口死亡总数的 30%,死于霍乱的占 70%"(《鼠疫流行对近代中国得影响》,复旦大学历史地理研究中心主编:《自然灾荒结构与中国社会历史结构》,复旦大学出版社 2001 年版,第 148 页)。

③ 路遇、滕泽之:《中国人口通史》,山东人民出版社 2000 年版,第 793、794 页。

《浅谈同治初年苏浙皖的疫灾》,认为咸丰年间频繁的自然灾害是同治初年瘟疫盛行的前奏,而腐败的政治和残酷的战争则是瘟疫加重的重要因素,结果瘟疫造成了大量的人口死亡。但该文主要是一般性的论述,并没有论证出疫灾导致人口死亡的数量。之后,张剑光在《三千年疫情》一书中也对咸丰、同治初年的疫情给予了一定的关注。近年来,余新忠对太平天国战争时期江南瘟疫的种类、爆发的原因从医学角度进行了研究,对瘟疫与人口的关系也有初步的探讨:因瘟疫死亡的人数占人口总数的8%—15%,一般不会超过20%,疫死人数江南多达320万—600万人[①]。与上述观点不同,李中清、王丰在其著作中,对马尔萨斯的非西方社会以现实性抑制为基础的理论并不赞成,认为死亡对人口的特殊影响不是通过饥荒或流行病而是通过个人的积极干预实现的,委婉表达了对太平天国战争时期灾荒瘟疫对人口影响的看法。[②] 雷伟力和王国斌也否认太平天国战争和光绪大灾导致了死亡率的大量上升和人口的下降,但他们意识到中国人口在1850年至1900年增长相对缓慢,并指出要审慎对待危机死亡率对人口增长的长期影响,而不应夸大19世纪中国灾荒危机死亡率的重要性。[③]

综上所述,学术界对太平天国战争时期人口损失的研究已取得一定的进展,但继续研究的空间还非常广阔。本书主要在前人研究的基础上,以

---

① 李文海等编:《近代中国灾荒纪年》,湖南教育出版社1990年版;谢高潮:《浅谈同治初年苏浙皖的疫灾》,《历史教学问题》1996年第2期;张剑光:《三千年疫情》,江西高校出版社1998年版;余新忠:《咸同之际江南瘟疫探略——兼论战争与瘟疫之关系》,《近代史研究》2002年第5期;《瘟疫下的社会拯救:中国近世重大疫情与社会反应研究》,中国书店2004年版,第214页。

② 李中清、王丰:《人类的四分之一:马尔萨斯的神话与中国的现实(1700—2000)》,陈卫、姚远译,生活·读书·新知三联书店2000年版,第67页。关于中国人口抑制的原因王丰、李中清和陈意新、曹树基曾反复进行论战,见:曹树基、陈意新《马尔萨斯理论和清代以来的中国人口——评美国学者近年来的相关研究》(《历史研究》2002年第1期);王丰、李中清《摘掉人口决定论的光环——兼谈历史人口研究的思路与方法》(《历史研究》2002年第1期);陈意新、曹树基《尊重中国人口史的真实——对〈摘掉人口决定论的光环〉一文之回应》(《学术界》2003年第3期)。

③ William Lavely and R. Bin Wong. "*Revising the Malthusian Narrative: the Comparative Study of Population Dynamics in Late Imperial China*" The Journal of Asian Studies, 1998, (3): 714 - 748。转引自蔡宏俊《太平天国战争中人口损失研究述评》,中国人民大学书报资料中心《中国近代史》2007年第7期。

江苏为视角,对太平天国战争时期人口损失作进一步的探讨,希望把太平天国战争时期人口损失的研究推进一步。

第二节 基本概念、研究对象和方法论

一 研究对象和基本概念

太平天国战争时期江苏人口损失研究的范围大致可以从时间、空间和内容等几个方面予以界定。这就需要确立如下的基本概念。

(1) 太平天国战争时期。广义的太平天国战争时期,是指包括太平天国和各地各族人民反清起义在内的一个较长的战乱时期,其时间范围,是从1850年太平天国金田起义爆发直至1878年年初白彦虎所率领的最后一支回民起义队伍被迫从天山逃出中国境外为止,前后达28年之久[①]。但具体到本书所涉及的江苏时,则系指1852—1864年,也即太平天国占领南京前夕直至其首都被湘军攻克、太平军余部退出江苏全境的这一时间段。

(2) 江苏。本书的江苏系指清代的江苏省。有清一代,江苏所辖范围曾有过数次变更:清顺治二年(1645年)将明代的南京(南直隶)改为江南省,其首府应天府改为江宁府,为两江总督(辖江南、江西)驻地。顺治十八年(1661年)从江南省分出9府(安庆、徽州、宁国、池州、太平、庐州、凤阳、淮安、扬州)4直隶州(徐、滁、和、广德)设安徽省,由江南左布政使领之。康熙五年(1666年),将划归安徽的扬州、淮安、徐州重新划归江南。六年(1667年),江南省改名为江苏省。同年,改左布政使司为安徽布政使司,驻江宁;改右布政使司为江苏布政使司,治苏州,统七府一州(江宁、苏州、常州、松江、镇江、扬州、淮安、徐州直隶州)。雍正二年(1724年),升太仓、邳、海、通四州为直隶州。十一年(1733年),徐州升府,邳降为州,隶属徐州府。乾隆二十五年(1760年),安徽布政使司移治安庆,江苏乃增设江宁布政使司,辖江宁、淮安、徐州、扬州四府和通、海二直隶州(乾隆三十二年即

---

① 关于采用"太平天国战争时期"的原因参见姜涛《太平天国战争与晚清人口》一文,《晚清国家与社会》,社会科学文献出版社2007年版。

1767年，增设海门直隶厅）；江苏布政使司辖苏州、常州、松江、镇江四府和太仓直隶州，直至咸丰、同治年间并无变更。虽然，太平天国曾设立天浦、苏福等省，但仍沿袭清朝府、县的行政区划和府治所在地，并未超出清代江苏省的范围，且为时短，所以本书研究的地理范围即以清代政区为准，具体所辖府州县如表0-1。需要注意的是，上海在太平天国战争时期虽仅是松江府属下的一个普通县城，但因城郊租界的设立，城区除被小刀会起义军占领了较短时间外，在整个太平天国战争时期得以免遭战祸，情况较为特殊。所以本书将对太平天国战争时期的上海单独进行探讨。

表0-1　　　　乾隆以降江苏所辖二、三级政区

	府、直隶州、直隶厅名称	属县名称（含散厅、散州）							
江苏布政使司	镇江府	丹阳县	金坛县	溧阳县	丹徒县				
	常州府	武进县	阳湖县	无锡县	金匮县	宜兴县	荆溪县	江阴县	靖江县
	苏州府	长洲县	吴县	元和县	常熟县	昭文县	昆山县	新阳县	吴江县	镇泽县	太湖厅
	松江府	华亭县	娄县	奉贤县	青浦县	金山县	上海县	南汇县	川沙厅
	太仓直隶州	太仓州	镇洋县	崇明县	嘉定县	宝山县			
江宁布政使司	海门厅								
	江宁府	上元县	江宁县	句容县	溧水县	高淳县	六合县	江浦	
	扬州府	江都县	甘泉县	仪征县	高邮州	兴化县	宝应县	东台县	泰州
	徐州府	铜山县	萧县	砀山县	丰县	沛县	邳州	宿迁县	睢宁县
	海州直隶州	赣榆县	沭阳县						
	淮安府	山阳县	阜宁县	盐城县	清河县	安东县	桃源县		
	通州直隶州	泰兴县	如皋县						

注：在有清一代，江苏有很多同郭县存在：上元、江宁；吴县、长洲、元和；武进、阳湖；无锡、金匮；宜兴、荆溪；常熟、昭文；昆山、新阳；江都、甘泉；泰州、东台。

资料来源：《清史稿·志》《地理五》，第1993—2016页。

（3）人口损失。在已有的人口史研究成果中，对人口损失有着不同的理解。姜涛先生和卞修跃博士对人口损失有明确的定义，这在卞修跃的博士论文《抗日战争时期中国人口损失问题研究》中有全面、准确的阐述，即：

人口损失指社会在演进过程中，因受若干因素影响，某一特定区域在一定时段内人口保有量相对其正常发展所应达水准之减损。在正常状态下，人类的生老病死同样会导致人口保有量的有规律的发展变化。但在非常状态下，疾病、灾害和战争以及大量人口外迁等因素会造成重大的社会人口的减损，从而扭曲人口发展的正常轨道。这种以非常因素造成的社会人口保有量的减损正是我们所指的人口损失，它并不包括社会常态下人口的自然死亡而导致的人口保有量的减少。所以，我们也可以认为，人口损失指的是特定区域内在具体时段的社会人口的非正常死亡数以及由于非常因素影响导致的人口相对于按常规发展水准而减损的增长量。①

该定义既包括了因为战争行为而直接死亡的人数，也包括了这一时期中其他非正常因素诸如灾荒饥馑、疾病瘟疫等而导致的非正常死亡的中国人口，同时也含战争期间所发生的出生率亏缺的人数。② 可见，该定义内涵丰富，涵盖了人口损失的全部内容。根据人口损失的定义，卞修跃在研究抗日战争时期中国人口损失时采用一个简化的公式来求取，即用按常轨发展在抗日战争结束之际中国人口所应达到的数量水准减去抗日战争结束之际中国人口的实际数量，其差额部分即为抗日战争时期中国人口的损失数。卞修跃这种研究人口损失的方法与苏联人口学家 $\Pi.\Pi.$ 雷巴科夫斯基在《苏联人口七十年》中的研究方法有异曲同工之妙。如《苏联人口七十年》在统计 1914—1918 年俄国的人口损失中时认为：

> 在战前的几年（1910—1914 年）中，每年自然增长率平均为 240 万人。如果认为战争第一个前 4 年（1914—1918 年）的情况是这样的话，那么俄国人口在表 1.1（表 1.1 指原书中的表格）所指出的范围内（1914 年俄国的人口数为 139.9 百万——引者按），到 1918 年年初应达到 1.49 亿—1.5 亿人，可是它却少了 800 万—900 万人。

---

① 卞修跃：《抗日战争时期中国人口损失问题研究》，博士论文，第 11—12 页。
② 同上。

这个数目也是战争损失（被击毙的、因伤致死的和被俘没有回来的人），以及在帝国主义战争期间所发生的出生率亏缺的人数。①

但我们也可以注意到，П.П.雷巴科夫斯基对人口损失的计算方法和卞修跃的计算方法略为不同，即卞修跃的公式中未含人口流失。这是因为，卞修跃研究对象的地域范围是全国，人口迁徙基本表现为本土境内的跨区域流动，因外迁出境所构成的人口流失的数量较小可忽略不计；而П.П.雷巴科夫斯基在计算苏联人口损失时由于被俘归来的人多于离开苏联的人②，所以他的"被俘没有回来的人"即那些流失人口。可见，卞修跃与П.П.雷巴科夫斯基对人口的计算方法实质上是相同的。因而本书对人口损失的理解同于卞修跃对人口损失的定义。

（4）太平天国战争时期江苏人口损失。具体到太平天国战争时期江苏人口损失主要包括以下两个方面。第一，直接人口损失。首先是战争死亡人口。凡是在江苏死亡的均可算为战争死亡人口，包括外省籍迁徙到江苏死亡的人口。在战争时期，由于外省籍平民迁徙到江苏的人口很少，所以死亡的外省籍人主要是军人，可统计的死亡军人主要是太平军。其次是流失人口。从理论上说，流失人口是应该讨论的，但因资料所限，在实际操作中很难把握，本书将根据资料情况对其进行探讨。第二，间接人口损失。社会救助能力的下降或人自身抵御能力的下降等导致的超过正常状态下人口的死亡水平而导致的人口损失和战争导致的育龄妇女和婴儿死亡、结婚率降低等导致人口增长率的降低则构成了人口间接损失。人口损失、直接人口损失和间接人口损失存在如下的关系：

太平天国战争时期江苏人口损失＝直接人口损失＋间接人口损失＝战争结束之际江苏人口按常规发展水平应达到的数量－战争结束之际江苏的实际人口数量③。

应该说直接人口损失和间接人口损失均应是本书必须考察的内容，但

---

① ［苏］П.П.雷巴科夫斯基编：《苏联人口七十年》，郭丽群译，商务印书馆1994年版，第17页。
② 同上。
③ 注：战争结束之际江苏的实际人口数量＝战前人口＋战争间出生人口－战争间死亡人口＋战争间迁入人口－战争间迁出人口。

限于目前笔者的识力,更主要的是相关资料的缺失,所以本书主要是对战争时期直接的人口损失进行研究。

二 相关研究之方法论问题

与近代史上后两次大的人口损失的研究相比,太平天国战争时期人口损失的研究存在诸多的不利因素。首先是离现时距离太远,资料很难搜集。进一步说,20世纪以前中国的人丁、户口等统计主要和赋税、徭役或者社会治安联系在一起,并不具备真正人口统计学意义上的人口普查数字。太平天国战争前,乾隆六年(1741年)确立的民数(大小男妇)的统计,至道光末年已严重失实;太平天国战争期间一些省份人口缺报现象严重,而江苏、安徽等省因处于战区,人口根本没有上报,甚至已有的关于人口数据的资料一些亦被毁于战火;战后的人口统计学界有两种不同的观点。何炳棣认为:

> 1851年至1902年这个时期,各省县的人口总数虽然错误百出,可是内中有一种数据还是对人口研究多少有些参考价值。那些由于战争、饥荒、疾疫造成人口锐减和财产大量损失的地区,地方官员奉命挨户清查,以确定尚能负担赋税幸存者的数量。在战争创伤最严重的安徽的大部、江苏南部和浙江北部,地方官统计人口,估计原有耕地的范围,以便给予临时豁免,有时能得到幸存的当地学人的协助。被吸引到受战祸地区来安家的移民的数量对赋税也具有重大的意义,因而随后也作了仔细的检核。当地的幸存者一般都由官府给予某种形式的资助,大致按每一家庭的人口和需要分配。地方官和百姓在进行这些事务时,互相依赖和协同精神使人口登记得以顺利进行。①

姜涛则认为:

> 造成人口统计失实的主要原因,并不在于何氏所谓保甲人口登记

---

① [美]何炳棣:《明初以降人口及其相关问题(1368—1953)》,葛剑雄译,生活·读书·新知三联书店2000年版,第85—86页。

的短缺。苏南地区,即江苏布政使所属苏州、松江、常州、镇江、太仓等4府1州,在太平天国战后就一直未将所属人口上报。保甲册籍中妇女、儿童人数的偏低,也并非太平天国战争以后所特有。户部《清册》中民数统计的失实,是因为有关省份的数据,根本就没有建立在州县人口清查和册报的基础上。①

战后江苏方志所记载的人口数据表明,姜涛的观点符合实际情况。宣统年间具有近代人口统计意义的户口调查,因局势动荡和基层执行的不力,数字并不准确;更糟糕的是,尚存的方志中也多是名不副实的人丁的记载,不能直接利用。这些不利因素决定了我在研究过程中必须首先运用历史学的考证方法对原始资料爬梳剔抉,并结合政区地理方面的知识,分析战争状态下影响江苏人口发展的诸种因素,进而探讨太平天国战争时期江苏各区域人口损失的历史事实,展现太平天国战争时期江苏人口损失的大致脉络。

由于本课题是围绕着太平天国战争时期江苏人口损失为中心而展开的,这就决定了我在研究过程中以历史学方法为主的同时,也要用到人口学的方法。因为还存在着可资利用的相关条件。

首先,中国近代以来虽然人口统计资料严重缺失,但仍有三个可资利用的时点:第一个时点是《大清重修一统志》中的人口资料截止期——嘉庆二十五年(1820年)。这一时点提供了省、府(含直隶州、直隶厅)两级政区人口统计的数字,有利于把握战前人口发展的全局,为估算太平天国战前江苏全省以及到府、直隶州、直隶厅一级的人口奠定了基础。当然,这一人口统计也有其先天不足(比如,江苏一省存在两个截然不同的册报系统,无法直接加以利用),但毕竟为学者提供了研究的基本条件。第二个时点是清末进行全国户口调查的宣统年间(1910年前后)。这次户口调查和方法与现代人口调查的方法已很相近。虽存在人口数缺失或不准确的缺点,但户数资料相对齐全,也比较准确,为学者估算太平天国战后的人口数奠定了基础。第三个时点是全国第一次人口普查的1953年。该次人口普查已是现代意义上的人口普查,资料比1820年和1910年远为

---

① 姜涛:《中国近代人口史》,浙江人民出版社1993年版,第66页。

翔实可靠，也便于人口学方法的应用，缺点是时间离太平天国战争时期太远。

其次，江苏由于经济文化的发达，迄今仍留有大量可资利用的方志。这些方志存在局限。因为方志大多是官修的，即使是少数私人修的，基本也都是根据官方的档案或资料；尤其是地方志所记录的户口数字，除了民国方志中有一些当时人口的实际调查结果外，其余几乎全部是采取的官方户口数字，有些还存在人为编造的弊端。但方志也有自身的优势。方志不仅可以提供到县一级的人口统计数，有的还有县以下单位的统计数，如里、乡、坊、图、都、保、村等的分区统计数；而且在方志户口数中还可以找到很多男、女、儿童的分类统计数以及分职业的户口统计，这对我们研究当时人口分布、职业构成以及当时的社会生活均有帮助[①]。虽然方志的缺陷使笔者在利用方志时必须慎之又慎，但方志独特的优势也使笔者能有所获。此外，新中国成立以来所搜集的太平天国资料涉及私人著述、清方文献、太平天国文献等各方的记载，尤其是第一历史档案馆所编的《清政府镇压太平天国档案史料》，虽然这些档案史料大量充斥着对战争过程的渲染，关于人口损失的可用资料不是很多，但可印证或纠正方志的相关记载，也可提供太平天国战争时期各地人口变迁的大致情况，特别是战争直接造成的人口损失情况。

最后，存在可利用的人口学条件。人口发展有其规律性，而清代对全体民数的统计中，已有男丁、女口（妇女）、幼童、幼女等分项指标；某些城市，也有对城市人口的统计数，如常州城和杭州城等。尽管现在保存下来的资料已很不齐全，但并非不可利用。因此，一些人口学的指标，如人口增长率、人口性别比、人口年龄结构、人口城乡结构等，还是有可能通过人口学方法计算出结果的。

总之，研究对象的特点和资料的情况决定了笔者在研究过程中以历史学方法为主，同时略涉人口学的方法。

在以上两种方法的指导下，本书大致以时间为经，以地区为纬，探讨太平天国战争期间江苏的人口损失。其章节安排为：第一章，以《大清一统志》、方志所载人口数字为主要依据，对太平天国战前江苏人口概况

[①] 葛剑雄：《中国人口史》第一卷，福建人民出版社2002年版，第126页。

进行探讨；第二章，先考察了太平天国奠都时南京之人数，然后对战争期间南京人口的变动进行考察，以明平民和南京战场军人的损失状况；第三章，探讨了江宁布政使司太平军涉及之区和捻军涉及之区的人口状况；第四章，本部分不仅对军人和平民在战争期间的损失数进行了分析研究，而且对导致人口损失的因素及相关问题进行了探讨；第五章，太平天国战争时期，上海因其特殊的地位，人口得以剧增，该章对其人口变动的情况进行了回顾；第六章，根据战后江苏的人口数据并结合第一章的结论对战争期间江苏人口损失进行了粗略探讨；结论部分对前面几章进行总结，并对文中的一些矛盾现象进行了分析。就逻辑而言，第一章是后几章的基础，它和第六章均是从数据上进行探讨的；第二、第三、第四、第五章是根据其他各种史料进行研究的，是对第六章研究的佐证或补充；第六章与第二章至第五章结合才能从总体上把握战争期间江苏人口的损失状况。

第 一 章

太平天国战前江苏人口概况

人口的发展变化是一个渐进的过程，考查太平天国战争时期江苏的人口损失，需要了解太平天国战前江苏的人口情况。根据本书的需要，该部分主要对战前嘉道时期江苏的人口增长率、人口性别结构、人口年龄结构、人口城乡结构、人口数量等与研究主题相关的内容进行考查。

第一节 乾嘉道时期江苏人口统计与人口状况

清代自清初以降，直至太平天国战前，先后有着两种不同的统计册报体系。从1644年到1740年的人丁编审，统计的是所谓"人丁户口"，但这种人丁统计，"既不是人口数，也不是户口或纳税的成年男子数，而只不过是赋税单位"①，并不能发挥清查人口的职能，更不能作为人口研究的依据。清代中叶以后的"民数"统计，始于乾隆六年（1741年），止于光绪二十四年（1898年），共158年，其中以乾隆、嘉庆、道光三朝及咸丰元年（1851年）的统计较为完整，大体上可以作为人口研究的依据。但是要判断乾隆六年至咸丰元年（1741—1851年）的民数统计准确与否，需要了解这段时间的人口统计制度。

康熙五十一年（1712年），康熙帝下令"滋生人丁永不加赋"。滋生人丁的清查，仍利用编审制度，并归入专门的滋生册内造报。雍正年间的"摊丁入亩"政策导致了沿袭已久的人丁编审制度与赋税征收的彻底分

---

① [美]何炳棣：《明初以降人口及其相关问题（1368—1953）》，葛剑雄译，生活·读书·新知三联书店2000年版，第41页。

离，使编审发挥其拥有的人口统计职能。乾隆帝登基后下决心掌握全体"民数"。乾隆五年（1740年），乾隆帝下令清查全国户口。不过，地方督抚并没有利用编审之际对人口进行彻底清查，而是利用保甲制将乾隆六年的"土著"人口造报入册，因不包括流寓人口，上报人数低于实际人数。乾隆二十二年（1757年），清廷设立保甲条例15条，规定了客民与土著一例编审。虽然清朝确立了人口调查的制度依据，但现实中一些地区的保甲制度并不健全，这些地区的人口册报，是利用编审的机会进行的。而这种人口册报方法一直持续到乾隆三十六年（1771年）。三十七年（1772年），乾隆下令永停编审，此后，人口册报便走上了专倚保甲册籍的道路。这导致了两种后果，一方面，统计上报的对象转变为全体人口，使人口统计更接近于实际；另一方面，由直接面对面的"按户定丁"改为间接的按册籍上报，不仅在统计对象的准确性上打了折扣，也为吏胥的任意编造提供了可能①。乾隆四十年（1775年），因地方州县人口造报不实，乾隆帝大发雷霆，各地在严厉的上谕面前展开了对人口的全面清查，致使1775年全国民数统计数猛增。乾隆四十九年（1784年），保甲制度进一步得以完善，不仅包括定居的全部土著、寄籍人口，连短期逗留的所谓"往来无常者"也在统计之列。嘉庆、道光两朝的统治者也花费了相当多的精力对保甲制度进行整顿。道光十二年（1832年），道光帝曾亲自过问淮安府的盐城县县令上报户口失实的案件。此事说明，迟至道光中叶，江苏对人口的统计和管理还是相当严密的②。虽然，保甲编查时一些妇女、儿童被遗漏，致使统计人口与实际人口存在着一定程度的偏离。但从总体情况看，清中叶所确立的在保甲编查基础之上的人口统计制度使清朝的人口统计能够较为准确地反映人口变动的实际情况，是比较可靠的。

一　人口增长率

人口增长率指标说明在一定时期内人口的增长程度，计算公式为：

人口增长率 =（报告年年中人数 - 基年年中人数之差）/ 基年年中人数。

---

① 姜涛：《中国近代人口史》，浙江人民出版社1993年版，第46页。
② 转引自姜涛《中国近代人口史》，浙江人民出版社1993年版。

如果以一年为期，则计算公式为：

年人口增长率＝本年人口净增加数/年初人数（或者年平均人数）×100%＝（年末人数－年初人数）/年初人数（年平均人数）×100%，用符号表示为：

$$K = P_1 - P_0 / P_0 \ (\bar{p})$$

K 表示年人口增长率，P_1 表示年末人口，P_0 表示年初人口，$\bar{p}$ 表示年平均人口①。该定义包括了人口迁移和人口自然增长两种情况。

表示人口自然增长常用人口自然增长率，计算公式为：

人口自然增长率＝年人口自然增加数/年平均人口数（或年中人口数），用符号表示为：

$$r = (B - D) / \bar{p}$$

B 表示年出生人口，D 表示年死亡人口，$\bar{p}$ 表示年平均人口，r 表示人口自然增长率②。

K 与 r 的关系是：年人口增长率－人口自然增长率＝年人口迁移增长率。但在一个封闭的环境中，在没有人口迁移变动影响的情况下，人口总数的增减变化完全由出生和死亡所决定，人口的年增长率即等同于该人口的自然增长率。人口增长率表示一段时期内人口的增长速度，年人口增长率表明某一个年份的人口增长速度。二者都不能说明在某一段时期内平均每年人口的增长情况。为了便于了解一段时期内平均每年人口增长的程度，人口学常采用年平均增长速度来表示。计算公式为：

年平均人口增长速度＝年平均人口发展速度 － 1　　即 $\bar{x} - 1 = \sqrt[n]{\dfrac{P_n}{P_0}} - 1$

其中 $\bar{x}$ 代表年平均人口发展速度，P_0 代表现有人口总数，P_n 代表估算期人口总数③。

由于历史上的人口数据缺乏系统的统计，在 3 个公式中，只有最后一个公式可以用来解决历史时期的人口问题。但是该公式与根据 $P_n = P_0$

---

① 刘铮等编：《人口统计学》，中国人民大学出版社 1981 年版，第 117 页。K 既包括人口自然增长率，也包括迁移差额的增长率。在封闭的社会中，K 实际上等同于人口自然增长率。

② 刘铮等编：《人口统计学》，中国人民大学出版社 1981 年版，第 119 页。

③ 同上书，第 121—124 页。

$(1+k)^n$（经过长期的观察，人们注意到，如果没有特大的自然灾害、战争、大迁移之类引起人口急剧变动的情形，一个地区、一个国家的人口数总是比较平稳、均匀地增长，而且这个增长数基本上和原有的人数成正比）推算出人口年增长率 $k = \sqrt[n]{\frac{P_n}{P_0}} - 1$ 的计算方法相同①。也就是说，在用来解决历史时期的人口问题时平均人口增长速度和人口年增长率是同一个指标。需要注意的是，以这种方法求得的平均人口增长速度，其数值只与期末年水平和期初年水平有关，而与中间各个年度的水平无关。因而当中间各年连续递减，或时增时减，而期末一年水平较高时，所得平均率也较高。反之，当中间各年递减或时增时减，而期末一年水平较低时，所得数值较低。虽然有这一缺点，但因资料所限，解决历史时期的人口问题时常使用这种方法。也因为这种方法有上述缺点，在解决历史时期的人口问题时候还常用到算术平均增长率。按照人口学的理论，增长率变化对总人口产生的数量效果与将算术平均增长率应用整个时段每一瞬间后产生的效果是相同的②。所以有详尽的人口统计数据时，采用算术平均增长率比较恰当。

学界对太平天国战争前中国人口年增长率有所研究。姜涛对乾隆四十年至嘉庆十七年全国的人口年增长率估计为 8.45‰③。刘翠溶曾用间接方法推测出长江下游清代人口年增长率为 1‰④。地区的差异性导致了人口年增长率的不同，对小范围地区进行考查，需要更为详细、准确的数据，特别是当人口不属于稳定类型时。姜氏的研究主要针对全国，刘氏的研究时间跨度比较大，具体到清代中叶的江苏可能不太适合。人口增长率与人口统计是密不可分的，一方面，准确的人口增长率以可靠的人口数据为支撑；另一方面，人口增长率的变化情况可验证人口数字的真伪。本节第二段已说明乾隆至道光间江苏的人口统计相对比较可靠。笔者根据《中国

---

① 刘铮等编：《人口统计学》，中国人民大学出版社1981年版，第284页。
② 内森·凯菲茨著，郑真真等译：《应用数理人口学》，华夏出版社2000年版，第16页。
③ 乾隆四十年—五十九年人口年均增长率为 8.9‰，乾隆五十九年—嘉庆十七年人口年均增长率约为 8‰（姜涛：《中国近代人口史》，浙江人民出版社1993年版，第29页）。
④ *The Demographic Dynamics of Some Clans in the Lower Yangtze Area*, ca1400 – 1900, Academic Economic Papers, Vol. 9, No. 1, March 1981, pp. 150 – 160.

近代人口史》附录 1749—1898 年分省人口统计表摘录出江苏历年的人口数，并计算出年人口增长率，如表 1-1：

表 1-1　　清代中叶（1772—1852 年）江苏人口年增长率

年度	公元（年）	人口数	年增长率‰
乾隆四十一年	1776	28807628	5.9
四十五年	1780	29495503	9.0
四十六年	1781	29760063	10.1
四十八年	1783	30360911	8.5
五十一年	1786	31142362	9.1
五十二年	1787	31426750	9.7
五十三年	1788	31731714	10.2
五十四年	1789	32056386	10.0
五十五年	1790	32377100	10.3
五十六年	1791	32710336	7.3
五十九年	1794	33431697	6.8
六十年	1795	33659598	7.3
嘉庆十七年	1812	37843501	5.4
二十四年	1819	39273978	6.0
二十五年	1820	39509616	5.4
道光四年	1824	40216306	5.6
五年	1825	40441745	4.9
九年	1829	41225150	4.2
十年	1830	41399438	3.7
十一年	1831	41554272	1.2
十二年	1832	41604624	2.5
十三年	1833	41707114	3.1
十四年	1834	41835678	4.3
十五年	1835	42015922	3.5
十六年	1836	42165034	3.3
十七年	1837	42304594	3.3
十八年	1838	42444855	3.1
十九年	1839	42574510	3.7

续表

年度	公元（年）	人口数	年增长率‰
二十年	1840	42730100	3.7
二十一年	1841	42890141	3.3
二十二年	1842	43032910	3.4
二十三年	1843	43179887	3.7
二十四年	1844	43339172	3.2
二十五年	1845	43475815	3.5
二十六年	1846	43629512	4.2
二十七年	1847	43813520	3.5
二十八年	1848	43965847	2.9
二十九年	1849	44094692	1.4
三十年	1850	44154658	3.4
咸丰元年	1851	44302621	4.3
二年	1852	44494303	

资料来源：《1749—1898年分省人口统计》，姜涛：《中国近代人口史》，浙江人民出版社1993年版，第392—411页。

上表中，从乾隆四十一年到咸丰元年江苏人口年增长率总体上呈下降趋势，大致可以分为三个阶段：乾隆四十五年至五十五年，自然增长率达9‰以上；乾隆五十六年至道光五年，年增长率处于7‰—5‰。道光五年直至太平天国战前年增长率在3‰左右波动。从嘉庆二十五年到咸丰元年江苏人口增长的算术平均率为3.6‰，低于嘉庆二十五年到咸丰元年的人口年均增长率3.9‰。造成这样的差异是因为人口年均增长率仅是根据期初年度和期末年度的人口数计算出的，虽然它反映了这一时段江苏人口的总体发展趋势，但没有考虑到中间各个年度人口的变化（中间各年人口递减或时增时减）；而算术平均值不仅考虑到了期初年度和期末年度的人口数，还考虑到了期初年度和期末年度间各年度的人口变化状况。因而，采用算术平均率更能反映这一时段江苏人口的总体发展趋势。从上表也可看出各个时段中人口增长率有3个特殊的点：乾隆四十一年至四十五年的人口年均增长率为6.0‰；嘉庆十七年至二十年的人口年均增长率为5.4‰；道光十一年和二十九年的人口年均增长率极低，分别为1.2‰和

1.4‰。嘉道间人口年均增长率的异常与自然灾害有关。在太平天国战前，自然灾害多发生在嘉道年间，其中嘉庆十九年（1814年）的旱灾、道光元年（1821年）的大疫、三年（1823年）和二十九年（1849年）的水灾尤为严重。这些灾害不仅范围广，而且影响大。而上述特殊时点的人口增长率除了道光十一年无法解释外，其余正是自然灾害最为严重的时候。以此看来，嘉道年间江苏的人口数据可大致反映人口发展的基本规律，具有一定的参考价值，这与何炳棣对太平天国战前的人口数据看法大致相同①，也可印证本节第二段所转述的姜涛的结论。根据笔者的计算，从嘉庆二十五年至咸丰二年江苏人口算术平均增长率为3.6‰。

值得注意的是，江苏各地区间的人口增长率并不一致。其中，经济发达的苏南地区人口年均增长率低于江苏全省。李伯重认为：

> 在清代，人口稠密的江、浙两省的人口增长率低于全国平均增长速度；而在这两省中人口密度最高的江南，人口增长速度又低于两省的平均增长速度……由此看来，1680—1850年间江南的人口成长率（3‰）约为1700—1850年间全国成长率（6‰）的一半，应当是可能的。②

吴建华的《明清江南人口社会史研究》一文利用明清常州府武进县庄氏宗谱得出人口年均增长率：1723—1805年为0.496%，1806—1856年为-0.135%③。李氏的结论时间跨度长，吴氏的研究范围太小，只能作为本书研究时的参考。而且从后文的研究看，上一级政区的人口增长率通常不完全等同于下一级政区的人口增长率，不过它制约着下一级政区增长

---

① 何炳棣认为1776—1850年清朝的保甲户口登记制度总体上得到忠实的施行（[美]何炳棣：《明初以降人口及其相关问题（1368—1953）》，葛剑雄译，生活·读书·新知三联书店2000年版，第59页）。

② 李伯重：《江南的早期工业化（1550—1850年）》，社会科学文献出版社2000年版，第401页。

③ 吴建华：《明清江南人口社会史研究》，群言出版社2005年版，第71页。

率的变化。如某些府州①的增长率高于全省，另几个府州则必然低于全省，所以在府州一级资料缺失的情况下，可用省级的增长率进行加权处理。因此，笔者在对苏南各地区的人口进行推测时，在没有该地区前后人口年增长率作为参考，也没有相邻地区的人口年增长率作为参考的情况下，以江苏的年增长率为准。

二 人口性别结构

人口性别结构是指一定时间、一定地区男女两性在全体人口中的比重，通常用百分比来表示。人口性别结构的测量方法主要有两个，一是性别比（也叫性比例和男性比，是同一年龄组内每100名女性所对应的男性数），二是出生婴儿性别比（也叫出生性别比，是指某一时期内每100名出生女婴所对应的出生男婴数）。出生性别比决定着未来分年龄性别比以及总人口性别比。根据长期观察的结果，不同时期、不同地区和国家的出生性别比相对稳定，并十分近似地为101—107②。一般来讲，在同期群出生的婴儿中，男性多于女性，但随着时间的推移，人口性别比逐渐下降。成人期的人口性别比降到100左右，达到平衡。老年时（65岁以上）人口性别比在100以下变化（生物学把这种女性人口随年龄组的推移而上升的变动趋势称为女性的性别生存优势）③。如果出现与性别比规律相悖的情况，一定有社会因素或其他原因。由于传统中国重男轻女的偏好，人口性别比偏高，即男子人数超过女子人数。目前所能见到的、能够反应较大范围的人口性别结构的资料，多集中于明清两代。明初洪武年间的人口性别比为112.93，明代永乐以后，由于妇女、儿童往往不入户籍，致使性别比大幅度的抬升。清代前期近百年间（1644—1740年），只有纳税人丁的统计，因而无法全面了解人口性别比的状况。至于清代中叶的人口

---

① 这里的府州系指府和直隶州、直隶厅等二级政区，简称为"府州"。至于和县连成的"州县"之"州"，是指三级政区的县以及县平级的散州以及散厅等。文中没有加以注明的均以此理解。
② 佟新：《人口社会学》，北京大学出版社2006年版，第169页。
③ 同上。

性别比，姜涛在何炳棣研究的基础上，得出了性别比为113—119的结论①。由于地区间的差异性，性别比也是不同的。姜氏和曹氏的结论针对的是全国，仅可供本书参考用。性别比与人口统计密切相关。但是从乾隆三十七年（1772年）与征收丁税相关的人丁编审制度被废后，以后的人口统计，册报到中央的通常只有"大小男妇"的合计数，而缺少按性别，尤其是按年龄指标的详细分类，能为我们提供性别比的人口资料非常有限。具体到江苏，可以提供乾嘉道时期性别比的府县如表1-2：

表1-2　清乾嘉道年间（1772—1839年）江苏所属府县人口性别比

地区	年份	公元（年）	人口总数	男（人）	女（人）	性别比	资料来源
溧水县	乾隆四十年	1775	230618	144167	86451	166.8	光绪《溧水县志》
江都县	嘉庆十五年	1810	846005	532907	313908	169.8	嘉庆《江都县续志》
东台县	嘉庆二十一年	1816	1315974	844063	471911	178.9	嘉庆《东台县志》
宝应县	嘉庆十四年	1809	564525	336816	227709	147.9	道光《宝应县志》
海州	嘉庆九年	1804	504881	257420	247461	104.0	嘉庆《海州直隶州志》
赣榆县	嘉庆九年	1804	213677	111953	101724	110.1	嘉庆《海州直隶州志》
沭阳县	嘉庆九年	1804	433873	227437	206436	110.2	嘉庆《海州直隶州志》
如皋县	乾隆三十七年	1772	395038	213526	181512	117.6	嘉庆《如皋县志》
	乾隆四十年	1775	492445	289822	202623	143.0	嘉庆《如皋县志》
	乾隆六十年	1795	578744	343136	235608	145.6	嘉庆《如皋县志》
	嘉庆六年	1801	589495	349149	240346	145.3	嘉庆《如皋县志》
苏州府	嘉庆二十五年	1820	5908435	3387856	2520579	134.4	同治《苏州府志》
吴县	嘉庆二十五年	1820	2109789	1283041	826748	155.2	同治《苏州府志》
长洲县	嘉庆二十五年	1820	479184	285140	194044	146.9	同治《苏州府志》
元和县	嘉庆二十五年	1820	385970	218960	167010	131.1	同治《苏州府志》
昆山县	嘉庆二十五年	1820	404871	203339	201532	100.9	同治《苏州府志》
新阳县	嘉庆二十五年	1820	260663	141354	119309	118.2	同治《苏州府志》
常熟县	嘉庆二十五年	1820	652438	377918	274520	137.7	同治《苏州府志》

---

① 姜涛：《中国近代人口史》，浙江人民出版社1993年版，第300页。但《人口与历史——中国传统人口结构研究》（人民出版社1998年版，第224页）一书中根据更多的数据重新分阶段计算的结果，认为清代中叶（太平天国革命爆发前）人口统计资料所反映的中国人口性别比为116—121。

续表

地区	年份	公元（年）	人口总数	男（人）	女（人）	性别比	资料来源
昭文县	嘉庆二十五年	1820	461994	260839	201155	129.7	同治《苏州府志》
吴江县	嘉庆二十五年	1820	572083	304057	268026	113.4	同治《苏州府志》
震泽县	嘉庆二十五年	1820	581443	313208	268235	116.8	同治《苏州府志》
松江府	嘉庆二十一年	1816	2482974	1388902	1094072	126.9	嘉庆《松江府志》
华亭县	嘉庆二十一年	1816	302529	167780	134749	124.5	嘉庆《松江府志》
奉贤县	嘉庆二十一年	1816	261898	144279	117619	122.7	嘉庆《松江府志》
娄县	嘉庆二十一年	1816	260523	146005	114518	127.5	嘉庆《松江府志》
金山县	嘉庆二十一年	1816	391224	241183	150041	160.7	嘉庆《松江府志》
上海县	嘉庆二十一年	1816	528747	281244	247503	113.6	嘉庆《松江府志》
川沙厅	嘉庆二十一年	1816	112462	60596	51866	116.8	嘉庆《松江府志》
南汇县	嘉庆二十一年	1816	416497	224461	192036	116.9	嘉庆《松江府志》
青浦县	嘉庆二十一年	1816	209094	123354	85740	143.9	嘉庆《松江府志》
溧阳县	嘉庆十六年	1811	624581	343605	280976	122.3	光绪《溧阳县志》
江阴县	道光十九年	1839	978461	564603	413858	136.4	道光《江阴县志》

注：（1）各县男子数、女子数以及人口总数系笔者根据方志所载合计；

（2）性别比为每100女性所对应的男性数；

（3）方志中一些地区载有更详细的信息：嘉庆二十一年，东台县的男丁、幼童数为分别为485151人、358912人；松江府的男丁、幼童分别为1307614人、81288人，妇女、幼女分别为1056799人、37273人；奉贤县的男丁、幼童分别为103447人、40832人，妇女、幼女分别为93232人、24387人；青浦县的男丁、幼童分别为82898人、40456人，妇女、幼女分别为72854人、12886人。

上表29个府县中，20个府县的人口性别比高于120，占了大多数。而在没有受到战争影响的地区，民国二十一年的性别比超过120的县中除了泗阳县（清代的桃源县）外，其他的几乎都在120以内①。乾嘉道时期的性别比高主要是女性统计的缺失，习惯上往往有意无意漏报；至于民国时期的性别比偏低，一是统计的更为真实，二是战争环境下男性确实有所减少。但因民国时期的数据距离太平天国战争较远，只能作为一种参考。因而在没有数据可供参考的情况下，除了特殊情况外，我们采取略比姜涛

---

① 见附表1《江苏民国二十一年人口性别比》。

估计的最低性别比 113 稍高的性别比 114（采取 114 的原因之一是民国十七年对江苏、湖南等 12 个省进行调查，其中江苏性别比最低为 113.7①）作为没有可参考地方人口的性别比。

三 人口年龄结构

人口年龄结构是一定时点、一定地区各年龄组人口在全体人口中的比重，通常用百分比来表示②。国际上通常根据一个国家或地区的老年人口系数、儿童少年人口系数、老少比和年龄中位数的状况判断一个社会的人口年龄结构类型。依据各种指标，人口年龄结构类型可分为年轻型人口、成年型人口和年老型人口三种。其中年轻型人口是指 0—14 岁人口占 40% 以上的社会；成年型人口中 0—14 岁人口占到 30%—40%；年老型人口 0—14 岁人口则在 30% 以下，而 64 岁以上人口占到 10% 以上③。人口统计或人口普查要求以实足年龄为统计标准，是指某人实际存活的年数，取整数的下限。如不到 1 周岁的人，计为 0 岁，当一个人只差一天就过 19 岁生日了，但人口普查时仍要按照他最近已经经历的生日次数确定为 18 岁。清代的人口年龄结构的分组与现代人口年龄结构的分类非常接近，只不过清代是以虚岁 16 岁为成年，而虚岁计算法的基本原则是从一出发而不是现在所规定的从 0 出发，它以出生当年为 1 岁，即"落地虚 1 岁"，以后每过一次新年便增加 1 岁，清代的 16 岁实际上相当于现代人口统计的 14—15 岁。清代中期乾、嘉、道三朝时的人口年构年龄，姜涛汇集了分大小口的州县，研究的结果为"少年儿童人口比重约集中于 37.5%—39.4%"④。江苏省可提供乾嘉道时期人口年龄结构的府县不多，现查到的仅有东台、青浦和奉贤三县嘉庆二十一年（1816 年）的大小男妇人口数，但青浦嘉庆的人口数被后文证明存在问题，所以舍弃不用，其余两县的人口年龄结构如表 1-3：

---

① 张履鸾：《江宁县四百八十一家人口调查研究》，《民国丛书》第一编，上海书店 1982 年版，第 320 页。
② 佟新：《人口社会学》，北京大学出版社 2006 年版，第 148 页。
③ 同上。
④ 姜涛：《历史与人口——中国传统人口结构研究》，人民出版社 1998 年版，第 252 页。

表 1-3　　嘉庆二十一年（1816 年）东台、青浦的人口年龄结构　　单位：人

地区	年份	公元（年）	成年男子	未成年男	未成年女	成年女子	未成年者占人口的百分比	资料来源
东台	嘉庆二十一年	1816	485151	358912		471911	27.3%	嘉庆《东台县志》
奉贤	嘉庆二十一年	1816	103447	40832	24387	93232	24.9%	光绪《重修奉贤县志》

由于清代儿童和妇女人数常被低估，所以表 1-3 中东台、奉贤二县的未成年人口比重可能是较低的，所以本书采用 27.3%、24.9% 和姜涛的估计数 37.5% 的平均数 30% 作为清代中叶较低的未成年人口比重。

四　人口城乡结构

人口城乡结构属于人口的地域结构系统，但由于社会职业分工上的显著差异，传统社会居民被分成士、农、工、商四大社会集团，其中农民主要居住于乡村，是农业人口，其他三民主要居住于城市，构成了非农业人口。一般认为，中国城镇人口的总数尽管一直趋于上升，但其所占城乡人口比重在唐、宋达到 10% 左右以后，却没有继续提高，反而明显地转为下降，到清朝中后期时城镇人口占总人口的 5%—6%[1]。姜涛在此基础上，经过仔细研究进一步得出："中国传统社会的城市人口在正常情形下，基本维持在总人口的 10% 左右，而非农业人口维持在总人口的 16.7% 左右"[2]，与清代学者包世臣在其著作中所提出的"三民居一，而五归农"[3] 的主张大致相同。美国学者饶济凡则认为：19 世纪中叶江苏城市人口占江苏人口的 7%，其他城市人口的比重也仅为 8.8%。[4] 上述观点中姜涛的城市人口包括了市镇人口在内，其他观点中的城市均是以传统各级行政中心所在地为标准，其城市人口是不包括市镇人口在内的。而美国学者施坚雅按照多数国家的口径，把凡超过 2000 人的居民点都定为城市中心地。他认为，1843 年中国的八大经济区域中，城市人口占总人口

---

[1] 胡焕庸：《中国人口地理》（上），华东师范大学出版社 1984 年版，第 263、254 页。
[2] 姜涛：《历史与人口——中国传统人口结构研究》，人民出版社 1998 年版，第 171 页。
[3] 《说储上篇后序》，包世臣：《安吴四种·中衢一勺》卷七（下）。
[4] Gilbert Rozman, *Urban Networks in Ching China and Tokugawa Japan*, Princeton University Press, 1973, p.218.

的比重为5.1%，其中城市人口比重最大的长江下游区为7.4%①。这种观点遭到中国学者的质疑，如台湾学者刘石吉及以研究江南经济见长的李伯重（观点见下一段）等。可见，因对城市的不同理解得出的城乡人口结构结论也不同。在本书中，城市人口指的是传统各级行政中心所在地的人口，不包括市镇人口。其原因一是县以下市镇人口的相关资料搜集较难，且时间和精力所限，笔者不可能一一探讨；二是战争通常是争夺县城以上或具有军事意义的城池、关隘等，无险可守的市镇通常并不是战争双方关注的重点。太平天国战争时期，交战双方虽亦在城市周围的一些市镇驻守重兵，但通常情况下，主要是因为这些市镇与相关城池的防卫息息相关，是重要的据点，或战略要地，一旦这些市镇被占，就会危及城市本身的安全；反之，一旦这些城池被攻破，这些据点也难持久。但在战争时期属于重要据点的市镇人口在整个城市市镇人口中所占的比重非常有限。所以，本书的城市人口如不特别说明一般是指含县城以上的城市人口，因此下文所推算出的城市人口的比重，比刘石吉（含市镇人口）所推算出的城市人口比重偏低一些。

由于人口分布的不均衡性，不同地区的城乡人口结构并不一致。一般而言，经济发达地区的城乡人口比重较高。具体到清代的江苏，尤其是苏南地区，其城市人口比重当更高。对于苏南地区的城市人口结构，学术界有所研究。台湾学者刘石吉运用地方志的资料，经过统计分析得出乾隆时期吴江县包括重要市镇在内的城市人口占该县人口的35%；并且认为清末江苏一万人以上的城邑人口占总人口的19%②。李伯重则认为：

> 江南东部的苏、松、常、嘉四府的城市化水平，高于西部的杭、湖、镇、宁四府。不过西部四府的人口少于东部四府，而且在西部四府内，杭、湖二府的人口集中在其东部平原地区，而镇、宁二府的人口则集中于沿长江和大运河的地带，在这些地区城市化的水平其实与苏、松、常、嘉相差不多。因此总的来说，不计苏、宁、杭三大城

---

① ［美］施坚雅：《中国封建社会晚期城市研究》，王旭等译，吉林教育出版社1991年版，第74页。

② 刘石吉：《明清时代江南市镇研究》，中国社会科学出版社1987年版，第137、140页。

市，1850年江南八府应当接近于15%。①

上述两位学者，刘氏的城市人口包括了主要城市以外的其他重要市镇的人口，李氏的城市人口因其对城乡及城乡人口简单实用的判定（凡是被称为"市"或"镇"的居民点以及各级城市，都视为城镇地区；城镇地区的居民，不论从事何种职业，均作为城镇人口）② 包括的范围更广。但李氏对城乡人口结构的结论却远低于刘氏的结论。由于刘氏对江南市镇的研究比较详细，其结论可能更接近实际情况。但是由于前段所述原因，刘氏的结论对于本书并不合适。那么江苏的城乡人口结构是多少呢？

清代江苏的苏州、松江、常州府、太仓直隶州以及浙江的杭州、嘉兴、湖州府，被学界称为小江南③。这些地区不仅经济发展程度相当，在人口密度方面也很相似，所以在推测缺乏人口记载城市的人口时可参考人口密度相似的城市的人口数。傅崇兰在推算苏州城内人口时说：

> 如果考虑人口密度，因为杭州、苏州地理位置极为接近，城、乡条件基本相同，城乡的功能和性质也基本相同，其人口密度十分接近。总之，除了苏、杭二城规模略有差别之外，其他一切条件都基本相同。因此，按照杭州城市人口与杭州附郭县人口之比（清代嘉庆二十五年杭州城内市民占附郭县人口总数百分之十六点九八——引者按），估计苏州城市人口与苏州附郭县人口之比，并进而估算出苏州城市人口数量来，可能与实际比较接近。④

杭州城的人口统计数是否包括城外商业区的人口，不可得知。所以还需借助其他城市的城乡人口结构。为了防范太平天国奸细，常州府城曾多次调查人口，赵烈文《能静居士日记》载：

---

① 李伯重：《江南的早期工业化（1550—1850年）》，社会科学文献出版社2000年版，第412页。
② 同上书，第408页。
③ 吴建华：《明清江南人口社会史研究》，群言出版社2005年版，第4页。
④ 傅崇兰：《中国运河城市发展史》，四川人民出版社1985年版，第219—220页。

常州先查保甲时，合城内外有户一万三千，计户不计灶，分析言之，一户中一、二户三、四、五、六户不等，实在四万户。每户牵算五口，即二十余万口。每口每日米半升，一日即须米千余石，每岁四十余万石。①

常州城既是府城所在，又是武进、阳湖两个附郭县县治所在，如可知二县在太平天国战前的人口，即可算出该地区的城市人口结构。二县的人口情况地方志缺载，可做一推测。常州府下辖武阳、锡金、宜荆、江阴、靖江等八县，本章第二节表1－16所载乾隆六十年至道光十年无锡、金匮两县男丁的人口年均增长率为1.4‰，以道光十年的男丁数598483人为基数，以1.4‰的男丁年均增长率回推嘉庆二十五年的男丁数则为567895人。宜兴、荆溪二县从乾隆六十年至道光十八年的男丁年均增长率为8.5‰，以道光十八年的男丁数555655人为基数，以8.5‰的男丁年均增长率回推，嘉庆二十五年宜荆二县的男丁数为490471人。靖江县乾隆五十五年至道光十八年的男丁年均增长率为5.1‰，以道光十八年的男丁数216346人为基数，以5.1‰的男丁年均增长率回推嘉庆二十五年的男丁数为169474人。道光《江阴县志》载道光十九年的男丁为520433人②。常州府除武阳外，其他六县嘉庆二十五年的男丁总数为174.83万人，以江阴的性别比136换算为人口约为303.4万人③，常州府的人口据《嘉庆一统志》载为389.6万人，那么武阳二县嘉庆二十五年的人口数约为86.2万人；如果以1.4‰—8.5‰的人口年均增长率进行推算，则二县咸丰八年的人口为90.9万—118.9万人，取平均值则为104.9万人。赵烈文所载常州城咸丰七八年的人口

---

① 《能静居士日记》，太平天国历史博物馆编：《太平天国史料丛刊简辑》第3册，中华书局1962年版，第217页。

② 陈廷恩等修，李兆洛等纂：《江阴县志》卷四，道光二十年刊本。江阴县嘉庆二十五年的人丁数系笔者根据县志所载合计而成。

③ 江阴县在道光十九年男564603丁，妇女413858人，性别比为136（陈廷恩等修，李兆洛等纂：《江阴县志》卷四，道光二十年刊本）。笔者对武阳二县的人口进行推测时，所采用的数据均是未调整前的数据，所以性别比不采取笔者的调整数字114。

为 20 万人①，占武阳两县总人口的 19.1%。以此看来，苏南的城乡结构为 16.98%—19.1% 是比较合适的。本书对苏南城市人口以及江苏总城市人口的推算时取中间值 18%。

第二节 战前江苏人口之估计

太平天国战前江苏的人口有比较完整的、统计到二级政区的是《嘉庆一统志》。此外，还存在大量的方志。这些记载是否可靠呢？本部分在对方志、户部《清册》《嘉庆一统志》等相关江苏资料分析的基础上，对嘉庆年间江苏统计人口的真实性进行判断，并重建嘉庆二十五年江苏的人口数。

一 《嘉庆一统志》江苏人口资料

《大清一统志》是清代主要的地理志，前后共修纂过三次。第一次成书于乾隆八年（1743 年），后因开拓疆土而增修，续成于乾隆四十九年（1784 年）。《嘉庆一统志》是第三次修订本，因按府、直隶州、直隶厅详载了民屯户数和大小男妇口数，提供了各省到达二级政区的人口统计数据，受到了人口学家的重视，成为研究晚清人口的重要参考资料。

但是关于《嘉庆一统志》中人口资料的下限问题，学术界有不同的见解。按照该书首卷《凡例》所云，它记载的内容至嘉庆二十五年，除梁方仲外，其他学者均不同意此说法。何炳棣、王业键等认为是嘉庆十七年的人口数字；李中清则因《嘉庆一统志》中四川人口与道光三年户部《清册》所载一致，而断言该志人口数字的下限为道光三年②；姜涛经过

---

① 赵烈文的记载是可信的。因为赵是常州城人，作为一名比较活跃的绅士，在太平天国占领南京后，他参与了常州城的防务，对常州城的情况比较熟悉；且赵是一个非常严谨的人，在其日记中，对事情的记载常根据其真实程度用以不同的措辞，而赵在记载常州的城市人口时并没有出现模糊、推测之类的言辞。

② 梁方仲：《中国历代户口、田地、田赋统计》，上海人民出版社 1980 年版，第 411 页；[美] 何炳棣：《明初以降人口及其相关问题（1368—1953）》，葛剑雄译，生活·读书·新知三联书店 2000 年版，第 59 页；王业键：《太平天国革命对苏南人口的影响》，《中国论丛》第十九卷，1965 年第 12 期；李中清：《明清时期中国西南的经济发展和人口增长》，《清史论丛》第五辑，第 65 页。

仔细的研究，发现大部分省份的数据还是反映了1820年的人口统计状况①。曹树基认为《嘉庆一统志》中江苏人口统计数据的时点处于嘉庆十七年—嘉庆二十五年②。在这些成果中，姜涛的研究较深入，他对人口数据存在问题的省份进行了探讨。具体到江苏，姜涛认为《嘉庆一统志》中江苏的人口数据，按其总数，低于乾隆四十一年（1771年）的册报人口。其原因在于江苏布政使司所属（苏属）苏州等四府一直隶州一直隶厅的数据大体反映了嘉庆末年的人口，江宁布政使司所属（宁属）江宁等四府二直隶州的数据大体反映了嘉庆初年的男丁状况③。也就是说人口资料的时点差异和统计口径差异造成了《嘉庆一统志》中江苏人口数据的偏差。

笔者将《嘉庆一统志》中所载的江苏人口数据与江苏所属各府州志中的人口数据相比较（如表1-4），可发现：第一，在江宁布政使司所属的四府二州一厅中，通州直隶州、海门厅的人口数在《嘉庆一统志》和府志中的记载悬殊，江宁府、扬州府、海州直隶州的人口数据《嘉庆一统志》的记载和府志中的记载大致相同，淮安府和徐州府因缺方志无从比较。在江苏布政使司所属的四府一州中，《嘉庆一统志》和府志对苏州府、松江府的人口数字记载相近，其他府州因缺方志亦无从比较。第二，江宁布政使司所属各府的人口统计口径是人丁（海州直隶州即是例子），实际上是全体男子，大致反映了嘉庆中叶的人丁状况。以江宁府为例。《嘉庆一统志》中所载江宁府的滋生人丁为1874018丁，与嘉庆《江宁府志》中所载嘉庆十四年江宁府滋生人丁男1874018.35（计算方法为人丁男2041292减去原额人丁167273.65丁），仅相差0.35丁，可以说是基本相同（《嘉庆一统志》中所载数字可能舍去了小数点后边的数）。所以，

---

① 姜涛：《中国近代人口史》，浙江人民出版社1993年版，第155、156、185页。
② 曹树基对《嘉庆一统志》中江苏人口统计数据的时点并没有给予明确说明，仅利用嘉庆十七年《大清会典》中江苏口数减去《嘉庆一统志》中所载江苏布政使司所辖区口数的差除以《嘉庆一统志》中江宁布政使司丁数，得出江宁布政使司丁口比例1:2.09；他采用同样的方法，根据嘉庆二十五年的《户部清册》和《嘉庆一统志》的人口数据，得出江宁布政使司的又一个丁口比例1:2.25。据此可推测曹树基认为《嘉庆一统志》中江苏人口统计数据的时点处于嘉庆十七年—嘉庆二十五年间。曹树基：《中国人口史》第五卷，复旦大学出版社2001年版，第76页。
③ 姜涛：《中国近代人口史》，浙江人民出版社1993年版，第155、156、185页。

《嘉庆一统志》江宁府滋生人丁男1874018应为嘉庆十四年的数字。根据后文对江宁府人口的研究可知，嘉庆《江宁府志》的实有人丁实为全体男子，因而《嘉庆一统志》中原额人丁和滋生人丁之和也应为全体男子。从后文对扬州府的研究看，扬州府的情况类似江宁府。以此看来，《嘉庆一统志》中江宁布政使司所属各府的原额人丁和滋生人丁之和应为全体男子，大致反映了嘉庆中叶的人丁状况。第三，从苏州府和松江府府志的人口看，《嘉庆一统志》中江苏布政使司所属的四府一州的人口统计口径是人口，且大致反映了嘉庆末年的人口数。

表1-4 《嘉庆一统志》和方志关于江苏各府州厅于嘉庆二十五年（1820年）的人口统计数

地区	《嘉庆一统志》			府志（1）	
	原额人丁	今滋生男妇大小	屯丁（名口）		
江苏	2821146	26395252	苏太等卫屯丁男妇62731		
太仓直隶州	173037	1172230	太仓卫屯丁2031名口，镇海卫屯丁3574名口		
苏州府	438830	5473348	苏州卫屯丁2632	人丁3203012丁，内军屯丁4523丁（嘉庆十五年）	5912976丁口，内男丁3387856丁，妇女2520579口，屯丁4541（嘉庆二十五年）
松江府	209904	2631590	镇海卫并金山帮屯丁14281	男丁1591539丁（嘉庆十五年）	2484728丁口（嘉庆二十一年）
常州府	593786	3895772			
镇江府	137637	2194654	镇江卫屯丁40221		
江宁府	198518	1874018		嘉庆十四年民丁男2041292，军丁204775，（包括原额人丁）	（乾隆四十年），军丁175089.1丁，民丁1889286

续表

地区	《嘉庆一统志》		府志（1）	
淮安府	270106	1637591		
扬州府	266794	3267522	3473633（嘉庆十三年）	2421015丁（乾隆四十年）
徐州府	209529	1840194		
海州直隶州	36977	585480	1152431，其中男丁596810（嘉庆九年）	
通州直隶州	62066	982974	滋生442947丁口（嘉庆十四年）	滋生590877（乾隆四十年）
海门厅	40810	239879	滋生412148（嘉庆六年）	滋生359210（乾隆六十年）

资料来源：《苏州府志》（李铭皖等修，冯桂芬等纂，光绪九年刊本，笔者合计）、《太仓州志》（王祖畬等纂，民国八年刊本）、《嘉庆新修江宁府志》（史念海、朱士嘉纂，光绪六年刊本）、《松江府志》（宋如林等修，孙星衍等纂，嘉庆二十二年刊本）、《扬州府志》（阿克当阿等修，姚文田等纂，嘉庆十五年刊本）、《太仓州志》（王祖畬等纂，民国八年刊本）、《海州直隶州志》（唐仲冕等修，汪梅鼎等纂，嘉庆十六年刊本。海州直隶州嘉庆九年的人口数据海州、沭阳县、赣榆县三县的人口数合计而成。）《通州直隶州志》（梁悦馨等修，季念诒等纂，光绪元年刊本。通州直隶州嘉庆十四年的人口数根据通州、如皋、泰兴的人口数合计，因煎丁数108676不知何年数字，合计时没有包括进去。）《光绪海门厅图志》（刘文彻等修，周家禄等纂，光绪二十六年刊本）。

可以说，《嘉庆一统志》有关江苏布政使司的人口资料是嘉庆二十五年的人口数字（太仓直隶州除外）是较准确的。江宁布政使司所属府州嘉庆二十五年的人口数则可借助其他资料进行推算。清代户部历年的《汇造各省民数谷数清册》记载嘉庆二十五年江苏的总人口数为39509616[1]，《嘉庆一统志》江苏布政使司嘉庆二十五年的人口数（将太仓直隶州的人口数换成本书的推测数1993068）共17625723[2]，那么江宁布政使司嘉庆二十五年的人口数为21883893。

---

[1] 转引自姜涛《中国近代人口史》，浙江人民出版社1993年版，第399页。

[2] 本书对太仓直隶州嘉庆二十五年的推测数是最为保守的估计。根据下文对各府人丁的分析可知，原额人丁已具备了人口统计的意义。因此，文中江苏布政使司的人口合计数中包括了原额人丁。

前文已证明江苏乾隆四十年的人口统计数是较准确的,如以乾隆四十年江宁布政使司所属各府所占江宁布政使司人口的比例,那么嘉庆二十五年江宁布政使司所属江宁府、扬州府、徐州府、淮安府、海州直隶州、通州直隶州、海门厅的人口分别为 4641574 人、5591335 人、3674306 人、4048520 人、2076781 人、262607 人,如表 1-5。

表 1-5 嘉庆二十五年（1820 年）江宁布政使司所属各府州厅人口估计数

地区	乾隆四十年（1775 年）		嘉庆二十五年（1820 年）
	人数	%	人数
江宁府	3049472	21.21	4641574
扬州府	3672492	25.55	5591335
徐州府	2413212	16.79	3674306
淮安府	2659008	18.50	4048520
海州直隶州	1044536	7.27	1590959
通州直隶州	1364838	9.49	2076781
海门厅	172800	1.20	262607
总数	14376358	100	21883893

注：乾隆四十年江宁布政使司所属府州厅人口资料来源于《乾隆一统志》。

以乾隆四十年江宁布政使司所属各府所占江宁布政使司总人口的比重来推算嘉庆二十五年江宁布政使司所属各府州的人口数,还必须考虑到由于各地区人口发展的不平衡性而产生的误差,时间相距越远,推算结果误差越大。乾隆四十年（1775 年）到嘉庆二十五年（1820 年）已达 45 年之久。因此,有必要进一步利用方志资料对嘉庆二十五年江苏的人口进行估计,以期对上述结果有所修正。

二 江宁布政使司

江宁府

嘉庆《江宁府志》载：

……康熙五十二年（1713年）钦奉恩诏征收钱粮悉照康熙五十年丁册定为常额，续生人丁永不加赋，名为盛世滋生户口，又于雍正六年题定丁银随田办纳，旧额办赋人丁一十六万七千二百七十三（167273）丁六分五厘，征银……又旧例各屯卫军田改归州县征收，其应征军快丁银一体随在屯田办纳，即以是年查定实数定额，旧额纳银军丁二万六千四百丁（26400）四分……乾隆四十年（1775年）核定民丁男为一百八十八万九千二百八十六（1889286）丁，军丁为一十七万五千八十九（175089）丁一分。

嘉庆十四年各州县详报共民丁男二百四万一千二百九十二（2041292），其中上元五十九万二千四百八十六（592486）丁，江宁七十万七千八百四十九（707849）丁，句容三十万六千九百六十八（306968）丁，溧水一十五万九千一百八十六（159186）丁，高淳一十五万六千五百三十五（156535）丁，江浦四万八千六百一（48601）丁，六合六万九千六百六十七（69667）丁；军丁男二十万四千七百七十五（204775）丁，其中上元一万六千二百八十九（16289）丁，江宁六万二千六百一十一（62611）丁，句容八百二十一（821）丁，江浦一万八千三百四十六（18346）丁，六合一十万六千七百零八（106708）丁，溧水高淳无屯田军丁，节年滋生民卫人丁二百五万二千三百九十二（2052392）丁九分五厘，而随田纳赋者犹止十万七千二百七十三（107273）丁之旧额也。①

上述材料中所记载的人丁已不是纳税单位，而是人口统计的一部分，但为何出现分厘这样的单位令人颇为不解②，实际上与当时的计算方法有关，即在计算滋生人丁时是将实有人丁减去原额人丁，如原额人丁存在尾数的情况，则滋生人丁也会出现尾数（详细原因论证见后文）。据现存资料，这可能与随着时间的推移曾经是赋税单位的人丁在方志记载时又有了人口统计的意义有关。顺治、康熙、雍正时编审的人丁确实是一种纳税单位，没有人口统计意义。犹如姜涛在其论著中对人丁的解释那样：

---

① 吕燕昭修，姚鼐纂：嘉庆《江宁府志》卷十四，嘉庆十六年修，光绪六年刊本。
② 曹树基也是存疑，见《中国人口史》第五卷，复旦大学出版社2001年版，第72页。

> 应将编审人丁理解成一种纳税法人。编审人丁的统计实质上是纳税法人而不是自然人人数的统计。由于它的总数往往是预定的，所以区别于正常的人口统计；又由于它又必须转化为具体的人户姓名，即落实到具体的人户，所以又不是丁赋本身。①

但从雍正六年（1728 年）摊丁入亩后，人丁编审与赋税征收逐渐发生了分离，编审已有彻底摆脱赋税影响的可能，真正做到了"与定之丁银全无关涉"。虽然调查户口时仍使用原额人丁的说法，但实际上原额人丁已经是人口统计的一部分。姜涛曾在其著作中引用湖北襄阳府的例子：乾隆二十一年（1756 年）编审，一州六县民户共 106334，口 431382，内随粮成丁 26134，滋生不加赋成丁 6371，土著不成丁大男女 264670，小男女 134207②。关键是如何理解"内随粮成丁 26134"这句话。随粮成丁本是赋税单位，但在湖北襄阳府的例子中显然是人口统计数的一部分。这表明，在后来的人口统计或具有人口统计意义上的人丁统计时，一个地区的统计者在其所汇报的人口或人丁总数中已经包括了原来曾是赋税单位的人丁。很可能，编审者先编审全体人丁，最后造册时再从总体人数中分出原额人丁，这样原来是赋税单位的那部分人丁就成为人口统计数的一部分。理解了这一点，江宁府人丁统计中出现的问题就迎刃而解了。

府志中原额人丁和原额军丁的合计数为十九万三千六百七十四（193674）丁五厘，加上节年滋生民卫人丁的二百零五万二千三百九十二（2052392）丁九分五厘，共二百二十四万六千六十七（2246067）丁，与嘉庆十四年（1809 年）的民卫合计人数恰好相符。这种情况不仅在府志中可以看到，在县志中也大量存在。例如，光绪《溧水县志》记载：

> 乾隆四十年奉旨饬查确实民数上之于朝，知县凌世御清查溧水县烟户五万八千六百一十（58610）户，男妇大小丁口凡二十三万六百十一八（230618）丁口，内男丁十四万四千一百六十七（144167）

---

① 姜涛：《中国近代人口史》，浙江人民出版社 1993 年版，第 19—20 页。
② 同上书，第 44 页。

丁，内原额办赋人丁二万一千四百八十一（21481）丁。钦遵康熙五十二年恩诏永不加赋计实在滋生人丁十二万二千六百八十五（122685）丁。……今考道光二十七年奏报实在男丁十八万五千一百四十三（185143）丁，除原额当差人丁二万一千四百八十一（21481）丁二分五厘。计节年滋生人丁十六万三千六百六十一（163661）丁七分五厘。①

从该则史料可以看出，不管是乾隆四十年（1775年）的男丁数还是道光二十九年（1849年）的男丁数均包括了原额当差人丁，只不过是乾隆四十年中的原额当差人丁舍去了二分五厘，滋生人丁也就恰好是整数。可以肯定，嘉庆《江宁府志》中的原额人丁已是人口统计数的一部分。

一般情况下，自摊丁入亩后，原额人丁（军丁）总数不会再发生变化。但是从《嘉庆一统志》和嘉庆《江宁府志》对江宁府原额人丁（军丁）的记载看，原额人丁（军丁）的记载并非如此。嘉庆《江宁府志·赋役》中所记载各县的原额人丁男的合计总数167273.65和嘉庆《江宁府志》中记载的原额人丁男总数167273.65相同，但二者均比《嘉庆一统志》中江宁府的原额人丁男198518的记载少了31244.35丁；而嘉庆《江宁府志》中原额军丁的合计数字27124比嘉庆《江宁府志》中江宁府之原额总军丁26400的记载则多700多丁（如表1-6），《嘉庆一统志》中江宁府却没有军丁男的记载。很可能，《嘉庆一统志》中所载的原额人丁数是包括了原额军丁数的。但是如将《嘉庆一统志》比嘉庆《江宁府志》所多载的原额丁数31244.35看作原额军丁数，则又比嘉庆《江宁府志》中所载的原额总军丁或者本书合计的各县原额军丁总数多4102人或4844人。这意味着原额人丁特别是原额军丁的记载出现了不同，这可能是原册籍的错误所造成的，但也有可能是我们所不知道的某种原因导致的。由于嘉庆《江宁府志》的记载详细到了各县，而《嘉庆一统志》中对江宁府原额人丁的记载仅是总数且又缺乏对军丁的记载，所以笔者对原额人丁（军丁）的理解以嘉庆《江宁府志》中各县的合计数字为准。

---

① 传观光等修，丁维诚等纂：光绪《溧水县志》卷六，光绪九年刊本。

表 1-6　　　　　　江宁府所属各县原额人丁和原额军丁

县 ＼ 丁	原额人丁（单位：丁）	原额军丁（单位：丁）
上元	36078.9	5357.5
江宁	27683	4624.5
句容	49250	旧有军丁 372，内 216 充饷，其余纳粮
溧水	21481.25	3923
高淳	10351	
江浦	8542	
六合	13887.5	12847
合计	167273.65	27124（府志载为 26400）

注：小数点后的数字代表分厘。

资料来源：吕燕昭修，姚鼐纂：嘉庆《江宁府志》卷十四，嘉庆十六年修，光绪六年刊本。

嘉庆《江宁府志》中嘉庆十四年的丁数是包括了原额人丁的，这根据史料可以看出。关键是嘉庆《江宁府志》中所载乾隆四十年的实在人丁是否包括了原额人丁？答案是肯定的。原因有以下两点。

第一，光绪《溧水县志》记载嘉庆十四年溧水县的人丁男为 159186，比乾隆四十年的人丁男 144167 丁多 15019 丁，在该县志中人丁男是原额人丁和滋生人丁之和①。而嘉庆《江宁府志》中记载嘉庆十四年溧水县的男丁数是 159186，同于光绪《溧水县志》嘉庆十四年男丁数的记载，显然，嘉庆《江宁府志》中溧水县的男丁数也是原额人丁和滋生人丁之和。由于嘉庆《江宁府志》对江宁府下属各县人丁记载时采取的标准相同，所以，江宁府下属各县的男丁数也是原额人丁和滋生人丁之和，进而嘉庆《江宁府志》中江宁府的民丁男 2041292 也是原额人丁和滋生人丁之和，其中滋生人丁为 1874018.35。如果嘉庆《江宁府志》中所载乾隆四十年的数字为滋生人丁男，则必定小于《江宁府志》中所载嘉庆十四年的滋生人丁数 1874018.35 丁；但是，乾隆四十年的人丁男为 1889286，高于嘉庆十四年的滋生人丁数 1874018.35。这表明嘉庆《江宁府志》中所载乾

---

① 传观光等修，丁维诚等纂：光绪《溧水县志》卷六，光绪九年刊本。人丁男均为滋生人丁和原额人丁之和。

隆四十年的人丁男是滋生人丁和原额人丁之和，即实在人丁。

第二，乾隆四十年的丁数和嘉庆十四年的丁数同为嘉庆《江宁府志》所载。通常情况下，同一本书中的人口统计采用的是统一标准，如采用不同的标准，应有不同的表述，否则将会引起读者误解。嘉庆《江宁府志》中对人丁的记载一般分实有人丁、滋生人丁、原额人丁三种情况。嘉庆《江宁府志》中记载嘉庆十四年的人丁为实有人丁，而乾隆四十年的人丁数与嘉庆十四年的人丁数处于并列状态，记载的标准应是一致的；如乾隆四十年的人丁数为滋生人丁数，编志者应该有所说明或注解，但该志中并没有类似的语句，这也说明乾隆四十年的数据是实有人丁。

上述情况表明嘉庆《江宁府志》所载乾隆四十年的数字是包括了原额人丁的实有人丁，不是滋生人丁①。

嘉庆《江宁府志》中所载的丁数是否真实？曹树基认为：

> 嘉庆《江宁府志》所载嘉庆十四年江宁府的"军丁男"与分县累计数完全吻合，而"民丁男"数则相差339998，即34万。可见，上引嘉庆《江宁府志》所称205.2万"男丁"数与嘉庆年间分县丁数无涉。

他根据1953年各县人口数在江宁府中所占比例，将相差34万的人丁数分配到比例低的各县，来调整嘉庆《江宁府志》中各县的人口比例，最后得出了嘉庆《江宁府志》中嘉庆十四年江宁府的总丁数（2411290）是正确的结论②。可是，笔者在嘉庆《江宁府志》中没有找到各州县民丁男为2411290丁的记载，而是2041292丁的记载；各县人丁男的合计数字是2041292，也不是曹树基把句容县的306968误为336968合计出来的2071292。也就是说，嘉庆《江宁府志》所载各县总人丁男数与各县人丁男的合计数完全相同，并不存在曹所提出的问题。

---

① 某些学者认为嘉庆《江宁府志》所载205.2万"男丁"从总数上看来不是嘉庆十四年数而更像是乾隆四十年数的观点，实际上是把嘉庆《江宁府志》中嘉庆十四年的滋生人丁数和乾隆四十年的实有人丁数进行了比较，是错误的。

② 曹树基：《中国人口史》第五卷，复旦大学出版社2002年版，第73—75页。

但是根据嘉庆《江宁府志》中乾隆四十年和嘉庆十四年对丁男的记载计算,军丁男的年均增长率为 4.6‰,而民丁男的年均增长率仅为 2.29‰,二者相差较大。那么,江宁府的人丁年均增长率是否可靠呢?江宁府下属各县战前战后可供参考的仅有溧水县的人丁数,其他几个县的人丁数均缺载。据光绪《溧水县志》载的人丁统计数字可知乾隆四十年至嘉庆十四年溧水县人丁男的年均增长率为 2.92‰(表 1 – 7)。乾隆四十年溧水县所占江宁府人丁的比例为 7.1%,嘉庆十四年占 6.9%,二者基本相同(表 1 – 7),可见,溧水县在嘉庆十四年的人丁数字是较真实的。所以不能认为溧水县 2.92‰ 年均增长率是比较低的。当然,在没有确切证据的情况下也不能说明江宁府民丁男从乾隆四十年至嘉庆十四年的年均增长率是低的。由于军丁所占总人口比重很小,因此其计算所得增长率要高于人数多得多的民丁,是完全可以理解的。所以在没有更为可靠的证据之前,笔者对嘉庆《江宁府志》中关于江宁府嘉庆十四年人丁数的记载不予修订。

表 1 – 7　乾隆四十年(1775 年)和嘉庆十四年(1809 年)溧水县人丁占江宁府人丁之比例

地区	嘉庆十四年				乾隆四十年			
	民丁	军丁	合计	在江宁总人丁中所占比例(%)	民丁	军丁	合计	在江宁总人丁中所占比例(%)
上元县	592486	16289	608775	27.1				
江宁县	707849	62611	770460	34.3				
句容县	306968	821	307789	13.7				
溧水县	159186	0	159186	7.1	144167			6.98
高淳县	156535	0	156535	7.0				
江浦县	48601	18346	66947	3.0				
六合县	69667	106708	176375	7.9				
合计	2041292	204775	2246067	100	1889286	175089	2064357	

注:溧水县乾隆四十年的人口数较详:户 58610,原额办赋人丁 21481,滋生人丁 122685,男丁 144167,男妇大小丁口 230618。

资料来源:溧水乾隆四十年的人丁数来源于同治《溧水县志》;其他资料来源于嘉庆《重修江宁府志》。

嘉庆《江宁府志》中的男丁是全体男子还是成年男子？表 1-7 表明《溧水县志》中溧水县乾隆四十年的实在丁男 144167 是全体男子，而溧水县乾隆四十年的男丁和嘉庆十四年的男丁统计标准是相同的，这就意味着《溧水县志》中溧水县嘉庆十四年的实在男丁也应是全体男子。《溧水县志》中溧水县嘉庆十四年的实在男丁数同于嘉庆《江宁府志》中溧水县嘉庆十四年的男丁数（是嘉庆十四年江宁府人丁数的构成之一），所以嘉庆《江宁府志》中江宁府嘉庆十四年的实在男丁也应以全体男子理解。以嘉庆《江宁府志》中江宁府嘉庆十四年的民卫人丁 2246067 为基数，以民卫人丁增长率的平均数 3.5‰ 为准，则江宁府嘉庆二十五年的人丁为 2334069，以 100：114 的性别比换算成人口为 438.1 万人。

扬 州 府

扬州府的人丁据嘉庆《扬州府志》载：

> 据康熙五十年丁册定为常额，续生人丁永不加赋，名为盛世滋生户口，又于雍正六年提定丁银随田办纳，旧额办赋人丁二十五万六千四百五十六（256456）丁，征银四万七千一百二十八（47128）两一钱陆分玖毫柒丝柒忽肆微捌纤壹沙伍尘贰渺陆漠，乾隆三十七年奉旨停止五年编审虚文。嗣后止逐年清查数目据实造具四柱册送转至。四十年核实人丁二百四十二万一千零十五（2421015）丁，嘉庆十三年州县详报共三百四十七万三千六百三十三（3473633）丁，其中江都县五十二万八千三百三十九（528339）丁，甘泉县四十六万九千八百一十七（469817）丁，仪征县三十六万六千一百三十二（366132）丁，高邮州二十七万七千七百零二（277702）丁，兴化县三十一万二千四百八十六（312486）丁，宝应县三十万四千一百零三（304103）丁，泰州五十二万四千七百四十九（524749）丁，东台县六十九万三百零五（690305）丁，充饷当差人丁共二十五万五千九百七十四（255974）玖分壹厘，摊征银四万七千三百八十九（47389）两肆分壹厘，除挖废蠲免外，实征银四万七千三百七十九（47379）两捌钱壹分伍厘，遇闰加征银九十二（92）两柒钱玖分捌

厘。又随田摊征黄快丁银并匠班银七百二十（720）两玖钱陆分三厘……①

上述材料显示从乾隆四十年（1775年）到嘉庆十三年（1808年）扬州府人丁年均增长率为11‰。自摊丁入亩后，原额人丁已成丁数，但是《嘉庆一统志》中载扬州府原额人丁266794，比嘉庆《扬州府志》中所记载的嘉庆十三年所报的充饷当差人丁255974（与嘉庆《扬州府志》中关于扬州府雍正六年的办赋人丁256456也不一致，原因不清楚）多1000丁，其原因不甚清楚。由于嘉庆《扬州府志》中对各县的人丁有记载，所以以嘉庆《扬州府志》中扬州府的原额人丁为准。如果《嘉庆一统志》中扬州府的充饷当差人丁以嘉庆《扬州府志》的原额人丁为准，则《嘉庆一统志》中扬州府的实有人丁变为3523496，比嘉庆《扬州府志》嘉庆十三年的3473633多49863，如果后者嘉庆十三年3473633人丁按照11‰的人丁年均增长率经过约1.3年的时间扬州府的人丁即可达到前者的3523496人丁数。也就是说，《嘉庆一统志》中所载扬州府的人丁数字是嘉庆中叶的人丁数，很可能即为嘉庆十四年的人丁数而非《嘉庆一统志》中所载的嘉庆十三年的人丁数。但是扬州府的人丁年均增长率达11‰，远超过江宁府的人丁年均增长率，令人怀疑其真实性。为此，需考察该府所属各县的人丁状况。

江都县。嘉庆《江都县续志》载：

前志实在办赋人丁四万二百八十五（40285）丁半及黄快匠班各丁银俱以雍正六年归入地亩，其历年滋生人丁，乾隆八年至六十年实在四十九万一千零十五（491015）丁，现由嘉庆元年至十五年实在八十四万六千零五（846005）丁，内男五十三万二千九百零七（532907）丁，女三十一万三千九百零八（313908）丁。②

实在人丁在江宁府中多指滋生人丁和原额人丁之和，滋生的丁数通常

---

① 阿克当阿等修，姚文田等纂：嘉庆《扬州府志》卷二十，嘉庆十五年刊本。
② 王逢源、李宝泰同辑：嘉庆《江都县续志》卷二，嘉庆十六年刊本，光绪六年重刊本。

会写成"滋生××",但从嘉庆《江都县续志》记载看,江都县乾隆八年(1743年)至六十年(1795年)和嘉庆元年(1796年)至十五年(1810年)的丁数指的是滋生人丁数,且嘉庆元年至十五年的男丁为全体男子,而不是成年男子,原因如下。

乾隆八年至六十年的丁数如果是男子数,则乾隆六十年的491015男子数至嘉庆十五年的男子数532907的年均增长率为5.47‰;如果是口数,则乾隆六十年的491015口数至嘉庆十五年的846005口数的人口年均增长率为36.9‰。以此看来,嘉庆《江都县续志》中乾隆六十年的人丁数491015是全体男子数。嘉庆《扬州府志》中所载江都县嘉庆十三年的丁数为528339,如果是成年男丁,加上男性儿童的口数(暂按照儿童占总人口的30%),则已经超过嘉庆十五年的男口数532907;如果是全体男子,则嘉庆十三年到十五年的男子年增长率为4.3‰。所以嘉庆《扬州府志》中所载江都县的丁数应为全体男性。

甘泉县。嘉庆《扬州府志》载嘉庆十三年(1808年)甘泉县为469817丁,《增修甘泉县志》载甘泉县嘉庆四年(1799年)报实在665913丁口[①](所载为丁口,应当为男女大小丁口)。根据嘉庆《扬州府志》记载嘉庆十三年甘泉县为469817丁数,按照114的性别比,可推算出嘉庆十三年的人口数为881937,从嘉庆四年至嘉庆十三年的人口年均增长率为31.7‰。人口年均增长率较高的原因是:甘泉县嘉庆四年的册报丁口数665913漏掉了部分妇女和儿童人口数,而嘉庆十三年的丁口数是笔者按照正常性别比114推出的。因而现有的资料不能说明甘泉县嘉庆年间的人口数是不合理的。

仪征县。道光《重修仪征县志》载:

> 乾隆元年审增滋生人丁三百一十九(319)丁,嘉庆八年编审实在人丁三十六万二千一百九十三(362193)丁,嘉庆十五年起至道光九年止编审实在男丁三十八万一千四百二十三(381423)丁,道光十四年编审实在男丁三十七万八千七百六十二(378762)丁。道光十九年编审实在男丁三十九万一千八百三十二(391832)丁,道

---

① 洪汝奎等修,徐成敩等纂:光绪《增修甘泉县志》卷四,光绪七年刊本。

光二十四年编审实在男丁三十九万六千五百九十八（396598）丁，道光二十七年编审实在男丁三十九万五千四百零六（395406）丁，以上男丁较道光九年增一万四千一百八十一（14181）（引者按，笔者计算为13983丁，其原因可能是时人计算错误，或者是时人将道光二十七的实在人丁抄错。如果该年人丁395406改为395604，则比道光九年多14181），节年滋生人丁钦遵恩诏永不加赋。①

根据上述记载，仪征县嘉庆八年（1803年）至道光九年（1829年）人丁增长速度呈波浪形的上升趋势，年均增长率为2.0‰；结合府志所载仪征县嘉庆十三年的人丁数，嘉庆八年至嘉庆十三年仪征人丁年均增长率为1.5‰。

东台县。嘉庆《东台县志》卷十六记载：乾隆四十年奏报合境丁男为372786，其中分管原额并河泊所纳粮当差丁男26564，内河泊所丁男1178，本县丁男25386，积年滋生丁男346222，显然所记丁男包括了原额人丁；又载嘉庆二十一年查报合境编户215219，丁男485151，未成丁者358912，妇女大小471911②。从乾隆四十年（1775年）到嘉庆二十一年（1816年）该县丁男年均增长率为6.4‰。嘉庆《扬州府志》中所载东台嘉庆十三年的数据为690305，远远高于嘉庆二十一年的成年丁数，但低于嘉庆二十一年的全体男子数，应为全体男子。嘉庆二十一年的人口数共1315974，超过了民国二十一年（1932年）东台县的人数1193565③，嘉庆二十一年至民国二十一年间东台县没有受到战乱的影响，人口大幅度减少是不可能的，所以嘉庆二十一年的数据有可能偏离实际人口数。

泰州。光绪《泰州志》载划归东台后乾隆三十三年泰州户120858，丁口428347；嘉庆元年户128386，丁口794788；道光元年户137965，丁口1139251；乾隆四十年核实人丁共626290丁，编户137965④。从这些数据看，丁口实为人口而不是男丁，乾隆四十年的人丁也应是人口数。问题

---

① 王检心修，刘文淇、张安保纂：道光《重修仪征县志》卷十二，光绪十六年刻本。
② 周右修，蔡复午等纂：嘉庆《东台县志》卷十六，嘉庆二十二年刊本。
③ 赵如珩编：《江苏省鉴》第一章第三节，民国二十四年铅印本。
④ 王有庆等修，陈世镕等纂：光绪《泰州志》卷九，光绪三十四年补刻本。

是，从乾隆三十三年（1768年）至道光元年（1851年）丁口一直在增长，户数却变化不大，乾隆四十年的户数高于嘉庆元年，同于道光元年。再从户均口数看，乾隆三十三年为3.5口，乾隆四十年为4.5口，嘉庆元年为6.19口，道光元年为8.3口。乾隆四十年的户数和口数远高于乾隆三十三年，可能与乾隆皇帝下令重新清查的结果有关，与学界平均每户五人的估计也最为接近。从乾隆四十年至嘉庆元年人口年均增长率为9.6‰，嘉庆元年到道光元年人口年均增长率为14.5‰。不管是从户均口数还是从人口年均增长率看，道光元年的数据都非常令人怀疑。从灾害爆发的频度和程度看，从乾隆四十年至嘉庆元年间泰州共有8年发生灾害，其中仅乾隆五十年的灾害严重；而从嘉庆元年到道光元年泰州共有15年发生灾害，其中嘉庆十年（1805年）、十一年（1806年）、十三年（1808年）、十九年（1814年）的灾害极为严重①。嘉庆元年至道光元年泰州灾害发生的频度和程度远超过了乾隆四十年至嘉庆元年间灾害的情况，人口年均增长率不应如此高。因而，道光元年泰州统计的人口数有可能偏离实际人口数。

宝应县。道光《重修宝应县志》记嘉庆十四年奏报实在滋生男丁304442丁；道光九年奏报实在滋生男丁323012丁；道光十八年奏报实在滋生男丁336816丁，又妇女227709口②。从末句看该县的实在男丁不包括原额人丁。嘉庆十四年（1809年）至道光九年（1829年）宝应县滋生男丁年均增长率为3.0‰，道光九年（1829年）至十八年（1838年）为4.7‰，嘉庆十四年至道光十八年为3.5‰。嘉庆《扬州府志》载嘉庆十三年宝应县人丁为304103，是包括了原额人丁25956的③，减去原额人丁，则滋生人丁为278417。嘉庆十三年至十四年宝应县的人丁年均增长率为9.3‰。

兴化。咸丰《重修兴化县志》载：

……乾隆三十七年停止编审虚文嗣后逐年清查数目，据实造具四

---

① 王有庆等修，陈世镕等纂：道光《泰州志》卷之一，光绪三十四年刻本。
② 孟毓兰、成观宣等监订：《重修宝应县志》卷七，道光二十年刊本。
③ 同上。

柱册送转。嘉庆元年三十万五千零五（305005）丁，嘉庆十三年三十一万二千四百八十六（312486）丁，道光元年三十二万八千六百九十七（328697）丁，道光九年奏报实在通共男丁三十三万三千五百零三（333503）丁，十年男丁三十三万三千六百二十九（333629）丁，十五年男丁三十三万四千二百四十七（334247）丁，二十年男丁三十三万四千七百五十四（334754）丁，二十一年男丁三十三万四千八百四十四（334844）丁，二十二年男丁三十三万四千九百四十三（334943）丁，二十六年男丁三十三万六千五百七十（336570）丁，二十七年男丁三十三万六千七百七十三（336773）丁，二十八年男丁三十三万七千零四十二（337042）丁，二十九年男丁三十三万七千零五十二（337052）丁。①

从这一系列变化的数据可以发现，嘉庆元年（1796年）至十三年（1808年）的丁男年均增长率为2.0‰，嘉庆十三年至道光元年（1821年）为3.9‰，道光元年至十年（1830年）为1.8‰；从道光九年（1829年）开始，直至道光二十九年（1849年），每年甚至几年都是略有增加，看来至少从道光十年起清查户口已经成了虚应故事。在上述的人丁统计数字中，道光元年的数据是比较可信的。据总督孙玉庭在道光元年十二月二十一日的奏报，他遵照嘉庆二十年、二十一年的要求，要求地方官在所在地编查保甲，审查户口②。从人丁年均增长率看嘉庆十三年的数据也是值得相信的。

高邮州。嘉庆《高邮州志》卷三《民赋志·户口》载乾隆四十年（1775年）高邮查报人丁245318。嘉庆《扬州府志》载高邮嘉庆十三年（1808年）的人丁数为277702，乾隆四十年到嘉庆十三年人丁年均增长率为3.8‰。

府志和县志相互结合，可以发现，嘉庆《扬州府志》中扬州府从乾隆四十年（1775年）至嘉庆十三年（1808年）丁男的年均增长率虽达

---

① 梁园隶纂修：《重修兴化县志》卷三，咸丰二年刊本影印。
② 孙玉庭：《奏为遵旨复查编查保甲情形事》，道光元年十二月二十一日，《录副》，卷号03-2800，档案号03-2800-02，缩微号201-3644。

11‰，但在乾隆四十年至嘉庆十三年或该时间段中某一时段，扬州府所属各县的人口或人丁年均增长率除了甘泉县外，其他各县的人丁年增长率均没有超过此率。所以，尽管扬州府人丁年均增长率较高，但从各县丁男的年均增长率情况看并不能说明嘉庆《扬州府志》对扬州府嘉庆十三年的记载是不准确的。此外，还可以得出这样的结论：第一，县志和府志中的男丁数指的是全体男子数，这与江宁府相同。第二，原额人丁在江都县、宝应县不是人口的一部分，在其他各县中却是人口的一部分，所以利用扬州府嘉庆年间的人丁时需减去江都县、宝应县的原额人丁，将嘉庆《扬州府志》中扬州府嘉庆十三年的人丁数 3473633 减去江都县的原额人丁 40285、宝应县的原额人丁 25956，则扬州府嘉庆十三年的男子数为 3407392；乾隆四十年的人丁数 2421015 减去江都县的原额人丁 40285、宝应县的原额人丁 25956，则扬州府乾隆四十年的男子数为 2395059，从乾隆四十年至嘉庆十三年扬州府的男子年均增长率为 10.4‰。由于《嘉庆一统志》中扬州府的人口数字来源于人口册报，所以《嘉庆一统志》中扬州府的实有人丁减去江都县、宝应县的原额人丁则为 3457255。

徐 州 府

徐州府在太平天国战争前的人口数据只有《嘉庆一统志》中所载的原额人丁 209529 和滋生人丁 1840194，实在人丁为 2049723。同治年间《徐州府志》记载各县人数如下：

> 康熙五十二年额定人丁科则永不加赋，民间生齿日繁，犹令州县官每岁编审丁数上，其册籍所以验民物之盛衰，与前代料括民户算缗编役用心不同也。今以同治十一年为断，徐州府属州县卫屯男妇丁口凡四百七十三万一百六十（4730160）据徐州府册报铜山县男丁四十五万九百零三（450903）丁，妇女三十三万七千二百十一（337211）口。萧县男丁十七万七千八十七（177087）丁，妇女十四万八千九百八十六（148986）口。砀山县男丁十七万五百六十（170560）丁，妇女十七万二百七十七（170277）口。丰县男丁三十三万七千五百三十六（337536）丁，妇女二十四万六千九百九十二（246992）口；沛县男丁二十七万二千一百九十八（272198）丁，妇女二十一万六

千五百三十六（216536）口；邳州男丁二十六万六千七百五十（266750）丁，妇女二十六万六千七百四十八（266748）口；邳州并卫男丁四万七千一百八十二（47182）丁，妇女四万七千一百三十五（47135）口；宿迁县男丁六十五万九千三百三十（659330）丁，妇女四十三万九千五百五十四（439554）口；睢宁县男丁二十六万六百八十二（260682）丁，妇女十五万九千九百九十一（159991）口；徐州卫男丁三万一千七百二十五（31725）丁，妇女二万二千七百七十七（22777）口。[①]

同治十一年（1872年）徐州府的男丁共2673953人，女子共2056207人。如果《嘉庆一统志》中所载徐州府人丁为男子、时间为嘉庆二十五年（1820年），则从1820年至1872年的人丁年均增长率为5.1‰。如果《嘉庆一统志》中所载徐州府人丁为成年男子、时间为嘉庆二十五年，很显然，从1820年至1872年该府的人丁几乎停止增长。《嘉庆一统志》中徐州府的人丁为男子比较合适。按照114的性别比换算成人口为3847726人。

淮安府

笔者根据《清河县志》卷七和光绪《淮安府志》卷十六至卷二十《户口篇》所记载淮安府所属各县的人丁或男丁数，如表1-8：

表1-8 康熙五十年（1711年）至光绪七年（1881年）淮安府所属各县人丁

		康熙五十年	嘉庆十四年	道光九年		光绪七年		
		1711年	1809年	1829年		1881年		
	原额当差人丁	节年滋生	滋生人丁	滋生人丁	通共男丁	女口	男丁	合计
山阳县	104821			435330	540456			
盐城县	46076			330206	376282			
阜宁县	67007			240524	307531	229640	309578	539218

[①] 朱忻等修，刘庠等纂：《徐州府志》卷十二，同治十三年刊本。

续表

	康熙五十年 1711年	嘉庆十四年 1809年	道光九年 1829年		光绪七年 1881年		
	原额当差人丁	节年滋生	滋生人丁	滋生人丁	通共男丁	女口	男丁	合计
清河县	10377			255895	266272①			
桃源县	12806		232242		245048		288522	
安东县	10347	241056②						

注：①来自光绪《清河县志》卷七《户口》（胡裕燕等修，吴昆山等纂，光绪二年刊本）。
②从县志看府志中应为嘉庆十七年或嘉庆十七年之后的数据，府志有误。

光绪《淮安府志》对男丁数记载的准确度可以根据府志和各县志的记载进行分析。

阜宁县。表1-8中，阜宁县从道光九年至光绪七年的男丁年均增长率不到1‰。

清河县。1953年清河县人口为679561①，光绪《清河县志》卷七《户口》载自康熙五十五年（1711年）至道光九年（1829年）滋生人丁255895②，加之原额人丁10377则实在人丁为266272，如实在人丁代表人口，则道光九年到1953年的人口年均增长率为7.58‰；如果代表男子，换算成人口则为499849，1829年至1953年的人口年均增长率为2.3‰。

桃源县。该县嘉庆十四年（1809年）节年滋生人丁与原额当差人丁之和恰好为道光九年（1829年）的通共人丁，其主要原因是册报者陈陈相因，沿袭了旧的册报数字，所以桃源县道光九年的男丁实际上是嘉庆十四年的男丁，根据上表嘉庆十四年至光绪七年（1881年）桃源县的男丁年均增长率为2.3‰。

安东县。光绪《淮安府志》载康熙五十年（1711年）的滋生人丁数字为241056，这可能是一种误载。《重修安东县志》载：

---

① 1953年的江苏各县的政区划分与清代并不完全相同，为了便于比较，将1953年的行政区划按照张在晋的《中国近现代政区沿革表》还原成清代时期的行政区划。
② 胡裕燕等修，吴昆山等纂：光绪《清河县志》卷七，光绪二年刊本。

……康熙二十五年审增四千零六（4006）丁，四十年审增二百五十一（251）丁，凡三次共审增六千四百九十（6490）丁，又开除老故二千一百八十一（2181）丁，新收幼小二千三百五十二（2352）丁，计开除新收相抵外实增一百七十一（171）丁，以上通共实在当差一万三百四十七（10347）丁，共征丁银两千八百二十七（2827）两六钱（按旧志仿……），耗羡随正加一是为康熙五十年审定实征之数遇闰加银十两三钱六分二厘。节年增减实征闰月银九两八钱六厘——乾隆二十六年低洼改则田内加摊闰月银八分七厘，又低洼豁粮田内蠲免闰月银八厘，三十六年平旺河六塘河挖废田内蠲免闰月银二厘，嘉庆十四年马港河豁粮田内蠲免闰月银八钱五分四厘；十七年低洼改则田内加摊闰月银二钱二分一厘，以上五宗以增抵减符前数——耗羡亦如之，其节年滋生人丁二十四万一千零五十六（241056）丁，遵康熙五十二年诏书永不加赋。①

最后几句话表明，安东县节年滋生人丁的数字241056不应早于嘉庆十七年，应该是嘉庆十七年（1812年）的数字或者嘉庆十七年以后的数字；从"新收老幼×"看，所滋生的人丁应该包括了男童，所以，该滋生人丁即是男子数。1928年该县人口为547375，1953年为703124②。从1812年至1928年人口年均增长率为6.2‰，至1953年为7.3‰，1928年至1953年的人口年均增长率为12.8‰。如果嘉庆十七年的人丁为男子数，按照114的性别比则人口为471931，至1928年人口年均增长率为1.3‰，至1953年的人口年均增长率为2.8‰。不管是7.3‰还是2.8‰的人口年均增长率均是可能的，所以不能判定嘉庆十七年人丁的实际意义，因而笔者保留原来记载，作为嘉庆十七年的男子数。

从上面对淮安府各县的分析看：阜宁县的人丁年均增长率最低，除山阳县外其他几个县人丁的年均增长率概在2.3‰—2.8‰，也不高，而抗

---

① 金元烺修，吴昆田等纂：《重修安东县志》卷四，光绪元年刊本，民国廿一年翻印本。
② 赵如珩编：《江苏省鉴》第一章第三节，民国二十四年铅印本。（民国三年版，桃源县改名泗阳县）《中华人民共和国人口统计资料汇编（1949—1985）》，中国财政经济出版社1988年版。安东县在1914年改为涟水县，抗日战争时期析阜宁、涟水、灌云置滨海县，滨海县与阜东县1949年合并，所以取滨海县人口的六分之一并入涟水县。

日战争期间从阜宁析出滨海、阜东等县（今滨海），从盐城析出建阳（今建湖），又从盐、阜两县析出射阳、盐东等县（今为射阳），说明其沿海人口确有大的发展。桃源县的例子表明，清代中叶淮安府各县人丁年均增长率过低的原因主要是嘉庆以后因缺乏统计，各县往往是沿袭以前旧的统计数字，因此较实际人口偏低。所以该府的人口以《嘉庆一统志》所载为准：该府实有人丁为1907697，按照114的性别比则人口为3581115。

海州直隶州

嘉庆《海州直隶州志》卷十五记载了该府所属三州县的人口统计状况。表1-9：

表1-9　乾隆四十年（1775年）、乾隆六十年（1795年）、嘉庆九年（1804年）海州直隶州所属州县人丁

年代 州县	乾隆四十年	乾隆六十年			嘉庆九年	
	男丁	男丁	灶丁	通共男丁	合县人丁	男丁
海州		246945	13015	259960	504881	257420
赣榆	93680				213677	111953
沭阳	215965				433873	227437

资料来源：唐仲冕等修，汪梅鼎等纂：嘉庆《海州直隶州志》，卷十五，嘉庆十六年刊本。

表中，嘉庆九年海州、赣榆、沭阳三州县男丁占各自合县人丁的百分比分别为51.05%、52.4%、52.4%，表明合县人丁应为人口，男丁应是男性人员。从男丁年均增长率看，乾隆四十年（1775年）至嘉庆九年（1804年），赣榆县为6.1‰；沭阳县为1.8‰，赣榆和沭阳共为3.2‰；海州嘉庆九年的男丁数少于乾隆六十年的通共男丁，是因为乾隆六十年（1795年）的男丁包括了灶丁，而嘉庆九年的男丁估计没有包括灶丁，因为灶丁属于盐政所管；如果不包括灶丁，乾隆六十年至嘉庆九年的男丁年均增长率为4.6‰，将灶丁也以此增长率进行调整，则嘉庆九年灶丁为12488，以嘉庆九年海州的性别比转换成人口为24492。嘉庆九年海州直隶州男丁总数为609298，总人口为1176923。《嘉庆一统志》中海州直隶州实有人丁共622457，比嘉庆九年男丁609298多13159。可见，《嘉庆一

统志》中海州直隶州的人丁数也是嘉庆中叶的数据。

通州直隶州和海门厅

光绪《通州直隶州志》卷四记载了乾隆四十年（1775年）、道光九年（1829年）、同治十三年（1874年）该州所属三县的丁口，列表1-10。

表1-10　乾隆四十年至同治十三年（1775—1874年）
通州直隶州所属各县丁口

地区	乾隆四十年		嘉庆十四年	道光九年	同治十三年	
	原额人丁	滋生人丁口	滋生人丁口	滋生人丁口	滋生人丁口	煎丁
如皋县	49863	239175	211327	214699	225342	108676
泰兴	50777	89251	13170	15843	24625	
通州	61426	262451	218450	236944	385606	
合计		590877	442947	467486	635573	

资料来源：梁悦馨等修，季念诒等纂：光绪《通州直隶州志》，卷四，光绪元年刊本。

表1-10中嘉庆十四年（1809年）三县滋生丁口为442947，丁口意味着总人数，而《嘉庆一统志》中载通州直隶州的人丁为982974，即使《嘉庆一统志》中通州直隶州的人数是嘉庆二十五年的人口数，从嘉庆十四年至嘉庆二十五年短短的11年间，人口即翻一番，这是不符合人口的发展规律。所以需借助县志探个究竟。

如皋县。嘉庆《如皋县志》载如皋县乾隆三十七年（1772年）男丁213526，女181512，性别比为118，共363024；四十年（1775年）男丁289822名，女202623口，性别比为143，共492445名口；六十年（1795年）男丁343136名，女235608，性别比146，共589495名口；嘉庆六年（1801年）男349149名，女240346口，性别比为145，总人口为589495名口①。从乾隆四十年至六十年的男子年均增长率为8.5‰，乾隆六十年至嘉庆六年男子年均增长率为2.9‰。而光绪《通州直隶州志》所载乾隆

---

①　杨受延等修，马汝舟等纂：《如皋县志》，卷四，嘉庆十三年刊本。

四十年如皋县的滋生丁口为239175，加上原额人丁共289038，与县志载男丁289822相差784丁，误差不大，可以忽略不计，这就意味着《通州直隶州志》的丁口实际上是全体男子。但是，光绪《通州直隶州志》中除了乾隆四十年外其他几年的丁口即使是全体男子仍存在疑点：嘉庆十四年（1809年）、道光九年（1829年）、同治十三年（1874年）的滋生人丁低于乾隆四十年。而《通州直隶州志》载：

> 粤寇之变东南半壁尽皆蹂躏，而崇川一郡及泰如两邑独完善无恙，又复徵防练饷仗义疏财，无干戈之扰，无雀散之惊，而各邑之迁避于是邦者比邻相指，复睹升平。何天之独厚于是郡特于降火疮瘏之中留此一线之生机也？①

这就意味着在太平天国战后人口应该是大有增加的，但州志中所载人丁增长并不显著。如果按照未调整前嘉庆六年的总人数，则嘉庆六年（1801年）至咸丰二年（1852年）的人口年均增长率为13.1‰。人口增长率较高。民国《如皋县志》卷四载，宣统二年（1910年）"实在通共男丁七十七万一千五百（771500），原额当差人丁四万九千八百六十三（49863），应征丁银二千五百三十七（2537）两七钱九分九厘……其节年滋生人丁合计七十二万一千六百三十七（721637）"②。按照乾隆三十七年的性别比118进行调整，则总人口约为143万人。1953年如皋县和如东县人口共1862979人，按照调整后宣统二年的人口数，则1910—1953年该县的人口年均增长率为6.2‰。以调整后的人口数为准，从嘉庆六年至宣统二年如皋县的人口年均增长率为7.5‰，嘉庆六年的人丁数是比较合理的。

在这部分，我们对如皋县的情况进行了分析和推测，从各种纷杂的记载看，县志对该县男子的记载准确性较高（女子数则存在低估），而光绪《通州直隶州志》对如皋县丁口的记载误差较大。

泰兴人丁数的记载存在着问题，但原因可能不是曹树基所说的泰兴丁

---

① 梁悦馨等修，季念诒等纂：《通州直隶州志》，序，光绪元年刊本。
② 刘焕、黄锡田修，沙元炳、金鉽纂：《如皋县志》，民国二十八年版，第630页。

口数在"八万九千二百五十一"之前漏掉了一个"十"①。光绪《泰兴县志》中记载乾隆三年、乾隆四十年、嘉庆十四年、道光九年、道光三十年、咸丰十一年、同治十三年、光绪十年八个年份的滋生人丁数字和光绪十年的实在丁口。如表1-11：

表1-11　　　　　　　泰兴县乾隆至光绪间丁口数

	乾隆三年	乾隆四十年	嘉庆十四年	道光九年	道光三十年	咸丰十一年	同治十三年	光绪十年	合计
公元（年）	1738	1775	1809	1829	1850	1861	1874	1884	
滋生人丁	4419	84832	13170	15843	52342	56657	41205	46057	314525
与前一年份相隔时间段		37	34	20	21	11	13	10	
通共人丁								365302	

资料来源：杨激云修，顾曾烜纂：《光绪泰兴县志》，第73页，清光绪十二年刻本。

将光绪《泰兴县志》与光绪《通州直隶州志》对泰兴人丁数的记载进行比较可发现，二者对乾隆四十年以及同治十三年人丁数的记载是不同的。尽管光绪《泰兴县志》中几个年份的数据令人眼花缭乱，但是光绪十年泰兴的通共人丁却是这十个年份滋生人丁和原额人丁之和，以此看来，修志者是把每一个年份的滋生人丁作为该年份与上一年份之间的滋生人丁。但是，根据1—11表可以看出，咸丰十一年至同治十三年、同治十三年至光绪十年两个时间段分别为13年和10年，丁口的滋生数量却远远超过乾隆四十年至嘉庆十四年、嘉庆十四年至道光九年两个时间段分别为34年和20年的丁口数，时间长度差不多的37年和34年，滋生人丁的数量却甚为悬殊，这可能是天灾人祸对人口影响的反映。1953年该县人口为1051742，如果以光绪十年通共人丁为成丁，则该年人口为1052070，超过1953年的人口；如为男子，则该年人口为685742，至1953年的人口

---

① 曹树基：《中国人口史》，第五卷，复旦大学出版社2001年版，第82页。

年均增长率为 6.2‰。所以,通共人丁应为男子合适。

通州的情况除了光绪《通州直隶州志》外,尚没有其他的资料可以利用。

如上所述,光绪《通州直隶州志》中如皋和泰兴的人丁数记载均存在问题,通州的数据是否准确无法验证。因而,无法利用《通州直隶州志》中的数据,但从县志的情况看,人丁为男子较合适。仅如皋县嘉庆六年(1801年)的男子数即达349149,如果包括泰兴和通州的男子数则通州直隶州的男子数应不会少,所以《嘉庆一统志》通州直隶州的滋生人丁982974应为男子数,不是全体人口,加之通州直隶州的原额人丁162066①,共1145040。

光绪《海门厅图志》卷十一记载了乾隆三十五年(1770年)到光绪十四年(1888年)共14个年份的男女丁口数,如表1-12。嘉庆时期,除了嘉庆四年(1799年)大水海溢(不为灾),十年岁饥,两次小的灾难外,没有其他自然灾害发生。道光时期,道光三年(1823年)大水;十一年(1831年)潮灾;二十年(1840年)大水为灾;二十六年(1846年)水灾;二十八年(1848年)潮灾;二十九年(1849年)水灾;三十年(1850年),岁大饥,食草根树皮尽道多饿殍②。按照自然灾害发生的频率和程度,从道光二十七年(1847年)到咸丰三年(1853年),经历几次大的灾害,人口增长率骤然降低,也是可能的。可是从乾隆六十年(1795年)至道光二十年(1840年)的人口年增长率均太高,令人怀疑其真实性,特别是道光元年(1821年)至十二年(1832年)的增长率。民国《海门厅图志》载民国二十四年该区有130190户,644186口③,户均4.95口,低于道光十二年的人口数据。据此看来,至少从道光十二年开始海门厅的人口数据已经不实。《嘉庆一统志》中载海门厅实有人丁为280689,如果按照114的性别比转换成人口为526907。

---

① 《嘉庆一统志》中通州直隶州的原额人丁为62022,从光绪《通州直隶州志》对三县州原额人丁的记载看,《嘉庆一统志》中所载有误。
② 刘文徽等修,周家禄等纂:《光绪海门厅图志》卷十一,光绪二十六年刊本。
③ 刘伟纂:《民国续海门厅图志》卷十一,影印本,江苏古籍出版社1991年版。

表 1-12　　　　乾隆至光绪年间海门厅的人口状况

年份	乾隆三十五年	乾隆三十九	乾隆六十年	嘉庆六年	嘉庆十二年	道光元年	道光十二年	道光二十年	道光二十七年	咸丰三年	同治八年	光绪元年	光绪十年	光绪十七年
公元（年）	1770	1774	1795	1801	1807	1821	1832	1840	1847	1853	1869	1875	1884	1891
女口数	50659	162827	359210	412148	447932	538830	684390	746628	783340	801766	846719	865279	932157	949593
两个时间段间的人口年均增长率（‰）			38.4	23.2	14.0	13.3	22.0	11.0	6.9	3.9	3.6	3.6	8.3	2.7

资料来源：刘文彻等修，周家禄等纂：《光绪海门厅图志》卷十一，光绪二十六年刊本。

从各府、县方志对人口资料的记载情况看，江宁布政使司的二级、三级政区的人口资料在乾隆至嘉庆间准确度较高，道光间的准确度较低。因此，《嘉庆一统志》中江宁布政使司所属各府州厅的人口资料是较真实的。不过，《嘉庆一统志》中江宁布政使司所属各府州厅的人口资料是嘉庆中叶的，其中江宁府和扬州府大致是嘉庆十四年的人口资料；且各府县人口资料中的实有人丁（原额人丁和滋生人丁之和）实际上代表男子数。这样，《嘉庆一统志》中江宁布政使司所属府州厅男子数及占江宁布政使司总男子数的比重如下表 1-13，以 114 的性别比换算成人口，总数为 21792198 人。如以江苏嘉庆十七年（1812 年）至二十五年（1820 年）的人均算术平均率 5.6‰ 为准，则嘉庆二十五年江宁布政使司的人数为 23171813 人，以嘉庆十四年（1809 年）江宁布政使司所属各府人丁的比重进行分配，则嘉庆二十五年江宁府、扬州府、徐州府、淮安府、海州直隶州、通州直隶州、海门厅的人口分别为 4483236 人、6900798 人、4091308 人、3807824 人、1242449 人、2085927 人、560271 人（如表 1-13）。

表1-13 　　嘉庆十四年（1809年）和嘉庆二十五年（1820年）
江宁布政使司所属各府州厅人数

地区	嘉庆十四年			嘉庆二十五年	
	男子数	%	人口数	%	人口数
江宁府	2246067	19.35	4216301	19.35	4483236
扬州府	3457255	29.78	6489935	29.78	6900798
徐州府	2049723	17.66	3847726	17.66	4091308
淮安府	1907697	16.4	3581115	16.4	3807824
海州直隶州	622457	5.36	1168472	5.36	1242449
通州直隶州	1145040	9.00	1961742	9.00	2085927
海门厅	280689	2.42	526907	2.42	560271
总数	11708928	99.97	21792198	99.97	23171813

注：各府人口所占比重小数点后面的第五位四舍五入，合计百分比不足100，是误差的结果。

三　江苏布政使司

苏州府

本书根据《苏州府志》卷十三的记载计算出了苏州府嘉庆十五年（1810年）至嘉庆二十五年（1820年）、嘉庆二十五年（1820年）至道光十年（1830年）的人丁年均增长率及嘉庆二十五年的性别比，列表1-14：

表1-14 苏州府所属各县嘉庆十五年（1810年）、嘉庆二十五年（1820年）、
道光十年（1830年）的人口年均增长率、性别比

	嘉庆十五年	嘉庆二十五年					道光十年	
	人丁	丁数和人口数的合计	人丁		妇女	性别比	人丁	
			丁数	年均增长率（1810—1820年）			丁数	年均增长率（1820—1830年）
苏州府	3198489	5908435	3387856	5.8‰	2520579	134	3412694	0.7‰
吴县	1170833	2109789	1283041	9.2‰	826748	155	1441753	11.7‰
长洲县	266944	479184	285140	6.8‰	194044	147	296384	3.9‰

续表

	嘉庆十五年	嘉庆二十五年			道光十年			
	人丁	丁数和人口数的合计	人丁		妇女	性别比	人丁	
			丁数	年均增长率（1810—1820年）			丁数	年均增长率（1820—1830年）
元和县	217837	385970	218960	0.50‰	167010	131	232331	5.95‰
昆山县	192895	404871	203339	5.3‰	201532	101	206384	1.5‰
新阳县	130398	260663	141354	8.1‰	119309	118	148565	5.0‰
常熟县	364216	652438	377918	3.7‰	274520	138	188037	3.7‰
昭文县	248998	461994	260839	4.7‰	201155	130	270562	3.7‰
吴江县	299889	572083	304057	1.4‰	268026	113	315363	3.7‰
震泽县	306479	581443	313208	2.2‰	268235	117	313215	2.2‰
苏州卫	1545屯丁		1591屯丁				1595屯丁	
太仓卫	1247		1267				1286	
镇海卫	1731		1683				1681	
合计卫屯丁	4523		4541				4562	
民屯合计	3203012		5912976			3417256		

注：道光十年苏州府的人丁实际合计为3412594，府志中的合计数有错误，从而民卫合计应为3417156均比府志中少100丁，不过府志合计的错误因只查100人，对年均增长率的计算结果影响很小，可以忽视。上表中屯丁和民屯的合计数字、人丁年均增长率和性别比均是笔者计算。从嘉庆十五年至道光十年，苏州府男丁的年均增长率为3.3‰。

资料来源：李铭皖等修，冯桂芬等纂：《苏州府志》卷十三，光绪九年刊本。

表1-14中嘉庆二十五年苏州府民卫总数为5912976人，比《嘉庆一统志》中的5914810人少1834人，《苏州府志》和《嘉庆一统志》记载基本相符，说明了《嘉庆一统志》中苏州府的统计口径是人口，不是人丁，也说明了原额人丁是人口数的一部分，在人口统计中是有意义的。

苏州府从嘉庆十五年至嘉庆二十五年总人丁年均增长率为5.8‰；嘉庆十五年到道光十年苏州府的人丁年均增长率为3.3‰。但从嘉庆二十五年到道光十年的总人丁年均增长率仅0.7‰。该府所属各县人丁年均增长率并不相同,其中,吴县、太仓、昆山县有点低,其他各县的人丁年均增长率则是可以接受的。看来,总的人丁年增长率并不等于各县人丁年增长率之和的算术平均数,也不能说明府的人丁年均增长率低就不合理。一般而言,性别比达到134,意味着女子数被低估,但是整个江南地区城市化水平较高,以我们前面推测的性别比114进行调整可能不太合适,况且,表1-14显示,治所在同一城市的吴(吴县)长洲元和、昆山新阳、常熟昭文、震泽吴江的性别比差别不大,这可能与城市的发达程度有关,且各县志也没有更为详细的其他记载,所以,以114的性别比对苏州府的人口进行调整可能不太合理,本书不做调整保持原数据。

松 江 府

嘉庆《松江府志》户口记载了乾隆年间、嘉庆十五年(1810年)、二十一年(1816年)松江府所属州县的人丁或人口,如表1-15所示。

表1-15　　　　　松江府乾嘉间人口(人丁)状况

地区	乾隆年间	嘉庆十五年		嘉庆二十一年						
	实在男妇大小	当差人丁	滋生人丁	实在男丁	男丁	女(口)	幼童(口)	幼女(口)	丁口比	男性年增长率(1810—1820年)	合计(丁口)
松江府				1591539							
华亭县	293542丁(乾隆五十四年)		137189	166780	167780	134749			125	1.0‰	302529
奉贤县			108483	137865	103447	93232	40832	24387	123	7.6‰	261898
娄县	248871丁口(乾隆四十八年)		114596	144794	146005	114518			127	1.4‰	260523
金山县			216462	230982	241183	150041			161	7.2‰	391224
上海县	48209丁(乾隆四十年)	46725	248025	291113	281544	247503			114	-5.7‰	528747
川沙			49407	55994	60596	51866			117	13.3‰	112462

续表

地区	乾隆年间 实在男妇大小	嘉庆十五年			嘉庆二十一年						
		当差人丁	滋生人丁	实在男丁	男丁	女（口）	幼童（口）	幼女（口）	丁口比	男性年增长率（1810—1820年）	合计（丁口）
南汇县	448380口（乾隆五十五年）	44285	180497	221833	224461	192036			117	2.0‰	416497
青浦县	546239（乾隆五十二年）	298465	332164	82898	72854	40456	12886	144	-152‰	209094
合计		1353124	1581525	1307614	1056799	81288	37273	127	-21.4‰	2482974

注：府志中嘉庆二十一年金山县、上海县和青浦县三县的丁口合计数分别为391220、529249、210350；松江府所属各县嘉庆二十一年丁口合计数为2484728。但笔者发现府志中的合计数是错误的。因此上表中嘉庆二十一年三县以及府的丁口合计数系笔者重新计算后的数据。性别比和年均增长率系笔者计算。

资料来源：宋如林等修，孙星衍等纂：《松江府志》卷二十八，嘉庆二十二年刊本。

上海县、南汇县在嘉庆十五年（1810年）划了一部分人丁给川沙县，这可能是上海县人口年均增长率为负数、南汇县人口年均增长率较低、川沙人口年均增长率较高的原因。问题最大的是青浦县。首先，青浦在乾隆五十二年（1787年）至嘉庆十五年（1810年）人口在缓慢增长，但是嘉庆二十一年（1816年）男丁仅为嘉庆十五年的1/4，而根据光绪《青浦县志》所载嘉庆十五年至嘉庆二十一年间仅嘉庆十五年、十九年（1814年）发生了冰雹、干旱两次不大的灾害外，并没有其他灾害发生[①]，在短短6年中没有别的原因青浦人口不可能有如此大的减少。其次，光绪《青浦县志》载同治四年（1865年）册报实在人丁208870丁，内原额充饷当差人丁33699丁，节年滋生人丁175171[②]。太平天国战争时期，青浦在松江府中也是创伤较重的地区之一，在各县人口大幅度下降的同时，它

---

① 陈其元等修，熊其英等纂：《青浦县志》卷二十九，光绪五年刊本。
② 陈其元等修，熊其英等纂：《青浦县志》卷六，光绪五年刊本。

的人丁损失与嘉庆二十一年相比仅为1480。最后,《嘉庆一统志》中载嘉庆二十五年松江府人口(不包括屯丁和原有人丁)共2631590人,从嘉庆二十一年至嘉庆二十五年的人口年均增长率为14.6‰,而在此期间,青浦县分别于嘉庆二十三年(1818年)、嘉庆二十四年(1819年)、嘉庆二十五年(1820年)发生了旱、苦旱、大疫的自然灾害①,对人口的影响应该不小。因而,如此高的增长率是令人怀疑的。所以,嘉庆《松江府志》中所载青浦县嘉庆二十一年的人丁数字是不准确的。按114的性别比将青浦县嘉庆十五年(1810年)的滋生人丁换算成人口则为560276人,如果将青浦县嘉庆二十一年的人口数换成嘉庆十五年的人口数560276人,松江府嘉庆二十一年的人口数将变为2834156人,而《嘉庆一统志》中松江府的人口仅2631590人。可见,《嘉庆一统志》中对松江府人口数的记载也是偏少的。姑且按照华亭、娄县、奉贤三县的平均年增长率3.0‰和除去青浦、金山县二县其他各县性别比的算术平均数120为准,以嘉庆十五年的人丁数为基数,则青浦县嘉庆二十一年的人口为570437人(人丁为303877),嘉庆二十五年的人口为577313人(人丁307540)。金山县的人口同样按照120的性别比进行调整,则嘉庆二十一年的人口为442169人。经过调整,嘉庆二十一年松江府的人口为2895262人(人丁为1528593)。嘉庆二十一年青浦县的人口占松江府人口的19%,如果嘉庆二十五年青浦县的人口也占如此比率,则嘉庆二十五年松江府的人口为293.0万人,从嘉定二十一年至二十五年松江府的人口年均增长率为3.0‰。

太 仓 直 隶 州

《嘉庆一统志》中载太仓直隶州民卫人口共1178835人。而太仓州嘉庆二年(1797年)人口为200298人,镇洋县乾隆二十六年(1761年)人口为165175人,崇明县乾隆二十四年(1759年)人口为640629人,嘉定县嘉庆二年人口为421356人,宝山县乾隆六十年(1775年)为376466人,即使在时点不统一的情况下,各县的合计数字已达1803924人,远远超过《嘉庆一统志》中的人口数。所以《嘉庆一统志》中的人

---

① 陈其元等修,熊其英等纂:《青浦县志》卷二十九,光绪五年刊本。

口数存在问题，需要对太仓州所属州县进行考察。

太仓直隶州所属州县太仓州和镇洋县。民国《太仓州志》载：

> ……清顺治二年户三万二千八百五十二（32852），口十七万三千四百三十（173430）。康熙三年户四万一百一十四（40114），口二十一万五千二百四十（215240）。雍正四年升直隶州，分置镇洋县后，编审户口共户二万一百五十九（20159）……乾隆六十年户四万五千五百二十八（45528），口十九万九千三百一十二（199312）。嘉庆二年户四万五千五百二十八（45528），口二十万二百九十八（200298）。同治八年户二万二千一百七十二（22172），口十三万一千五百四十二（131542）（按嘉庆八年至同治元年案牍悉毁，兵燹同治二年收复州城居民四散无从编审，至是年始查有户口细数）。①

乾隆六十年至嘉庆二年的户数相同，但在时间相错两年内户口不变也属于正常情况，人口年均增长率为2.5‰。以此增长率和嘉庆二年的人口为准，则嘉庆二十五年太仓州的人口为212137。

镇洋县。民国《镇洋县志》卷四《赋役·户口》载为："乾隆二十年（1755年）户四万三千零四十六（43046），口十四万六千八百九十四（146894）。三十六年户五万一百九十二（50192），口十六万五千一百七十五（165175）。"② 户均口数3.3人，无法使人相信。如果按照太仓州的户均口数4.4计算，则镇洋县乾隆二十五年（1760年）和三十六年（1771年）的人口分别为189402人和220855人，人口年均增长率为9.6‰，以此增长率计算，乾隆六十年（1795年）的人口为277774人。再以太仓州2.5‰的增长率计算，则镇洋县嘉庆二十五年（1820年）的人口为295666人。

宝山县。光绪《宝山县志》载乾隆元年（1736年）编审户口人丁

---

① 王祖畬等纂：《太仓州志》卷七，民国八年刊本。从所载内容来看，应为太仓州的人口统计数字，曹树基误为镇洋县的人口，他利用此数字先估算出镇洋县的人口进而估计太仓直隶州整个人口的方法可能有点欠缺。

② 王祖畬等纂：《镇洋县志》卷四，民国八年刊本。

37118 丁；六年（1741 年）编审户口人丁 37264 丁；二十年（1755 年）户口 74738，口 256861 丁；三十六年（1771 年）户口 85241，口 277929 丁；六十年（1795 年）户口共 376466（以上据州志）①。就人丁年均增长率而言，乾隆二十年至三十六年为 4.9‰，乾隆三十六年至六十年为 12.7‰。乾隆三十六年至六十年的高增长率可能与乾隆三十六年的数据较低有关。如果以乾隆六十年和太仓州的增长率 2.5‰为准，则宝山县嘉庆二十五年的人口为 400714。

崇明县。崇明县孤悬江中，是太仓州唯一没有受到太平天国战事影响的县，战后的人口统计数字如真实则可以利用。与宝山县相反，民国《崇明县志》所载的户均口数较高，乾隆十八年（1753 年）户 91434，口 637957；十九年（1754 年）户 91544，口 638587；二十年（1755 年）户 91773，口 640629；二十一年户（1756 年）91732，口 640331；二十二年（1757 年）户 91921，口 641832；二十三年（1758 年）户 91982，口 642062；二十四年（1759 年）户 92010，口 642743，户均口数达 7 人。之后的人口数，"载籍失稽，编审循例行之，每年报册亦非确数也"②。宣统二年（1910 年）的户口调查时，该县户 107020，口 670884，内男口大小 372561，计壮丁 171739，学龄童 70372，女口大小 298323，性别比为 125，户均口数 6.3 人。③ 从乾隆二十四年至宣统年间的人口年均增长率不到 1‰。崇明县包括内沙和外沙，随着内沙人口不断增多，从民国元年（1912 年）开始，内沙绅士要求脱离崇明县的管辖，独立成县。因作为标准的人口数量没有定论，主张设县的内沙民众和反对设县的外沙民众各持一据，争论不休，一直到民国十七年（1928 年）人口调查数据出来，内沙才独立成县，即启东。民国十七年的调查结果是崇明和启东两县的人口为 741956④，从宣统二年至民国十七年的人口年均增长率为 5.94‰。随着内沙面积的扩大人口不断迁移，从乾隆二十四年至民国十七年崇明县的人口年均增长率为 1.5‰。以民国十七年的数据和 1.5‰进行回推，则嘉庆

---

① 梁蒲贵等修，朱延射等纂：《宝山县志》，卷三，光绪八年刊本。
② 王清穆修，曹炳麟纂：《崇明县志》卷六，民国十三年修，民国十九年刊本。
③ 同上。
④ 赵如珩编：《江苏省鉴》第一章第三节，民国二十四年铅印本。

二十五年（1820年）的人口数为631067，咸丰二年（1852年）的人口数为651246。

嘉定县。《嘉定县志》载：乾隆六十年（1795年）男丁213118；嘉庆二年（1797年），102418户，421356丁；咸丰二年男丁256179①。嘉庆二年的人丁远多于咸丰二年的，应该是人口。从乾隆六十年至咸丰二年男丁年均增长率为3.2‰。以嘉庆二年的人口数为基础，以3.2‰的人口年均增长率为准，则嘉庆二十五年嘉定县的人口为453484。

根据笔者对上述各县的非常粗略的估计，太仓直隶州在嘉庆二十五年的人口数为1993068。实际上，这种方法并不十分合理，主要是没有一个可靠的增长率作为参考，且太仓州、镇洋县和宝山县的户均口数太低，而又没有其他资料可资利用。不过，所修订的数据比1803924多，也许是可以作为参考的。

镇江府和常州府

镇江府至今没有看到它的府志。它所属4县只有溧阳县县志。嘉庆《溧阳县志·食货志》记载乾隆六十年（1795年）奏报实在男丁317564；嘉庆十六年（1811年）50845户，624581丁，内男丁343605，妇女280976②，性别比为122，从乾隆六十年至嘉庆十六年的男丁年均增长率为4.9‰。除此之外，没有其他记载，姑且以《嘉庆一统志》中的数据2234875为准。

常州府。常州府同样缺乏府志，在其所属8县中，武进、阳湖两县人口数据缺乏，江阴的人口统计口径为人口，道光《江阴县志》载道光十九年（1839年）丁口为978461（男564603丁，妇女413858口）③；其余各县的统计口径为人丁，如表1-16所示。

---

① 上海市嘉定县县志编纂委员会编：《嘉定县志》卷三十一，上海人民出版社1992年版。
② 李景峄等修，史炳等纂：《溧阳县志》卷六，嘉庆十八年修，光绪二十二年重刻本。
③ 陈廷恩等修，李兆洛等纂：《江阴县志》卷四，道光二十年刊本。

表 1-16　　常州府乾隆至道光年间的人口、年均增长率

年份 地区	乾隆 四十年 1775年	乾隆五 十五年 1790年	乾隆 六十年 1795年			道光 十年 1830年			道光 十八年 1838年	男丁年增长率①
			原额 人丁	滋生 人丁	通共 男丁	通共 男丁	滋生 人丁	原额 人丁	滋生 人丁	通共 男丁	
无锡县			73853	251213	325066	339549	265696				1.2‰（1795—1835年）
金匮县			68656	172495	241151	258934	190278				2.0‰（1795—1835年）
宜兴县					223363			237830	92791	330621	9.2‰（1795—1838年）
荆溪县	134928				146543			164990	60044	225034	4.1‰（1775—1795年） 10.0‰（1795—1838年） 8.2‰（1775—1838年）
靖江县	136691	150604								216346	6.5‰（1775—1790年） 7.6‰（1891—1838年） 5.1‰（1775—1838年）

资料来源：《无锡金匮县志》（斐大中等修，秦缃业等纂，光绪七年刊本），《重刊续纂宜荆县志》（顾名等修，吴得旋等纂，道光二十年刊本），《宜兴县志》（阮升基等修，宁楷等纂，嘉庆二年刊本），《重刊荆溪县志》（唐仲冕等修，宁栎山等纂，嘉庆二年刊本），《靖江县志》（叶滋森等修，褚翔等纂，光绪五年刊本）。

表 1-16 显示，不同时段、不同县的人丁年均增长率的差别比较大。无锡和金匮的人丁年均增长率都不高，不管是地理环境还是经济状况，二者相似，既然二者的人丁年均增长率表现出一致性，就不能说明二者的人丁统计有问题。所以从上述各县的情况看，常州府在太平天国战前的数据比较可靠，因而常州府嘉庆二十五年的数据以《嘉庆一统志》所载 3895772 为准。

---

① 原额人丁本是赋税单位，但是，乾隆帝下令全部清查人口的命令后，各地册报时将后来编查的民数统计数字扣除"原额人丁"，其余的部分变成所谓的"滋生人丁"或"滋生人口"。这样在乾隆中期后，原额人丁就成了人口的一部分。

四　江苏嘉庆二十五年人口数重建

在对方志、《大清一统志》、户部《清册》等相关江苏人口资料分析的基础上，我们可以对嘉庆年间江苏统计人口的真实性做一粗略的判断，并根据我们的分析推测并重建嘉庆二十五年（1820年）江苏的人口数。

对于江苏二级、三级政区的人口数字，通过对方志中各府县人丁（人口）增长率的分析，我们不难做出判断：总体上，江苏各府志和县志中的人口资料是较可靠的。因此，可以说建立在下一级册报基础上的《嘉庆一统志》中的江苏的人口资料也基本可信。需要注意的是，由于原额人丁在乾隆中叶之后成了人口数的一部分，在统计人口时应包括进去。但是对方志人口资料分析的结果也可证明《嘉庆一统志》江苏的人口数字存在问题，除了姜涛提出的江苏有两种不同的人口册报系统的问题外，太仓直隶州的人口资料也不是准确的。也就是说，《嘉庆一统志》江苏嘉庆二十五年人口数字过低的原因主要是江宁布政使司的人口统计口径是人丁，且是嘉庆中叶的数字；江苏布政使司所属太仓直隶州的人口数不是嘉庆末年的数字。为此，本书采用两种方法调整江宁布政使司所属各府的人口数。

一种是人口地理学方法，即运用比较可靠的某一时点（在本书中是乾隆四十年）的统计数字，得出各地区在总人口中所占的比重，再按此比重，计算出另一时点的各地区的人口数。也即按人口比重，重新分配各地区的人口。本书把这种方法亦取名为"地域人口结构法"。据《嘉庆一统志》，江苏布政使司的人口数（太仓直隶州的人口数采用本书的估计数）为16966852人，据户部《清册》，江苏的人口数为39509616人，那么嘉庆二十五年江宁布政使司的人口数为22542764人，以《乾隆一统志》中乾隆四十年江宁布政使司各府人口的比重计算出江宁布政使司所属江宁府、扬州府、徐州府、淮安府、海州直隶州、通州直隶州、海门厅嘉庆二十五年的人口数分别为4811830人、5794907人、3807861人、4053695人、1648197人、2153608人、272665人（见表1-17）。由于人口的分布是一种相对稳定的地域结构系统，如没有较大的突发变动，一般的，各地区的人口在总人口中的比重，是会较长时间保持其稳定性的，所以用这种方法可以在缺乏分地区人口数据的情况下，根据已有的总人口数据得出分地区的数据。但缺点是，如果相隔年代过于久远，计算所得结果的误差将会较大。

另一种方法是人口学方法,主要利用地方志对江苏人口资料的记载推算出江宁布政使司各府州厅嘉庆二十五年的人口。此方法可凭借大量的数据进行更加微观的研究,可以校正前一方法的偏差、缺失。但由于所利用的人口资料的质量参差不齐,所得结果亦只能是一种参考(见本节《江宁布政使司》部分)。下文的所谓第三种方法,实际上只是对第一、第二次推算的结果进行加权处理,以尽可能减少前两种方法带来的误差。

第二次估算的总体人口数高于第一次估算的结果,造成这些差别的原因是,《清册》中的数据是层层上报的,从各县的县志看,存在妇女和儿童漏报的现象,而本书第二次的估计数是按照比较正常的性别比推出的。此外,两次对江宁布政使司各府州厅人口数及人口比重的估计也不太相同,其原因笔者在两种估算方法的优缺点中已有所说明。所以采用加权平均的方法对两次人口估计数字进行处理(海门厅除外①),那么,江宁布政使司所属江宁府、扬州府、徐州府、淮安府、海州直隶州、通州直隶州、海门厅等嘉庆二十五年的人口以及占江苏总人口(修订后的江宁布政使司和江苏布政使司人口之和约为 3996.8 万)的比重分别约为 464.7 万(11.6%)、634.8 万(15.9%)、395.0 万(9.9%)、393.1 万(9.8%)、144.5 万(3.6%)、212.0 万(5.3%)、56.0 万(1.4%)。江苏布政使司所属苏州府、松江府、太仓直隶州、镇江府、常州府等嘉庆二十五年的人口以及占江苏总人口的比重分别约为 591.3 万(14.8%)、293.0 万(7.3%)、199.3 万(5.0%)、223.5 万(5.6%)、389.6 万(9.7%)。(如表 1-18 第三次修订数)。从嘉庆二十五年至咸丰二年江苏的人口算术平均增长率为 3.6‰,以嘉庆二十五年江苏的人口 38394731 为基数,道光三十年和咸丰二年江苏的人口数分别为 44517562 人和 44838666 人,约 4451.8 万人和 4483.7 万人。以嘉庆二十五年各府州厅人口占江苏总人口的比重为准,则道光三十年江宁府、扬州府、徐州府、淮安府、海州直隶州、通州直隶州、海门厅、苏州府、松江府、太仓直隶州、镇江府、常州府等的人口分别约为 517.7 万人、707.1 万人、439.9 万人、437.8 万人、161.0 万人、236.1 万

---

① 光绪《海门厅图志》记载海门厅在道光元年间的人口数为 538830 人,与笔者第二次对海门厅嘉庆二十五年的估计数更为接近,所以对海门厅的人口数不做处理。

人、62.4万人、658.6万人、326.4万人、222.0万人、248.9万人、433.9万人；咸丰二年江宁府、扬州府、徐州府、淮安府、海州直隶州、通州直隶州、海门厅、苏州府、松江府、太仓直隶州、镇江府、常州府等人口分别约为521.4万人、712.1万人、443.1万人、441.0万人、162.1万人、237.8万人、62.9万人、663.3万人、328.7万人、223.6万人、250.7万人、437.0万人。如表1-19。

表1-17 嘉庆二十五年（1820年）江宁布政使司所属各州县人口数

	乾隆四十年（1775年）①			嘉庆二十五年（1820年）推算人口	
	各府州人数	总人数	比重	总人口	各府州人口
江宁府	3049472	14286358	0.213453	22542764	4811830
扬州府	3672492	14286358	0.257063	22542764	5794907
徐州府	2413212	14286358	0.168917	22542764	3807861
淮安府	2569008	14286358	0.179822	22542764	4053695
海州直隶州	1044536	14286358	0.073114	22542764	1648197
通州直隶州	1364838	14286358	0.095534	22542764	2153608
海门厅	172800	14286358	0.012095	22542764	272665
合计	14286358		1		22542764

资料来源：《乾隆一统志》。

表1-18 本书对江宁布政使司所属各府州厅嘉庆二十五年（1820年）人口之估计

地区	估计一（据《乾隆一统志》比重估计）		估计二（据方志资料估计）		估计三（加权处理之估计）	
	%	人口（千人）	%	人口（千人）	%	人口（千人）
江宁府	19.35	4483.2	21.35	4811.8	20.206	4647.5
扬州府	29.78	6900.8	25.71	5794.9	27.598	6347.9
徐州府	17.66	4091.3	16.89	3807.9	17.171	3949.6
淮安府	16.4	3807.8	17.98	4053.7	17.089	3930.8
海州直隶州	5.36	1242.4	7.31	1648.12	6.284	1445.3
通州直隶州	9.00	2085.9	9.55	2153.6	9.216	2119.8
海门厅	2.42	560.3	1.21	272.7	2.436	560.3
总数	100	23171.8	100	22542.7	100	23001.1

表1-19 太平天国战前江苏嘉庆二十五年（1820年）、道光三十年
（1850年）、咸丰二年（1852年）人口估计数

地区	嘉庆二十五年			道光三十年	咸丰二年
	人数（万）	人数（个）	%	人数（万）	人数（万）
总人数	3996.8	39967943	100	4451.8	4483.7
江宁府	464.7	4647533	11.628	517.7	521.4
扬州府	634.8	6347853	15.882	707.1	712.1
徐州府	395.0	3949585	9.882	439.9	443.1
淮安府	393.1	3930760	9.835	437.8	441.0
海州直隶州	144.5	1445323	3.616	161.0	162.1
通州直隶州	212.0	2119768	5.304	236.1	237.8
海门厅	56.0	560271	1.402	62.4	62.9
苏州府	591.3	5912976	14.793	658.6	663.3
松江府	293.0	2930161	7.331	326.4	328.7
太仓直隶州	199.3	1993068	4.987	222.0	223.6
镇江府	223.5	2234875	5.592	248.9	250.7
常州府	389.6	3895772	9.747	433.9	437.0

第二章

战时南京城市人口之变动

　　1368 年朱元璋登基后，下令以应天府为"南京"，南京由此得名。清朝建立后，改名江宁府城，有时用金陵，但习惯上仍沿明代旧制称为南京。太平天国起义后，以摧枯拉朽之势迅速进军，1853 年 3 月 7 日，太平军兵临城下，19 日攻破内城，占领南京，28 日，东王杨秀清自水西门入城，29 日洪秀全入城，以原两江总督署为天朝宫殿，正式建立起与清朝对峙的政权，并定都于此，号"天京"。自此，南京①成为清军进攻的主要和最终目标，也是太平天国保卫的主要对象。可以说，它是受战争影响最长久的城市，其人口变动贯穿于太平天国战争的始终。

　　在太平军攻占之前，南京的人口约 50 万—90 万人，在太平天国统治时期，城内人口是不断变化的。一方面是人口减少：战争本身造成的人员伤亡，疾病、围城时的饥饿所造成的死亡，人员外逃所造成的人口减少；另一方面是人口增加：城外人口进入城中（包括原城中逃出去的部分人返回城中）或外地人员被"裹胁"到南京或镇、扬等城人员因撤退而迁入等；再一方面是军队调动而造成城内人口增减的变动。理清这些头绪便可对战时南京城的人口损失有个清晰的把握。此外，人口减少导致的人口增长率的降低进而使南京人口增长量的相对减损亦应成为本章考察的对象，但限于历史资料的严重缺失，无法对此进行研究。本章拟对战前南京人口和战时南京人口变动进行初步的研究。

---

① 本书将根据不同场合采用不同的称呼。

第一节　太平天国奠都时南京人口数

太平天国定都时南京城的人口由两部分构成，一部分是太平军及随军人员；另一部分是太平军定都时留在城中的南京人。前者被作为奠都时南京城人口的一部分，主要是因为太平军的流动作战具有特殊性，即必须携带妇女老幼。攻占南京后，这部分随军人口也开始在南京定居，实际上构成了迁徙人口的一部分①。那么，奠都时这两部分的人数分别是多少呢？

一　奠都前太平军人数考察

从金田起义到攻克南京是太平天国军兴阶段，总体上，太平军队伍是不断壮大的。但关于其人口数的记载却相互矛盾。张德坚的《贼情汇纂》认为太平军入南京时有 70 多万人②。而谢介鹤在《金陵癸甲纪事略》中记载太平天国设立门牌时，除镇江、扬州和南京人外，其他省份有 13 万人左右③。太平军设立门牌的时间据《金陵纪事》记载为五月④，《贼情汇纂》则记载为："癸丑六月，讹言有官兵混入江宁城，举国若狂，韦贼始倡仪设立门牌。"⑤ 不管是咸丰三年五月或六月（1853 年 6 月或 7 月），此时太平军已经北伐和西征。即使加上北伐军 2 万人，西征军的几千人，以及镇江、扬州、浦口、江浦的太平军 2 万人（这些人中不少是南京人），将他们全按外省人计算，太平军入南京时亦不过 20 万人。可以说，二者的记载相差甚远。太平军入南京时人口究竟几何呢？本部分即追述奠

---

① 《人口学辞典》中对人口迁移的定义为：人口在地理上的位置变更，或称人口移动。人口为了某种目的或动机，离开原来的居住地，时间或长或短，距离或远或近，或者返回或者终身不再返回而定居于某地，均称为人口迁移。（刘铮，人民出版社 1986 年版，第 376 页）

② 《贼情汇纂》，中国史学会编：《太平天国》第 3 册，上海人民出版社 1962 年版，第 296 页。

③ 《金陵癸甲纪事略》，中国史学会编：《太平天国》第 4 册，上海人民出版社 1962 年版，第 655 页。

④ 《金陵纪事》，太平天国历史博物馆编：《太平天国史料丛编简辑》第 2 册，中华书局 1962 年版，第 51 页。

⑤ 《贼情汇纂》，中国史学会编：《太平天国》第 3 册，上海人民出版社 1962 年版，第 237 页。

都前太平军发展的历程,对其人数进行考察。

  鸦片战争后,全国阶级矛盾普遍激化,广西的社会矛盾复杂尖锐,而官府统治力量却十分薄弱,这使广西的秘密组织异常活跃。当清军忙着镇压天地会起义时,冯云山借此机会建立了拜上帝会①,展开宣传和组织信徒,到1847年时,发展了3000名信徒。但是拜上帝会势力的发展,尤其是他们"践踏社稷神明"的激烈行为,引起了地主绅士们的惊惧和仇视。随着双方矛盾的加深,团练和拜上帝会成员的冲突也愈加激烈:

> 团练与拜上帝之人,两有分别,拜上帝人与拜上帝人一和(伙),团练与团练一和(伙),各争自气,各逞自强,因而逼起。起事之时,团练与拜上帝之人同村亦有,一村逼一村,故而聚集。②

  这从而导致拜上帝会成员走上了与清方对峙的道路。为了壮大队伍,洪秀全又散布"我将遣大灾降世,凡信仰坚定不移者将得救,其不信者将有瘟疫"③的迷信思想,致使许多贫苦农民举家加入,拜上帝会的势力迅速扩大。1850年9月团营命令下达之后,各基地负责人率领拜上帝会成员前往金田团营,参加起义。

  道光三十年十月(1850年11月),太平军在金田起义,关于起义时的人数,据清钦差大臣李星沅在金田起义不久后奏称:"确探贼中强寇以及裹胁男妇,总在二万内外。"太平军中的一员——桂平人李进富在咸丰元年五月(1851年6月)被清军抓获,他的供词也称:"大约男妇二万多人起首,能打仗的有三千人。"④《石达开自述》中则说:"初时不过万人,后来人多。"⑤石达开是当时太平军重要的决策人之一,军中的情况

---

① 按,所谓"拜上帝会"是时人的他称而不是拜上帝之人的自称。本书从习惯,在提及拜上帝之人的组织时仍称其为"拜上帝会"。
② 《李秀成自述》,罗尔纲、王庆成主编:《太平天国》第2册,广西师范大学出版社2004年版,第347页。
③ 《太平天国起义记》,中国史学会:《太平天国》第6册,上海人民出版社1962年版,第867页。
④ 引转自王庆成《太平天国的历史和思想》,中华书局1985年版,第146页。
⑤ 《石达开自述》,中国史学会编:《太平天国》第2册,上海人民出版社1962年版,第780页。

应该了如指掌，后来被俘，时间相隔甚远，准确数字不一定记得很清楚，但大致数目应该不会错，但其所说的"初时"究竟是什么时候并不是很清楚。王庆成在《太平天国的历史和思想》一书中汇总了各县对太平天国起义时人数的记载，共1万多人①，和石达开的自述比较接近。综合以上记载，在道光三十年十月揭帜时太平军大概不超过2万人。

金田起义之后，太平军声威大震，一些群众与天地会成员如罗大纲、邱二娘、苏十九等率领人马相继投奔，力量有所壮大，能战斗者达万人。但直至1851年6月太平重返新圩，将士人数并没有大的增加②。虽然在此期间不断有人加入太平军，但战争也造成了一定的伤亡。当时太平军总人数约3万人，其中家属约2万人，将士1万人。在新圩，清军和太平军对峙了几个月，先后多次交战，太平军伤亡较多，且面临严重的物资困难，遂于9月突围，13日攻占思旺。但清军兵力很快集结于思旺四周，太平军又从思旺突围，向永安转移。经过几个月的鏖战，太平军兵力大减，从思旺突围时，仅剩万余人。

1851年9月25日，太平军轻取永安。在永安太平军吸纳了一些人，兵力有所恢复。据被清军俘虏的太平军覃汉阳供称："城内外男妇共有一万多人，妇女中有一半能打仗，俱戴藤壳帽。"③但经过半年与清军的艰苦对峙，太平军于1852年4月突围时兵力已有所减少。当时太平军重要将领之一的洪大全（焦亮）被俘后交代太平军撤离永安时的情形说：

> 二月十六日，是我们的历书三月初一的日子，发令逃走。是分三起走的，头起于二更时韦正带二千多人先行；二起是三更时候，杨秀清、冯云山等共约五六千人拥护洪秀全带同他的妇女三十多人，轿马都有；第三起就是我同萧朝溃（贵——引者按）带有一千多人，五更时走的。④

---

① 王庆成：《太平天国的历史和思想》，中华书局1985年版，第142—145页。
② 崔之清等主编：《太平天国战争全史》第一卷，南京大学出版社2002年版，第206页。
③ 《覃汉阳供》，《太平天国资料特辑》（一），南京大学历史系藏抄本。
④ 《洪大全自述》，中国史学会编：《太平天国》第2册，上海人民出版社1962年版，第778—779页。所谓洪大全自述应是清方伪造的，但其所述行军序列，可能得自清方的情报，因而可做参考。

前后三批撤离的人数加起来一共 1 万人左右。覃汉阳被俘在前（永安对峙时），焦大被俘在后（永安突围时），后者所报人数比前者少，是战争中损失的缘故，二者并不矛盾，可以代表当时的真实情况。而且，如果覃汉阳所供属实，从其供词还可以看出，当时太平军中至少还有一半妇女不是战斗人员。虽然这些人（也包括其他老幼和伤残者）在战斗中尽可能地发挥了自己的作用，但因体力、能力所限，行军时需加以保护，容易成为负担。永安突围后，清军追击，在龙寮岭下的平谷冲一战中，太平军损失 2000 人，伤亡惨重，很多老弱妇孺遭到残杀①。可见，老弱妇孺对行军是不利的。实际上，太平军在永安突围时已经意识到了这个问题，当时下令"老兄弟准带眷属，余概不准，犯者斩"②。这虽是清方史料，但从太平军奠都后湖北女子较少的记载可从侧面证明自永安时太平军以吸收男子为主的记载的真实性。也就是说，从永安开始，太平军不再吸纳整家人员，而是以吸纳战斗人员为主，这就减少了行军中非战斗人员过多带来的不利影响，有利于太平军行军。

永安突围后，太平军继续吸收人员，但兵力仍保持在万余人的规模。指挥清军的巡抚邹鸣鹤多方搜求太平军的兵力情况，他向咸丰帝奏报说太平军前队"约有二三千人，……尚有六七千人随后踵至"③。此时是 1852 年 4 月，正值太平军攻打桂林之际。5 月 19 日，太平军从桂林撤围，进入兴安（空城），之后，洪秀全等自兴安沿湘江水陆而下，于 6 月 3 日夺取全州。但是由于全州民众在太平军攻占之前已逃出，城中仅留千人老弱病残。因而，太平军在全州主要是补充物资。随后，太平军向湖南进军，在蓑衣渡之战中，太平军遭受一定的损失。

以此观之，太平军在广西境内虽然不断地吸纳人员，但在与清军的对峙中也在不断伤亡，虽在不断吸纳新人但不再举家吸纳，因此，人数一直保持在万人左右。太平军人数得以扩张是在进入湖南之后。

---

① 《李秀成自述》，太平天国历史博物馆编：《太平天国文书汇编》，中华书局 1979 年版，第 484 页。

② 《粤匪南北滋扰纪略》，罗尔纲、王庆成主编：《太平天国》第 4 册，广西师范大学出版社 2004 年版，第 74 页。

③ 《邹鸣鹤奏》，《方略》卷十一，第 25 页。

湖南是天地会和白莲教两大秘密会社交汇之地，这里多次发生起义，但在清军的镇压下先后沉寂，起义力量亦转入地下。随着太平军进入湖南，起义者便纷纷加入。加之当时湖南发生灾害，民众流离失所者居多，也为太平军提供了大量的兵源。《粤匪犯湖南纪略》载："收永、桂、郴、衡之齐匪游民，其众遂多。"① 实际上，农民参军的更多。清军在湖南俘虏一批太平军，其中黄非隆等29人留下了供词。这29人中，农民22人，佣工5人，商贩2人，他们都没有参加天地会的历史②。关于太平军在湖南吸收的人数。《李秀成自述》中说："招得湖南道州、江华、永明之众，足有二万之数……入郴州亦招二三万众，茶陵州亦得数千。"③ 江忠源认为，太平军在郴州的后队有1万余人。④ 加上攻打长沙的太平军3000人，总兵力不过2万。湖南巡抚张亮基奏称，攻打长沙的太平军，"真长发贼不过数千，短发贼亦不过数千，合计不过一万有奇"⑤。在这些相互矛盾的记载中，哪种记载可靠呢？李秀成在军中职位不高，尚未参与决策层，对于军队数量这种机密大事，他不可能知道。《李秀成自述》曾说"军机密务，非兵勇所得与闻，即大帅左右之人，不告亦不得闻也"⑥；他所说的可能是太平军自己的宣传数字。江忠源一直在前线参与战事，平素注重侦察敌情，对太平军的情形比较熟悉，他的记载可能比较准确。81天的长沙会战使太平军遭到一定的损失。但由于太平军攻克益阳、岳州时，获得大量船只；同时，沿途会党、农民纷纷投军，"及至长沙而上，四府土

---

① 《粤匪犯湖南纪略》，太平天国历史博物馆编：《太平天国史料丛编简辑》第1册，中华书局1961年版，第63页。
② 《黄非隆等二十九人供词》，中国社会科学院近代史所研究所近代史资料编辑室编：《太平天国文献史料集》，中国社会科学出版社1982年版，第20—31页。
③ 《李秀成自述》，中国史学会编：《太平天国》第2册，上海人民出版社1962年版，第790页。
④ 江忠源：《答刘蓉书》，《江忠烈公遗集》，王有立主编：《中国文史丛书》第6辑，据同治十三年刊本影印，华文书局股份有限公司印行，第61页。
⑤ 张亮基：《筹办军务据实直陈折》，《张大司马奏稿》，卷一，王有立主编：《中国文史丛书》第6辑，据扬州古旧书店刊本影印，华文书局股份有限公司印行，第38页。
⑥ 《李秀成自述》，中国史学会编：《太平天国》第2册，上海人民出版社1962年版，第843页。

匪附洪者数万人"①。沿途作战虽有所损失，但总体实力增强。太平军占领武汉后，《武昌兵燹纪略》曾记载："初贼入武昌，粤东西匪二万余，湖广匪四万余，粤西女贼万余。"②

可见，在进入湖南之后攻占武汉之前，太平军实行自愿的参军政策，以吸收男子为主（太平军占领城池撤退后，一些民众为了逃脱清军的屠杀而追随太平军），实力有了显著的增强。

1853年2月19日（咸丰三年一月十二日），太平军首次攻破省会型都市武昌城。21日杨秀清发布诰谕，要求武昌居民拜上帝，但此时是一种自愿原则，"分设写名数馆，从之者皆至馆报明名氏、年籍，登簿记注"③。23日，太平天国要求进贡，并许诺"进贡者仍各归本业"，同时"贼使妇女归馆，以数姓并居一家，亦以二十五人为率"④。但是27日，太平天国一改以前的做法，要求"进贡"者当兵，男子被纳入太平天国的馆、衙格局中。29日，"贼令'城中妇女迁往火巷归馆'"，但"其居僻巷先与四邻联数十人为一馆者得不迁"。太平天国离开武昌时，"驱火巷女馆妇女概行登舟"⑤。也就是说，太平军在武汉吸收了大量的人员，既有男子也有女子。显然，太平军吸收男子的政策又变为男女并收的政策，这主要出于以下原因。

进攻湖北之前，太平军主要是陆路作战行军，携带辎重及非战斗人员极不方便。攻克益阳、岳阳后，太平军获得了大量的船只，建立了水军，可以凭借水师，迅速进军。且太平军已确定沿江东下的目标，既有舟楫之便，因此有必要进行人员方面的储备，而占领省会型城市武昌又为太平军提供了大量的人力资源。

这就留下了这样的印象：太平军在武汉吸纳了几十万人。如李圭在《金陵兵事汇略》中记载："贼遂将俘获男妇共约五十万人，船只万余，

---

① 《粤匪犯湖南纪略》，太平天国历史博物馆编：《太平天国史料丛编简辑》第1册，中华书局1961年版，第66页。

② 《武昌兵燹纪略》，中国史学会编：《太平天国》第4册，上海人民出版社1962年版，第572页。

③ 《武昌纪事》，中国史学会编：《太平天国》第4册，上海人民出版社1962年版，第593页。

④ 同上书，第594—595页。

⑤ 同上书，第596—598页。

资粮军火财帛与妇稚尽置舟中,蔽江东下,新旧贼分两岸夹江以行,经黄州、武昌、蕲水、蕲州抵广济之武穴镇。"① 当时一名不知名的士子亦曰"男子从者十之九,女子从者十一二"②。张德坚的《贼情汇纂》记载太平军在武汉吸纳的人口有50万人③。

但也有不同的记载。南京被太平军攻占后,当时在太平天国一个重要的衙署当书手、对太平天国事情知之甚详的张晓秋说:"武昌陷,虽增作十军,亦不过数万。嗣水路遭风,沿途逃散,寇江宁时,据云统掳胁共两万余人。"④ 萧盛远在《粤匪纪略》一文中云:

> 绅民男妇死者不可胜计,而全家殉乱者共七百数十家……省门陷后,首逆入城,将绅民铺户,无论男妇,逼胁投降,以二十五人为一军,男有男贼管带,女有女贼管领……初二日晚,城内起火,犹不进兵,使该逆从容行走,长驱直下,并逼胁男妇十数万人,押令同行。彼时在大江投水死者又不知凡几,一路哭泣之声,惨不忍闻。⑤

几种记载大相径庭,究竟哪种记载符合实际情况呢?

李圭是江宁县人,家住天京聚宝门外乐丰乡夏庄,他在天京城外生活了七年,1860年(咸丰十年)被俘加入太平军,后逃到上海,与外国人有往来,他写的《金陵兵事汇略》所用的材料既有自己亲见亲闻的,也有外国人收藏的,还有根据其他人记载的;但有关太平天国占领南京前的记载大多是间接得来的,可信程度不可高估。张晓秋虽在南京城陷后,在太平军中待了两年多,并且可能在某王府中,但在其记载中也说自己是"据闻",并没有确实的根据。萧盛远是清朝统帅江南大营钦差大臣和春

---

① 《金陵兵事汇略》,罗尔纲、王庆成主编:《太平天国》第4册,广西师范大学出版社2004年版,第244页。
② 《武昌兵燹纪略》,中国史学会编:《太平天国》第4册,上海人民出版社1962年版,第572页。
③ 《贼情汇纂》,中国史学会编:《太平天国》第3册,上海人民出版社1962年版,第596—598页。
④ 《粤匪纪略》,罗尔纲、王庆成主编:《太平天国》第4册,广西师范大学出版社2004年版,第50页。
⑤ 同上书,第21—22页。

的机要幕僚。他从1851年（咸丰元年）直至1860年江南大营被打垮，正如曾国藩所说的是一个"始终在事"参加镇压太平军的人，并且清军内部自身的矛盾亦使他对敌我双方的情况做了比较客观的记载，具有很大的参考价值，是比较可信的。但《贼情汇纂》是一本情报汇编，这一点是不容置疑的。那么，二者谁更接近事实呢？

太平军攻打长沙时，武昌城中"大户挈家远徙者甚多"①。当太平军攻克武昌后，城内迁出的人并不少，《向荣奏稿》向咸丰帝汇报情况时说："城内百姓粮食缺乏，逃出者亦复不少。"② 太平军离去后，城中"男妇未从贼去甚多"③。实际上，在残酷的战争时代，出于政治和军事需要，太平天国决策层不可能不加选择地把所有武汉人都"裹胁"而去。这可从当事人的亲身经历中得以佐证。陈思伯，武昌人，当太平军进入武昌劝他加入太平军时，遭其拒绝，后来：

> 众贼壮之，劝予从降，可保一家，即出红巾裹头。时予丁父忧，丧服未满，请出亡父神主供之中堂，叩头除服……予嘱弟善侍老母，痛哭别去……当贼逐鄂民上船之际，予嘱冶臣伯，预带眷属，悉藏朝阳巷内小屋中，闭门不出，阖家幸免同去。④

据此看来，只要一家人中有一人加入太平军就可能保家中其他人的平安。可见，太平军离开武昌时并不是所有人都被"裹胁"而去。而清方也有"将所掳少壮男女尽皆胁载上船……"⑤ 的记载。《养拙轩笔记》的

---

① 《武昌纪事》，中国史学会编：《太平天国》第4册，上海人民出版社1962年版，第584页。

② 《进攻武昌贼营并各筹办情形折》，中国史学会编：《太平天国》第7册，上海人民出版社1962年版，第28页。

③ 《武昌兵燹纪略》，中国史学会编：《太平天国》第4册，上海人民出版社1962年版，第572页。

④ 《复生录》，罗尔纲、王庆成主编：《太平天国》第4册，广西师范大学出版社2004年版，第344页。

⑤ 《粤匪南北滋扰纪略》，罗尔纲、王庆成主编：《太平天国》第4册，广西师范大学出版社2004年版，第76页。

作者在九江被太平军所获，但因年老而"名不入伪籍"①，也反映了太平军吸纳人员是有条件的。至于太平军在武汉吸纳的人口数我们可做一推断。以《嘉庆一统志》所载为准，1820 年武昌府 9 个县共有人口 687.3 万人口，以湖北省 4.9‰ 的人口年均增长率计算②，1852 年的人口为 799.6 万人；如按照城市人口占总人口的 10% 计算。行政机构所在城市人口约为 80.0 万人。1953 年的人口调查中，湖北 1—16 岁和 60 岁以上的人所占整个湖北省人口的比例分别为 37.43% 和 7.12%，共 44.55%，那么男女少壮者所占比率为 55.45%。以此率来计算当时城市中少壮者约为 44.36 万人，如果这些均作为武昌城的少壮人口；当太平军离去时，男子从者十之九，女子从者十一二③。以一半计之，也就是 20 多万人。且这些人是整个武昌府城市中的人，包括了武昌城外其他县城的人口。且如前所述，武昌城中人逃走不少，少壮者并未全部加入太平军，所以当时有十几万人随军是比较恰当的。加之占领武汉前的太平军人数，大概有 20 万人。太平军东下时的船只数量也可佐证这一点。太平军东下南京，分水陆两路前进。谢介鹤于癸丑春随太平军至金陵，在张继庚内应事件败露后逃出金陵，他回忆自陷入太平军后的所见所闻时说：

> 咸丰三年，癸丑正月二十九日，粤逆洪秀全、杨秀清等至金陵，其陆路分贼营二十四座，每营多者二三百人，少者五六十人，老长发（毛？）贼不过十之二三，余皆虏诸湖北、安徽及各省者。④

据此看来，太平军陆师力量为 5000—7200 人。水师力量可根据船只数加以推算。当时太平军有船只万余，由于这些船主要是民船，每船不过可载十几人（即使湘军专门制造的战船也不过"长龙每船 24 人，舢板每

---

① 《养拙轩笔记》，太平天国历史博物馆编：《太平天国史料丛编简辑》第 2 册，中华书局 1962 年版，第 265 页。

② 嘉庆二十五年湖北省人口为 29063179 人，咸丰元年为 33809892 人，咸丰二年人口缺。姜涛：《中国近代人口史》，浙江人民出版社 1993 年版，续表 21。

③ 《武昌兵燹纪略》，中国史学会编：《太平天国》第 4 册，上海人民出版社 1962 年版，第 572 页。

④ 《金陵癸甲纪事略》，中国史学会编：《太平天国》第 4 册，上海人民出版社 1962 年版，第 649—650 页。

船14人"①），以每船平均15人计算，万余船只也就是20万余人。所以，张德坚关于从武汉东下时太平军人数有50万的说法有点夸张，而萧盛远的说法可能比较真实。但是随太平军东下的武汉人中有一些确实是被迫的，如前述有的是为了保护家人，所以，这些人一直做着伺机逃跑的打算；不少人只是被太平军所描述的美好前景所打动，带有很强的功利色彩，一旦其利益得不到满足或者受损，极易动摇。而清军也利用太平军中的内部矛盾，采取"投其免死牌数万顺流放下，后又刊刻简明小告示，遣人潜入城中，遣散各船水手"等方式来瓦解太平军军心。1853年5月29日（咸丰三年四月二十二日）"各船户遂与该逆决裂，各将船只焚烧，自寅至午，火光不绝，烧毙押船长发贼无数。此外各船，有由夹江开往大江零星逃散者，统计不下一千数百船，遣散水手不下一万人"②。且当时太平天国人口和治安管理制度并不完善，如各种关卡、关凭尚未确立，这也为民众的逃亡提供了便利条件。在东下途中及到达南京后大部分人已伺机逃走。据载"未几，男子被掳逃归者十八九，女子回者十一二"③。真正留在南京的人数有7万人至8万人而已。（十数万就是10万人至20万人，我们取中间数字15万计算。）

从武汉直至南京，太平军势如破竹，所过州县，民众已经逃离。如九江，太平军到时，"已阗无人，贼无可留恋，遂帅众蔽江而下"④。安庆在太平军攻克武昌后，城内居民"已徙去十之八九"⑤。且急行军的情况下，太平军在沿途攻占的城市几无停留，没有时间到其他地区"裹胁"人口。因而，在武汉至南京途中，太平军并没有吸纳多少人员。所以，真正迁徙到南京的有十多万人。沈梓在《养拙轩笔记》中载太平军到金陵城外，

---

① 罗尔纲：《李秀成自述原稿注》，中华书局1982年版，第295页。
② 《遣散江宁观音门外船户水手折》，中国史学会编：《太平天国》第7册，上海人民出版社1962年版，第134—135页。
③ 《武昌兵燹纪事略》，中国史学会编：《太平天国》第4册，上海人民出版社1962年版，第572页。
④ 《粤匪南北滋扰纪略》，罗尔纲、王庆成主编：《太平天国》第4册，广西师范大学出版社2004年版，第76页。
⑤ 《蒋文庆奏》，《方略》，卷二十三。转引自崔之清主编《太平天国战争全史》第一卷，南京大学出版社2002年版，第664页。

实际不过十数万人①，也说明了到南京时的太平军人数不是太多。太平天国奠都后，这些人中大部留在了南京。我们姑且以10万计之。

二 太平天国奠都前南京人口

南京本是江南省城，在清代既是政治枢纽、军事重镇，又是人文荟萃、工商发达之所，但是关于太平天国战前它的人口数始终是一个谜。

关于太平天国占领前南京的人数，时人大致有两种记载。一种记载认为南京人口达二三百万。王永年的《紫蘋馆诗钞》记载："江宁城未陷时，查户口清册有二百六十万之众。"②《张继庚遗稿》持相同的观点："惟念江南未破时，查户口清册，有二百六十余万之众。"③ 一位住在金陵南门外西街的士子王杰也云："城中户口，有册可稽者，二三百万生灵，尽遭涂炭。"④ 另一种记载认为南京人口仅数十万或数十万人至一百多万人。江苏巡抚许乃钊在1853年7月（咸丰三年六月）向清廷上报南京的情况时说：

> 再臣自抵江南帮办军务，经钦差大臣向（荣）亲自督剿，连破贼营。惟念省垣被胁居民惨遭蹂躏，设法救援解散，不下十数万，类多困苦无依。……查《通志》载："江南省城周九十六里。"人烟数十万户，除去已经拯救外，约计城中男女大小尚有数十万人横遭裹胁，未能自拔，亲属则荡析离居，货财又搜罗罄尽。⑤

许乃钊的奏报前后矛盾：人烟数十万户，口数即可有数百万，与前述

---

① 《养拙轩笔记》，太平天国历史博物馆编：《太平天国史料丛刊简辑》第2册，中华书局1962年版，第265页。
② 《紫蘋馆诗钞》，太平天国历史博物馆编：《太平天国史料丛刊简辑》第6册，中华书局1963年版，第394页。
③ 《张继庚遗稿》，中国史学会编：《太平天国》第4册，上海人民出版社1962年版，第773页。
④ 《余生偶笔》，南京市文献委员会通志馆印行：《南京文献》（7），上海书店民国三十七年九月，第105页。
⑤ 《署江苏巡抚许乃钊奏陈办理资遣收养及预筹一切收复事宜片》，太平天国历史博物馆编：《太平天国史料丛刊简辑》第5册，中华书局1962年版，第303页。

别的资料中的二三百万接近；但他又说，已拯救者十多万，尚未离开者数十万，这样加起来最多一百数十万人，少则不到一百万人。与许乃钊模糊的记载相比，陈作霖在《金陵通纪》中记载得比较明确：

> 寇警日迫，居民鉴壬寅年（指 1842 年英军兵临南京城下之时——引者按）之迁避为乡人所欺凌，乃皆不动，至有从附郭移家入城者。城中男妇几九十万，巡抚杨文定复禁人外徙。各城门委员稽察，可入不可出。故举城受祸尤烈云。①

该史料记载在太平军到来之前南京城内人口近 90 万人，但也表明了 90 万人包括了城外商业区迁入城内居住者。民国《首都志》户口一栏中不加分析地引用了陈作霖的说法。而当时的外国人听说南京有 50 万居民，虽是道听途说，但也反映了时人对南京城人口的估计②。显然，两种记载大相径庭。

南京人口的不确定性导致现代学者对南京人口有不同的估计。施坚雅估计 1843 年的南京人口为 27 万人③。姜涛认为施氏显然低估了当时的人口，最保守的估计也应在 50 万人以上。李伯重则估计为 60 万—70 万人④。曹树基估计南京人口可能为 85 万⑤。范金民根据南京城内粮食的日消耗量，估计数更高，达 110 万⑥。

这些不同的记载和估计哪一个更为合理？

1820 年江宁府的人口，本书估计为 464.7 万人。虽然南京作为城市化较高的地区之一，但在小农经济的条件下，没有特殊机制的刺激，很难

---

① 陈作霖：《金陵通纪》（二），卷三，光绪三十三年刊本，第 542 页。
② 《西方关于太平天国的报道》，罗尔纲、王庆成主编：《太平天国》第 9 册，广西师范大学出版社 2004 年版，第 66 页。
③ 转引自姜涛《中国近代人口史》，浙江人民出版社 1993 年版，第 287 页。［美］施坚雅编著《中华帝国晚期的城市》，叶光庭等译，中华书局 2000 年版，第 30 页。
④ 李伯重：《江南的早期工业化（1550—1850 年）》，社会科学文献出版社 2000 年版，第 413 页。
⑤ 参考该章第二节江宁府部分。
⑥ 南京市人民政府研究室编：《南京经济史》第十章，《清代前期的南京经济》，中国农业科技出版社 1996 年版。

想象仅南京城的人口即占到整个江宁府人口的半数以上，时人认为南京人口为二三百万的观点并不合乎常理。错误出现在哪里呢？江宁府在嘉庆十四年（1809年）所属各县的人丁统计数是2276064丁，按照溧水县3.5‰的年均增长率计算，1852年江宁府的人丁数将达2645037，如按照江苏3.6‰的人口年均增长速度则为2656394。如果人口年均增长率再高一点，到1852年时江宁府的人丁大致为300万。此外，下段表明，1852年时，上、江两县人口达300万。那种认为南京人口达二三百万的观点实际上是把整个江宁府的人丁数或上、江两县的人口数误认为南京城的人口数，这显然是错误的。

在清代，上元县和江宁县属于江宁府的附郭县，江宁府府治虽在南京，但南京城由上元和江宁两个县分划管理，即"上元、江宁皆隶府治"①，人口也由两个县属划区管理②，如明朝故事。也就是说南京城的人口统计不是独立的，两个县在统计人口的时候不应把各自管辖的南京所属区域放弃，曹树基可能忽略了这一点，他的估计方法存在失误，对战前南京人口的推断可能不太合适。施氏的估计数学术界均认为太低。实际上，我们以10%的比例推算南京城的人口，也超过了施氏的估计数：嘉庆十四年上元和江宁两县的民卫丁合计数为1379235③，按照3.5‰的年均增长率到1852年为1602823丁，按照性别比100∶114计算则约为300.9万口，那么南京城人口约30.1万口。但鉴于各地区经济发展的不平衡性，南京作为首府和经济发达地区，它的人口所占比率当高于一般的城市。如以城市人口占总人口18%的比重推算，则南京城人口约54.2万。如按第一章的结论——江宁府1852年520万人口的估计数，再按18%的比重，则江宁府城市人口可达90余万。1809年六合、江浦、句容、高淳、溧水五县的民卫丁占江宁总丁的38.6%④，如以此比重来推算1852年五县的

---

① 《中兴别记》，太平天国历史博物馆编：《太平天国资料汇编》第2册（上），中华书局1979年版，第91页。
② 陈栻等纂：《道光上元县志》卷二，道光四年刊本。上元在南京城内自东水关历淮清桥内桥抵铁窗棂，俱以河心与江宁分界，而石城门内街以北至虎踞关其地隶江宁（按上元江宁古以御街中分为界，清代以古运渎南北分界，此其小异也。）
③ 据嘉庆《江宁府志》所载合计。
④ 据嘉庆《江宁府志》所载人丁数计之。

人口则为200.7万人，再按10%—18%的比重，五县城市人口为20万—36万，那么南京城市人口为54万—70万人。可见，太平天国战争前，在通常情况下南京人口为54万—70万人。陆建瀛逃回南京后，人心惶惶，近郊相当一部分人躲入城内。王杰家在南门外西街，在乡下拥有大量土地，在南京城又开办钱庄，在《余生偶笔》一文中记载了他逃难时的所见所闻，大致反映了以下几个问题：第一，太平军到来之前，近城六里的人多进城避难，六里之外的民众并未入城；第二，太平天国入城之前，从南京脱离的人很少，脱离者主要是那些颇有家产者；第三，太平军占领南京后，曾到未安民的附近地区筹备物资和招收人员，但军纪严明；因交通工具所限，太未到太远的地方筹备物资；第四，乡民为躲避兵灾，曾纷纷逃避[①]。所以太平天国奠都时近郊仅有一部分人进入南京城内。也就说，如果城内人口没有向外迁徙，城内人口最少不低于54万人，最多的人口可能犹如陈作霖所说的达到90万人。本书以估计数54万人为下限。

总之，太平天国攻入南京后，太平军及其随军家属有10万人留在南京，加之南京城的50多万—90万人口，南京城人口共60余万—100万人。但是，太平天国奠都后不久的人口数据表明，南京城内的人口急剧减少。时人将其归结于人口死亡，并将其责任按于太平军身上，如前文陈作霖所载。那么，事实真是如此吗？

第二节　南京城市人口之变动

一　太平天国奠都后南京人数考察

太平军于1853年3月19日攻占南京[②]，在完全占领后不到三天即1853年3月22日杨秀清便下令在天京实行男女别营，全城居民以25人为单位，分别按照性别编入男馆或女馆，不准私藏在家，实行严格的军事化管理，将全城人力纳入了战争轨道。为了管理庞大的人口，奠都后的第三

[①]《余生偶笔》，南京市文献委员会通志馆印行：《南京文献》(7)，上海书店民国三十七年九月，第105—107页。

[②] 南京并非清朝官方正式称呼。1368年朱元璋登基后，下令以应天府为"南京"，南京由此得名。清朝建立后，改名江宁府城，有时用金陵，但习惯上仍沿明代旧制称为南京。

个月太平天国又建立了较严密的人口登记制度,这为我们了解奠都初期南京人口状况提供了条件。

《金陵癸甲纪事略》对南京人口的记载有三次。

第一次记载的时间是咸丰三年五月。敌对分子张继庚以"伪东王待广西人厚湖南人薄"离间太平军①,导致了水营反叛事件。该事件被平息后,为了防奸宄,太平天国设立了门牌制度,南京城首次有了较为准确的人口统计数:

> 杀贼之谋未泄,人能私自过馆,其数尚难稽查。至是贼有门牌之设,以馆长出名,统其下,月送册于伪诏书,以核其数。调往他处,及逃走者均注明。其时男馆广西约千五百人,广东约二千九百人,湖南约万人,湖北约三万人,安徽约三千人,各省约二千人,金陵约五万人,镇江、扬州约五千人。女馆广东、西约二千五百人,湖南约四百人,湖北约二万五千人,安徽约三千人,镇、扬约万人,金陵约十万人,此(史料中提及的人数——引者按)夏季人数。②

第二次记载的时间是咸丰三年冬末。进入天京之后,太平天国将圣库制度推广到全城,实行消费供给制。于是,天国背上了包袱。随着战争的持续、入营女性人口的增多,消耗也愈多,而补给愈少,为了避免发生粮食危机,太平天国实行按口配给制度,留下了人口统计数:

> 贼粮少,乃议发稻,凡各匠及牌尾妇女皆发稻,其时男馆在前之人,窜上游者半,逃走者半,新附而来者亦半,如广西约剩千人,广东约剩二千人,湖南约剩五六千人,湖北约剩万余人,安徽约剩二千人,庐州及各府新附者约万余人,兴国州、黄州新附者约万余人,各省约剩千人,江西新附者约五六千人,金陵约剩二万人,镇扬约剩三

---

① 《张继庚遗稿》,中国史学会编:《太平天国》第 4 册,上海人民出版社 1962 年版,第 774 页。

② 《金陵癸甲纪事略》,中国史学会编:《太平天国》第 4 册,上海人民出版社 1962 年版,第 655 页。

千人,扬州新掳回者四千人。女馆广东广西约二千四百人,湖南约三百人,湖北约二万三千人,安庆约二千七百人,镇扬及新掳回者共约万二千人,金陵约剩九万人,此冬杪人数。①

第三次记载的时间是咸丰四年六月。天京的粮食供应主要依靠西征战场,1853年12月以后,西征战局日趋不利,湘军的崛起对西征军构成了严重的威胁。1854年4月,林绍璋部太平军在湘潭战败,西征战略由进攻转入防御与退却阶段,受到影响的天京发生了粮食危机,进而影响到人口变动:

> 东贼连接湖南北安徽各贼回书,言所到之处,米谷俱无,乃改议发米数。……其时男馆逃走者多,新附者少,如广西不满千人,广东约千余人,湖南约三千人,湖北约万余人,安徽约万余人,各省约数百人,江西约三千人,金陵不满万人,镇扬约三千人。女馆广东广西约二千人,湖南不满三百人,湖北约二万人,安庆约二千人,镇扬约万人,金陵约八万人,此六月人数。凡言人数,皆就金陵城内外论也。②

上述史料表明:1853年夏南京总人口约25万,包括金陵人15万人(女子10万,男子5万);1853年冬杪总人口约20.5万,含金陵人11万(女子9万,男子2万);1854年夏总人口约15.6万,有金陵人9万(女子8万,男子1万)。第三则史料末句表明所记的是金陵城内外人口,这就意味着包括领取粮食的城内军民和城外驻军。

南京城三次人口调查数,如表2-1。

---

① 《金陵癸甲纪略》,中国史学会编:《太平天国》第4册,上海人民出版社1962年版,第659页。

② 同上书,第664—665页。

表2-1　　　　　　太平天国奠都初期南京三次人口调查数据　　　　　　单位：人

地区	咸丰三年五六月间		冬季人口			咸丰四年六月	
	男子	女子	男子	新附者	女子	男子	女子
广西	1500	2500	1000		2400	1000	2000
广东	2900		2000			1000	
湖南	10000	400	6000		300	3000	300
湖北	30000	25000	10000		23000	10000	20000
安徽	3000	3000	2000	10000	2700	10000	2000
各省	2000		1000		2000	500	
江西				6000	3000		
金陵	50000	100000	20000		90000	10000	80000
镇江、扬州	5000	10000	3000	4000		3000	10000
兴国、黄州				10000			
总数	104400	140900	45000	30000	120400	41500	111430

注：表中各省人数均取整数。

《金陵癸甲纪事略》所载的人口统计数字是当时在粮馆工作的一位士子所记的在馆人数，真实与否可通过当时南京军民的粮食配给标准和消耗量进行判断。咸丰三年冬天（1853年冬）军民所需粮食据载："每月连掳聚老民，并各军被掳妇女之馆，共需食米四万余石。"[①] 每人的日供给量据《金陵杂记》记："（妇女）每人一日不过二三合。"[②] 一合为一升的十分之一，即二两，三合也就是六两。被俘的太平军间谍的供词则为我们提供了男子的日常生活供应量：他领25人，每天领米二斗五升[③]，男子平均每人每日一升。《张继庚遗稿》亦载："每日男子发米一升，女子发米三合。"[④] 三种记载相互印证，表明史料所载男女日粮食供应量的情况可

---

① 《金陵杂记》，中国史学会编：《太平天国》第4册，上海人民出版社1962年版，第613页。
② 同上书，第623页。
③ 《忆昭楼时事汇编》，太平天国历史博物馆编：《太平天国史料丛刊简辑》第5册，中华书局1962年版，第362页。
④ 《张继庚遗稿》，中国史学会编：《太平天国》第4册，上海人民出版社1962年版，第760页。

信。按照《金陵癸甲纪事略》中所记咸丰三年冬天，南京城市中的人数男子 75000 人、女子 130400 人。按照上述粮食供应标准每日则需要粮食至少 114120 斗，一个月按 30 天算约是 342360 斗，即约 3.42 万石，而此时人口统计的时间是咸丰三年冬杪，杪的意思是末，也就是冬末，按照阴阳历的习俗，为咸丰三年十二月①。但《金陵杂记》记载太平天国军民消耗量的时间为冬月，冬月是阴阳历十一月的又一名称。在这相差一个月的时间内，太平军派出西征援军近万人、北伐援军万人，也即意味着十一月时天京人口约 22.5 万人，每个月消耗的粮食为 4.02 万石，与《金陵杂记》所记每月消耗粮食 4 万余石相符。也就是说，本书根据《金陵癸甲纪事略》的记载所计算出的南京人口消耗量低于《金陵杂记》的记载是兵力外调造成的结果，也反映出《金陵癸甲纪事略》对南京在馆人数的记载是可信的。但是据多种记载，当时南京城内尚有一些不领取粮食的"私馆""黑户人口"和游离太平天国制度之外者。《患难一家言》载太平军有查私馆之说，"私馆者，女馆之未入贼籍者也"。《张继庚遗稿》中则记载这样一件事：

>……此时（咸丰三年三四月间——引者按）年伯母与庚眷衣被俱无，庚幸遇友人王姓者，查出旧衣数件，送与年伯母御寒而已……惟按月或五日一去或十日一去，定省慰劝，庚也不时去问安。至五月间，年伯旧仆有尤姓者，竟寻访至，如米柴衣物，皆系伊设法送来，至今十一月未衰。以故年伯母不领贼粮，免当贼差。②

这些表明，当时有一部分人是没有被载入户口册中的。那么，在馆人数和实际人数是否一致呢？需要回顾太平天国在南京实行的一些制度。

男女别营制度实施后，太平军对藏匿人口进行清理，一个多月后，全城居民几乎均被纳入馆衙格局中。与之相配套的圣库制度也开始在南京实

---

① 《金陵兵事汇略》，罗尔纲、王庆成：《太平天国》第 4 册，广西师范大学出版社 2004 年版，第 252 页。
② 《张继庚遗稿》，中国史学会编：《太平天国》第 4 册，上海人民出版社 1962 年版，第 761 页。

施。但是，一些民众对新生的太平天国政权并不信任，甚至坚信南京很快即会被清军光复。在这种思想的影响下，他们对太平天国的政策阳奉阴违，利用太平天国管理制度的漏洞，私藏财物、私自设馆，以规避太平天国的管理。《患难一家言》的作者胡恩燮曾记载了自家"自粘伪封，安居月余"不受太平天国管辖的情况。即使一个多月后各种自设之馆被太平军查封，仍存在以家庭或邻里为单位设馆的状况。胡恩燮记载："……揣其势，非入女馆不可，乃与母兄商，暂于金沙井觅空屋，可容数十人者居之，自设两馆，以女奴为牌头应差役，余兄仍居宅旁，供给一切。"① 虽然这些人被纳入了太平天国的管辖中，但由于户籍管理制度不健全，除了在馆者外，尚有一部分不领取粮食的"私馆"，即游离于太平天国制度之外的黑户人口。《可园备忘录》载："私馆者，女馆之未入贼籍者也。"② 这种情况在其他馆衙也存在，尤以机匠衙为著。时人载："投机匠籍以伏处者，约二万人。"③ 而太平军刚入城时"发粮无数，来取者即与之"④ 的举措亦为这些黑户人口的生存提供了物质基础。可见，太平军管理制度存在漏洞，尤其是户籍管理制度的不完善为太平天国的统治埋下了隐患。《金陵癸甲纪事略》云："……杀贼之谋未泄，人能私自过馆，其数尚难稽查。"⑤ 门牌制度设立之前，因存在黑户人口，所以1853年夏天统计的在馆人数应低于实际人数。

为了稳定统治，太平天国采取了种种措施，致使管理制度逐步完善。

第一，打破血缘、地缘界限。太平天国使女馆"南则逐之使北，北则逐之使南"。当时男馆曾"一家父子兄弟奴仆十余人，必分送十余馆，使各不相见"⑥。设馆之初，男女馆掺杂相混，未形成各自独立集中的男

---

① 《患难一家言》，太平天国历史博物馆编：《太平天国史料丛编简辑》第2册，中华书局1961年版，第338页。
② 《可园备忘录》，太平天国历史博物馆编：《太平天国史料丛编简辑》第2册，中华书局1961年版，第370页。
③ 《金陵癸甲纪事略》，中国史学会编：《太平天国》第4册，上海人民出版社1962年版，第653页。
④ 同上书，第656页。
⑤ 同上书，第655页。
⑥ 《贼情汇纂》，中国史学会编：《太平天国》第3册，上海人民出版社1962年版，第301页。

馆区与女馆区。王永年对当时的情景描述道:"(咸丰三年二月二十六日)午后来一贼目,令以东院居众兄弟,西院居众姊妹,前后墙门堵断,并将余街邻驱入,以左右屋二十四间住满为度,名曰男女馆。"① 为了便于管理,太平天国的决策层又下令将男女馆分区设立,集中居住。关于具体的情况,《金陵被陷记》一书有所记载:"(太平军入城)二十日后,贼王有令,将民间女子逐归北城三条街居住,沽民惑众,不许贼党经过此街。"② 但由于女子众多,集中居住区在全城都有分布,城北"由莲花桥、洪武街一带,以至花牌楼门楼桥等处";城南"在南门大街以至内桥";城东"在石桥新廊、武定桥、石坝街、军师巷、东牌楼、状元境、奇望街、承恩寺、王府园口";城西则位于"三山街坊口以至陡门桥、糯米巷、安品街东并前后街一带,直到朝天宫后,易家桥左右街巷;又自珠宝廊至虹桥、庐妃巷、土街口一带,共约有妇女十余万口"③。

第二,门牌制度和定量供给制的建立。太平天国奠都之初,门牌制度在天京的实施对象主要是各系统的基层组织和领导人的办公处所,类似于古代保甲编制的登记册。其设立之缘由,清方史料有大量记载。《贼情汇纂》载:"贼中初无门牌之设,癸丑六月,讹言有官兵混入江宁城,举国若狂,韦贼始倡仪设立门牌。"④《金陵癸甲纪事略》则云:"……杀贼之谋未泄,人能私自过馆,其数尚难稽查。至是贼有门牌之设,以馆长出名统其下,月送册于伪诏书,以核其数。调往他处及逃走者均注明。"⑤ 两种记载互相参照可知,门牌制度是为了加强对军民的管理、防止不法分子及清奸、细密探混入天京城搞破坏而设立的。门牌制度实行后,太平天国对人口的管理加强。《粤匪纪略》云:"令男馆务设门牌,多一人则杀之,

---

① 《紫蘅馆诗钞》,中国历史博物馆编:《太平天国史料丛编简辑》第6册,中华书局1961年版,第395页。

② 《金陵被陷记》,中国社会科学院近代试研究所资料编辑部:《近代史资料》(总93)1999年版,第3页。

③ 《金陵杂记》,中国史学会编:《太平天国》第4册,上海人民出版社1962年版,第623页。

④ 《贼情汇纂》,中国史学会编:《太平天国》第3册,上海人民出版社1962年版,第237页。

⑤ 《金陵癸甲纪事略》,中国史学会编:《太平天国》第4册,上海人民出版社1962年版,第655页。

其狼殄有甚于别衙者。"① 并且天京对发放的门牌，有一套稽查办法。《金陵纪事》说："贼自五月在南京要家家悬有门牌，户各二十五名。"② 即把门牌贴在板上，悬挂门内，以备随时稽查。与保甲制度一年一度的登记制度不同，太平军军民每馆还要按月照门牌上的姓名造册送有关部门核实。门牌也作为太平天国的点名册，据《金陵省难纪略》记载："亦有闻角（太平天国集合的信号）不至者，乃用门牌法，每馆人名开列于本馆某官下，闻角时其官执牌率众至，将牌递入贼居内，查不到者，虽丞相亦责打。"③ 门牌制度的实施有利于减少"黑馆""黑户人口"的数量，亦为太平天国定量供给制度的实施奠定了基础。《金陵癸甲纪事略》说："贼初入城，发粮无数，来取者即与之。既有名数可稽，始议每日发米数。"④ 作者谢介鹤原在典圣粮机关工作，其说法较可信。

此外，太平天国还完善了巡查、船凭、身份和关卡等制度⑤。这些管理制度的完善不仅减少了未入籍者的数量，同时对民众的逃亡也起到了一定的防范作用，按口籍粮政策的实施使那些游离于太平天国制度外的人失去了生存的物质基础，心理上亦颇有压力。《金陵纪事》曾记载道："……有二妇人行乞于路，杀之，谓此妇必是不拜相，故无口粮。"⑥ 虽然，太平天国允许不拜相（上）这种行为，但在一个人无私财、废除了商业的社会里，只有归顺了太平天国，才不会被当作异己分子。由此可以断定，随着太平天国各项制度的完善，那些游离于太平天国制度外的人应该越来越少。所以咸丰三年夏之后至咸丰五年春（男女别营制度被废）间的人口统计数应一次比一次准确。故咸丰三年冬末咸丰四年夏的人数应

---

① 《粤匪纪略》，太平天国历史博物馆编：《太平天国史料丛编简辑》第 2 册，中华书局 1961 年版，第 33 页。

② 《金陵纪事》，太平天国历史博物馆编：《太平天国史料丛编简辑》第 2 册，中华书局 1962 年版，第 51 页。

③ 《金陵省难纪略》，中国史学会编：《太平天国》第 4 册，上海人民出版社 1962 年版，第 711 页。

④ 《金陵癸甲纪事略》，中国史学会编：《太平天国》第 4 册，上海人民出版社 1962 年版，第 656 页。

⑤ 太平天国奠都后所实行的其他各项具体管理措施对人员的管理均起到了积极作用，参见拙文《太平天国奠都初期天京的治安政策述略》，《广西师范大学学报》2006 年第 3 期。

⑥ 《金陵纪事》，太平天国历史博物馆编：《太平天国史料丛编简辑》第 2 册，中华书局 1962 年版，第 50 页。

和实际人数大体相符。

  需要注意的是,时人所载南京女子人口数远远高于男子人口数,与战前男多女少的常识不相符。这是由于太平军入南京时军纪严明,许多欲自尽的女子看到太平军"但掳掠而不奸淫,见女馆则不敢入,于是觅死之念遂息"①。在男子出现"铮铮特异之多"的同时,女子却"无激烈可传之行"②。而且,城中女子多是小脚,外出机会不多,随着太平天国各项制度逐步完善,逃亡不如男子方便。女子人数高于男子人数也恰恰说明了《金陵癸甲纪事略》所载人数的真实性。

  不过,除了《金陵癸甲纪事略》的记载外,张德坚的《贼情汇纂》对奠都后太平天国的人数亦有多处记载。卷十一《贼数》中,张德坚以太平军每军 12500 人为单位计算出太平天国官员数为 315221 人,伍卒额数为 3769800 人,合计 4085021 人。太平军每军人数并非实数,所以张德坚的结论是不实的。对此,张德坚本人亦有所觉察。他发现太平军"一军数千人、数百人皆有之",于是他以每军 4000 为单位,计算出太平军有 107 万人③。此数字与 4085021 相比,已大为减少,即使如此,张德坚仍认为此数字是臆断,并不代表实际情况。在《新贼》一节中,张德坚认为,占领镇扬后,太平军已增加到男丁 180 万人,妇女 30 余万人④。张德坚没有说明是何地的人数,可能不仅是南京城中的太平军人数,而是亦包括了太平军所占领其他地区的人口。而张德坚在《女官女军数》一节中根据太平天国官簿统计出天京城中女子的数量为:女官 6584 人,女军 100000 人,女绣锦绣工 8000 人,女使 5200 人;并和难民之言相互佐证,"女官女兵应有前数,其伪绣锦指挥女官军帅卒两等官计有六千有奇,绣工八千,女使五千有奇,要皆不谬。惟女兵十万之数,此犹癸丑四五月间数目,今挫折以死者何可胜计?"⑤ 合计近 12 万人。从末句看,作者承认

---

  ① 《患难一家言》,太平天国历史博物馆编:《太平天国史料丛编简辑》第 2 册,中华书局 1962 年版,第 368 页。
  ② 《金陵省难纪略》,中国史学会编:《太平天国》第 4 册,上海人民出版社 1962 年版,第 698 页。
  ③ 《贼情汇纂》,中国史学会编:《太平天国》第 3 册,上海人民出版社 1962 年版,第 287 页。
  ④ 同上书,第 296 页。
  ⑤ 同上书,第 309—310 页。

女兵的数字是南京城中咸丰三年的数字，与谢介鹤的记载非常接近。张德坚在《贼情汇纂》一书中既然承认南京城中女子仅十多万人，说明他记载女子 30 万人的人数并非仅是南京城的女子数，这也旁证了时人关于太平天国奠都之初南京城中人口数的记载是真实的。

如果说《金陵癸甲纪事略》所载情况属实，随之而来的问题是：太平军占领南京后，在短短的 3 个月内，南京人口（不包括太平军）由 54 万—90 余万人减至 15 万人，进而一年多后又减至 9 万人，原因何在？《金陵省难纪略》认为男女别营制度致使数十万人自杀①。孙亦恬《金陵被难记》亦云："统计城中之人被戕者、自尽者不下数十万。"②《患难一家言》也有"城中死者无虑数十万人"③ 的记载。数十万的范围是 10 万—90 万，鉴于古代人表示约数的习惯，试取中间数，即约 50 万。依时人所载，南京人口剧减是太平军统治南京后民众死亡所致。事实真的如此吗？需要对此做进一步考察

二 南京城市人口之变动

（一）太平天国奠都后至第一次人口统计前平民的死亡数

1853 年 3 月 19 日，太平军攻破南京外城，为了避免连累无辜，入城即呼"百姓皆闭门，敢出者杀！"又传"门上须贴顺字，厅事须设几，置茶三盏，男子须脱去领帽"的命令④，居民均遵行。在肃清残敌的过程中，除了满人和被误杀的少数平民外，被太平军直接杀害得很少。但由于受贞节忠孝思想的影响，在太平军占领南京满城后，部分尽忠于清朝的人自杀。此外，一些对太平天国政策反应激烈的民众也自杀身亡，这主要是由男女别营制度引起的。

太平军攻破内城肃清残敌后，如何对待居住在城中的数十万居民成了

---

① 《金陵省难纪略》，中国史学会编：《太平天国》第 4 册，上海人民出版社 1962 年版，第 695 页。

② 《金陵被难记》，太平天国历史博物馆编：《太平天国史料丛编简辑》第 5 册，中华书局 1963 年版，第 87 页。

③ 《患难一家言》，太平天国历史博物馆编：《太平天国史料丛编简辑》第 2 册，中华书局 1962 年版，第 338 页。

④ 《金陵省难纪略》，中国史学会编：《太平天国》第 4 册，上海人民出版社 1962 年版，第 694 页。

摆在太平天国领导人面前的头等大事。对此,太平天国内部曾有不同的意见。据张汝南的《金陵省难纪略》记载:"比据江宁,蒙贼(蒙得天)谓当安民,勿用男行女行法,但抽丁为兵,先定江南,再图进取,如明初故事。"但他的这一主张引来了杨秀清的震怒,斥责他"何以不能认实天父,欲妄改天父排定章程"①。于是,这种在流动作战中的应急举措被广泛地实施于太平天国所辖的城市内。在完全占领南京后不到3天即1853年3月22日,杨秀清下令在天京实行男女别营,全城居民以25人为单位,分别按照性别编入男馆或女馆,不准私藏在家,传统的家庭被废除。客观地说,男女别营制度有其积极的一面。在《金陵省难纪略》中,作者曾列举了忠贞者的种种事迹后进一步说道:"惟妇女之死,无铮铮特异者;缘贼禁奸淫甚严,其党皆不敢犯,故妇女无逼迫难已之情,因无激烈可传之行;不过女随父,妻随夫,同时殉难而已。"②但是,在传统社会中,家庭扮演着重要的角色,它是社会的生产单位、生育单位、教养单位和生产技术传授单位的综合体,也是人们满足物资和精神需求的基本单位,因而民众对家庭有深厚的认同感。所以,当男女别营制度颁布后:

> 于是父母弟兄妻子立刻离散,家业顿抛。有请缓频至来日遵行者,遂于夜间或合室焚毁,或全家自缢,或近河塘牵连投水,纷纷无数。有一家数十口者,有同居三四姓者,望衡对宇,烈焰日夜不绝。水面浮尸或仰或仆,拥挤莫辨。其闭户仰药悬梁者更不知纪极。③

太平天国攻破外城至男女别营时,南京城死亡的人数据《金陵省难纪略》记载为:

> 数百万生灵,城初破死者盖已不下数十万矣。贼入城居,即捉人守更,夜见夜起,驱人救护,颇疑伏兵起事。次日,分析男女愈急,

---

① 《金陵省难纪略》,中国史学会编:《太平天国》第4册,上海人民出版社1962年版,第719页。

② 同上书,第698页。

③ 同上书,第695页。

而乘夜遁归自尽者连日未休,贼防范益密。①

孙亦恬《金陵被难记》的记载大致相同:"统计城中之人被戕者、自尽者不下数十万。"②《患难一家言》也有"城中死者无虑数十万人"③的记载。但是,《张继庚遗稿》中记载内城破后,外城居民"死难者不下万人"④。这些人概是目击者,但张的记载和前几则的记载却相差甚远。哪种记载更切合实际呢?

太平军攻入城时由于及时地宣传,百姓大部分躲在家中没有受到伤害,只有那些在外者可能被误杀,根据时人的记载,死亡的人不多。而太平军入城后的政策对一般的平民和富商并不构成生命威胁,只是要求他们按照太平天国的制度行事而已,通常情况下,这些人不会自杀。以妇女为例。一般而言,战争时代,最容易自杀的是妇女,但太平军军纪严明,就像《金陵省难纪略》所载,妇女只是"女随父,妻随夫,同时殉难而已"。所以,那些认为南京城中民众死亡数十万人的说法,可能更多的是一种出于对太平军仇恨的心理想象,从而夸大了当时的情形。事实上,自身而亡的人数并不如时人所想象的那样多。

但张继庚所记载的万人显然也低于民众实际的死亡数。笔者统计了《上江两县志》中所列除八旗外的死者名单,共 10130 人⑤,而县志中所载的人数是低于实际死亡数的。犹如一位目击者所记载的那样:"自余族伯全家殉节外,城中合门死难者甚多,无从稽考,仅就目见耳闻者,已不胜纪,然其中死节最烈者,殊不忍没也。略纪一二……"⑥ 能够被记载下

---

① 《金陵省难纪略》,中国史学会编:《太平天国》第 4 册,上海人民出版社 1962 年版,第 695 页。
② 《孙亦恬金陵被难记》,太平天国历史博物馆编:《太平天国史料丛编简辑》第 5 册,中华书局 1963 年版,第 87 页。
③ 《患难一家言》,太平天国历史博物馆编:《太平天国史料丛编简辑》第 2 册,中华书局 1962 年版,第 338 页。
④ 《张继庚遗稿》,中国史学会编:《太平天国》第 4 册,上海人民出版社 1962 年版,第 760 页。
⑤ 莫祥芝、甘绍盘等修,汪士铎等纂:《上江两县志》卷二十至卷二十二,同治十三年刊本。
⑥ 《患难一家言》,太平天国历史博物馆编:《太平天国史料丛编简辑》第 2 册,中华书局 1962 年版,第 336 页。

来的只是"事迹突出"那部分。可见，张的记载也是不准确的。

那么，南京城中民众死亡的人数究竟是多少呢？

上元人李滨根据官方及时人所记二百余种材料所写的《中兴别记》，曾对当时的殉难情况按时间分门别类地做了翔实的记载，并对此做了总结：除了有功名者外，"凡男妇暨侨寓，其无死责而执不辱之义者，水火沉经，顺若正命，盖不下数万人，合门自尽，快于一瞬，复数百家"①。数万以2万—5万计，数百家以200—900家计，按户均口数5人算，人数在1000—4500人。官绅死亡人数据方志所列名单统计共3432人②。这些合起来为2.5万—10万人。加之被误杀的以及其他因素死亡的，平民的死亡数会高一点。所以，《中兴别记》的记载可能比较真实，即当时城中平民死亡的不超过10万人。

男女别营制度实施后，新的社会秩序基本建立，南京民众被纳入太平天国的军事格局中。在前三个月内，除了军人战亡外，平民死亡主要由兵役所致。

好男不当兵的思想在民众的头脑中根深蒂固。所以，太平天国要民众当圣兵时，城内弥漫着惶恐的气氛。《金陵癸甲纪事略》记载："百姓见有扬州、镇江之驱，或自尽或窃逃，城内鼎沸。"③ 其具体死亡人数据《张继庚遗稿》记载，自杀的有万人④。除此之外，太平天国对各馆衙进行整治时，在民间产生了一定的消极影响："当三月间大雨之时，纵令群贼将南门一带人家妇女赶逐出城，其时跳河投塘者不计其数。贼目又假作仁慈，令其追回，分住女馆。于是先赶出者，即去而不返。"⑤ 死亡的人数据《金陵被难记》记载："三月十五日，大雨，贼令将南门内女馆数千

---

① 《中兴别记》，太平天国历史博物馆编：《太平天国资料汇编》第2册（上），中华书局1979年版，第91页。

② 莫祥芝、甘绍盘等修，汪士铎等纂：《上江两县志》卷二十至卷二十二，同治十三年刊本。

③ 《金陵癸甲纪事略》，中国史学会编：《太平天国》第4册，上海人民出版社1962年版，第653页。

④ 《张继庚遗稿》，中国史学会编：《太平天国》第4册，上海人民出版社1962年版，第760页。

⑤ 《金陵杂记》，中国史学会编：《太平天国》第4册，上海人民出版社1962年版，第622页。

人尽驱出城，以乱我军，投河死者十七八。"① 数千指的是2000—9000，我们取中间数字5000，则死者人数约4000人。数千指的是1000—9000，我们取中间数字5000，则死者人数约4000人。综上所述，因兵役导致平民死亡一共1.4万人。

总之，在太平军进入南京后的三个月内，平民的死亡数至多不过11.4万人，加之后文所计算出的军人的死亡数5万余人和留在南京的15万人，也不过31.4万人，与54万一近90万人的记载仍相差甚远，最合理的解释是：剩余的23万—60万人口脱离了南京城。那么，这近60万人口是如何逃脱的，在当时的情况下是否可能？

（二）太平天国攻占南京至第一次人口统计前民众的逃亡数

社会秩序基本建立后，南京城居民大部被纳入太平天国的"馆""衙"格局中，主要承担军事和建设任务。

太平天国建都后便开始进行军事设施的建设，一个多月后，又开始修建王府。可以说，劳动量是很大的。亦恬是当时陷入南京城的成年人（28岁），他回忆自己的经历和感受时说：

> 竹匠衙在武定桥大夫第，日限扛抬泥土，每日八十人听差。至江宁驿站后老虎头地方起泥，抬至武定桥交代，往返六里，日抬八次，每次两人，抬一百斤。有时远去水西门外五里贼船抬扛米油，每人或抬或肩，无论何物以五十斤为率，少则治罪……（亦恬）偶一次略减斤数，为竹匠之协理察知，即时喝责五百下。幸听使者半属本城人，代往内衙竹匠处求免。竹匠出谓协理从宽责以百下，痛苦莫诉。②

正因为"日不暇逸，苦楚万状"，"欲脱逃"者大有人在③。由于男丁的承受力比较强，仅体力活动大部分男子还是可以承担的。真正使男子

---

① 《金陵被难记》，中国史学会编：《太平天国》第4册，上海人民出版社1962年版，第752页。

② 《时闻丛录》，中国历史博物馆编：《太平天国史料丛编简辑》第5册，中华书局1962年版，第78页。

③ 同上。

恐惧的是上文所提到的当兵的差事。兵役制度不仅使一些人产生了自杀的过激反应，亦使一些人逃亡。太平天国定都南京时，有的全家陷于城中，男子为了照顾女眷，"不得已暂且为其役使，籍待复城，再图团聚"，而太平军"伊等系因材而使，断不苦人所难"的宣传给一部分人带来了"免于兵役"的希望，这些人怀着"无事可以就本业听其驱使"的观望心态，暂时留在南京归顺了太平天国。但是，太平天国定都不久，向荣即率兵在孝陵卫设立了江南大营，并频频进犯太平军，虽劳而无功，却使太平军损失了一部分兵力；并且太平军因为守卫镇扬和长江江面也分去了南京城部分兵力。这些因素导致南京城兵力大减。为了弥补兵力不足，太平天国不得不将南京人作为后备兵源。因此，那些观望者看到"贼于人少时，仍复逼令为兵"后，便出现了"有不及等待，中道弃其女眷逃窜者"① 的现象。可见，征兵制度对民众逃亡的影响更大。而太平天国统治经验的不足和制度的缺失也为民众的逃亡提供了便利。

奠都后，太平天国逐渐在南京实施了一套严格的治安管理制度，包括巡查制度、凭证制度（号衣和衣诏、腰牌和官职照、军目、军册、兵册和家册、门牌和船牌、官凭、路引）、关卡制度、口令和密探等②，但统治之初的一段时间内治安管理措施并不严密，给投机者带来了可乘之机。第一，在奠都后的前三个月内，太平天国尚未制定门牌和船牌制度。敌对分子吴长松以出城买柴为借口，多次带人逃亡，"先由水路藏于船内，径出西关，未久即为贼窥破，用船在关口以内稽查，其计不行"③。第二，出入凭证制度不够完善。原始军事共产主义制度实施后，南京城内居民生活所需部分来源于城外的买卖街，对于出入频繁的采购人员，太平天国另有购货凭证，管理非常松散。如购买菜时由各馆开一黄纸条，上写"着某人出城买菜，诸兄弟不得阻拦"④，上盖本馆官印，即可出城，买菜者往往借此逃亡。第三，缺乏对留在南京城内的士绅富人进行监视和管理。尽管太平天国对"妖"者一般施以极刑，但主要限于清朝官员，对于一

---

① 《金陵杂记》，中国史学会编：《太平天国》第4册，上海人民出版社1962年版，第624页。
② 详见拙作《太平天国奠都之初天京治安政策述略》，《广西师范大学学报》2006年第3期。
③ 《金陵杂记》，中国史学会编：《太平天国》第4册，上海人民出版社1962年版，第618页。
④ 《贼情汇纂》，中国史学会编：《太平天国》第3册，上海人民出版社1962年版，第234页。

般的士绅富人并不构成威胁；况且一些官员乔装扮成平民，使太平军难辨真伪。那些忠于清朝的士绅富人利用太平天国吸纳各种人才之际，趁机混入太平军的各机关，获取信任后，利用管理制度的不完善兴风作浪，其中便有带人逃亡之事。闹得沸沸扬扬的以吴伟堂为著，连清方也有所闻。吴伟堂，绸缎商人，凭借太平天国寻求织缎的机会，向太平天国领导人建议设立了机匠营、杂行，得到肯定。之后，利用太平天国对他的信任，窝藏不入军籍者，并多次携带民众逃亡。《金陵省难纪略》曰："添设织营……于是士绅富人多来隐于此，城中来往半皆机匠招……贼颇以为便，而喜吴之能，给与关凭，关凭者，出城照验之物，以白绢尺许书贼首给某出入城字样，加贼印信。吴乃衣黄缎褂红绸衫，骑马，从人执旗荷大刀，出入各城无阻格。凡出城，司门贼必核人数，入苟不符，贼谓带人变妖（逃走之意）。吴每赠以黄缎诸物，以故出入不稽数，因得屡送人逃走。然止能送男子，于妇孺无能为也。"[①] 此例表明由于太平天国管理的漏洞，确实存在民众（以男子为主）逃亡的现象。但是，这种逃亡的规模究竟有多大？因为20万—60万的平民人口在短短的3个月内全部逃亡出去，平均每天2000—6600人，这在战争戒严期间显然是不可能的，太平天国在南京的设防情况即可说明这一点。

出于防奸究的需要，太平天国在南京设立了严禁民众非正常流动的措施——巡查制度（类似于今天的巡警制度），密切注视民众的一举一动。《金陵杂记》载："贼巡查街道及管女馆为伪巡查，城中则分地面扎馆，非特难民惧怕，即贼党见亦生惧，因其有稽查之权，无故可以将人枷责……其在各伪军者，有一军即有一巡查，故被掳入城外贼营，亦难逃窜者，因有此贼稽查，贼之防范极严毒也……此等贼目，皆广西人为之。"[②] 对于那些确实需要出入城门者，太平军发给出入凭证。时人记载："城中被掳男女，无时不思逃窜，特是贼于城门稽查甚严，非有贼之伪凭不能出入，其在城外者，尚可设法奔窜，若在城内者，必须借重贼凭。"[③] 显而

---

① 《金陵省难纪略》，中国史学会编：《太平天国》第4册，上海人民出版社1962年版，第699—700页。
② 《金陵杂记》，中国史学会编：《太平天国》第4册，上海人民出版社1962年版，第619页。
③ 同上书，第624页。

易见，出入凭证不易获得。为了免于盘诘、顺利得以逃亡，一般情况下，民众主要选择那些管理相对较松散的城门。

南京原有13个城门，太平军肃清残敌后，出于军事防御的需要，将4个城门堵塞，又将其余9个城门即东门（朝阳门、太平门）、南门（聚宝门即洪武门、通济门）、西门（汉西门和水西门）和北门（神策门、仪凤门即栅栏门和金川门）"砌小，仅如寻常大门状，设门一扇，至晚必闭此扇后再闭向有城门，门中安炮两位，司门司炮人住城圈中"。① 从城门到外围建立层层防御工事：城门—壕沟—营垒—护垣—壕沟—外部障碍物。具体情形如下，太平军在"城外挖沟一道，沟外即筑营，营垣则拆人家庭柱，夹以窗槅，实土其中，厚三四尺，高丈余，向外门营门处加护垣一道"，开门与内垣门"少参差"。护垣门上建楼"如城楼，楼左右筑土堞，开炮眼，安炮于内，以板护其外"②。护垣"厚而且高，周围安炮眼三层，上层鸟枪，中层抬炮大炮"③。营门中安炮"亦如城门营门"，护垣门外又挖壕沟，"来往设木板，过则撤之"④，沟外则布树枝，沟旁排木桩，沟中钉竹签。每一个城门外的防卫皆如此。但是，各城门防守严否与战事情况有关。南京西、北环水，战争之初清军缺乏水军，进攻方向以东门和南门为主。因而太平天国的城门设防以东门、南门为主（战事的变动也影响着各城门的具体设防，但总体而言，以这两门为主）。太平天国在太平门、朝阳门、洪武门、通济门外驻守重兵⑤；而汉西门从1853年春至冬无营盘，仪凤门、栅栏门、神策门虽有营盘，但人数不多⑥。军事要门由太平天国干将守卫。张德坚说："要知贼营垒坚与不坚，防守严与

---

① 《金陵省难纪略》，中国史学会编：《太平天国》第4册，上海人民出版社1962年版，第710页。
② 同上。
③ 中国史学会编：《太平天国》第7册，上海人民出版社1962年版，第218页。
④ 《金陵省难纪略》，中国史学会编：《太平天国》第4册，上海人民出版社1962年版，第710页。
⑤ 《张继庚遗稿》，中国史学会编：《太平天国》第4册，上海人民出版社1962年版，第710页。
⑥ 《金陵杂记》，中国史学会编：《太平天国》第4册，上海人民出版社1962年版，第634页。

不严，则视所守为何如贼耳。"① 太平军在朝阳门"非亲信不任，守城又极严，颇不为计"，陈桂堂从咸丰三年三月一直守到咸丰四年三月。清方对陈桂堂的评价为："矫捷机警，贼中号为能者，实罗大纲之流亚。"② 张德坚对罗大纲的评语为"剽悍机警，贼中号为能者……功在秦日纲之上"。③"每战辄胜"的曾凤传亦曾守卫过太平门。④ 南门的守将因史料缺乏无从得知，鉴于南门也是太平军防守重地，守备之严应不亚于东门。这意味着民众逃亡的最佳选择应是西门（汉西门和水西门）和北门（神策门、仪凤门即栅栏门和金川门）。但是，时人所载逃亡民众选择的是水西门、栅栏门、神策门、太平门。二者不太相符，这主要由下列因素所致。

汉西门城门有四道城墙，每两道之间的空间称为瓮城，是战时的防守之地（聚宝门和通济门也是如此），穿过几道"防线"不被发觉并不容易。逃亡民众未选择金川门的原因不得而知。防守重门太平门成为民众的选择与买卖街有很大关系。为了满足日常生活需要，太平天国在太平门防御工事外一里远的地方设立买卖街（栅栏门、神策门外亦如此），为民众的逃亡提供了便利。实际上，逃亡者穿过这些门并非没有困难，只是与其他城门比较相对容易。即使逃亡者侥幸穿过城门，闯过城外的重重关卡和哨卡亦非易事。《金陵杂记》说："各贼营每晚均有贼目或四五人或五六七人，携带刀矛行李携带刀矛行李海螺出营一里半，伏路守夜，以防我兵（清兵——引者按）前往，名为把卡，日间亦然。"⑤ 涤浮道人把关卡作为阻碍兵民逃亡的重要因素之一，他说："如避匿城中，或不能出城者，非托亲友携带即用银两买人带引出城。城外又有贼卡，此两处如不被贼窥破，方可侥幸逃出。"⑥《贼情汇纂》也有类似的记载："贼又给以关卡重重，若无老贼带之，一见必杀，且不时有抬人头鸣征往来游行于市，大呼

---

① 《金陵杂记》，中国史学会编：《太平天国》第4册，上海人民出版社1962年版，第634页。
② 《贼情汇纂》，中国史学会编：《太平天国》第3册，上海人民出版社1962年版，第70页。
③ 同上书，第61页。
④ 同上书，第66—67页。
⑤ 《金陵杂记》，中国史学会编：《太平天国》第4册，上海人民出版社1962年版，第634页。
⑥ 同上书，第624页。

杀逃走变妖某人示众……众益畏缩,莫敢尝试。"① 如果按前文所述每天逃亡 6600 人计算,平均每门一天有 1500 多逃脱者,尚不包括出了城门又被抓回者。在非常时期,这并不是个小数目,必然引起太平天国领导者的警觉,如此规模的逃亡不可能持续很长时间。而且据时人所载,逃亡者主要是男子,几十万男子逃亡也不符合人口的常识知识。所以,尽管太平天国的管理制度有漏洞,但民众逃亡的人数不能被高估。《金陵杂记》的作者在南京停留了一年有余,据他所知这段时间女子逃亡只有数千人②。那么,究竟逃亡了多少人呢?

《金陵被难记》的作者曾记载:"余脱网月余,城内借买菜刈草逃出者,约有数万人。"③ 即在月余的时间内南京人口逃亡达数万。而此人被困于城中"月有五日始脱难"④,即太平天国入南京后的 35 天内。这就意味着他所记载的逃亡人数的时间是在太平天国管理制度完善之前(门牌制度设立前)。其实《金陵被难记》的记载数字是颇值得怀疑的,不符合前文所分析的太平天国的设防情况。即便是以《金陵被难记》的记载为标准来推测 3 个月内南京的逃亡人数(数万一般表示 5 万左右,本书取平均数 5 万计),三个月逃出的人口至多 15 万,与近 23 万相差不少,距离 60 万的人口则相差更多。这只能有一种解释:在太平军攻打南京前,大量人口已经逃离了南京。

首先是客籍人口。南京是清朝为数不多的发达富庶城市之一,工商业的兴盛使南京城吸纳了许多客商。按照清朝的人口统计制度,这部分外地人是南京人口统计的一部分。1741 年,乾隆帝规定各地上报民数时将"流寓"人口除外,1775 年的谕旨却强调必须将各地的"实在民数"通核上报⑤,从此民数统计由"本籍主义"向"现住主义"转变。之后,这种政策进一步完善,乾隆四十九年(1784 年)规定:"各州县编查保

---

① 《贼情汇纂》,中国史学会编:《太平天国》第 3 册,上海人民出版社 1962 年版,第 305 页。
② 《金陵杂记》,中国史学会编:《太平天国》第 4 册,上海人民出版社 1962 年版,第 613 页。需要注意的是,女子逃亡不如男子方便,因此不能以其来衡量男子的逃亡数。
③ 《金陵被难记》,中国史学会编:《太平天国》第 4 册,上海人民出版社 1962 年版,第 752 页。
④ 同上书,第 750 页。
⑤ 姜涛:《中国近代人口史》,浙江人民出版社 1993 年版,第 50 页。

甲，即注明每户口数。每年造册所桌司查核。至外来雇工杂项人等姓名，各胪列本户之下……"① 户口统计包括了土著、寄籍。所以，1853 年的南京人口不仅是本籍人口，而且包括流寓人口（寄籍）。而这些流寓人口在战争消息传来之前，大部已离开了南京。虽然时人对当时人口迁徙的情况缺乏详细的记载，但经济同样发达的苏州或许可以提供旁证。咸丰七年、八年（1857 年、1858 年）苏州人口据赵烈文记载："城内外土著寄籍共五十余万户。"② 50 余万户，以每户 3 口算，有人口 150 多万；每户五口算，达 250 万人。但是，1860 年 5 月，王有龄曾派人到苏州，发现"阊门外精华之地尽成焦土，入城人烟寥落，十存二三，各衙门均无恙，城上民团防守。"③ 此时太平军尚未攻打到常州，造成这样的原因据《避寇日记》记载："传苏城紧急，而苏州故有广匪患，于是客商皆他徙，街上生意皆清谈，人亦少来往……"④ 显然，大量外来人口在太平军来临之前已离开苏州。《鳅闻日记》却这样记载："苏州在城士民商贾尚有十分之七。因其无真实信息，徒有谣言纷杂，败兵土匪而已。故疑惑不定，未肯遽搬。"⑤ 其所记载苏州人大部留在城中，与王有龄和《避寇日记》的记载大相径庭，但也可以理解。《鳅闻日记》的作者是苏州府常熟县人，他是以本土观念来记载人口的，即把外地人排除在苏州总人口之外。他的记载仅能反映当时苏州土著离开的不多，并不能说明流寓人口在苏州城中的情况。其他两位分别是福建和浙江人，是站在局外人的立场来记载苏州人口迁徙状况的。苏州人口状况实际上是南京的投影：多数寄寓人口在战争来临之前已离开南京城。当然，南京大多数土著对鸦片战争时的遭遇⑥心有

---

① 《皇朝政典类纂》卷 30《户役一》。
② 《能静居士日记》，太平天国历史博物馆编：《太平天国史料丛刊简辑》第 3 册，中华书局 1962 年版，第 217 页。
③ 《王有龄致吴煦函》，太平天国历史博物馆编：《吴煦档案选编》第 1 辑，江苏人民出版社 1983 年版，第 225 页。
④ 《避寇日记》，太平天国历史博物馆编：《太平天国史料丛刊简辑》第 4 册，中华书局 1963 年版，第 26 页。
⑤ 《鳅闻日记》，罗尔纲、王庆成主编：《太平天国》第 6 册，广西师范大学出版社 2004 年版，第 297—298 页。
⑥ 鸦片战争时，留在南京城内的居民安然无恙，受财力所限那些迁徙到乡下者反受其害。陈作霖：《金陵通纪》（二）卷三，光绪三十三年刊本，第 542 页。

余悸,且受财力所限,不能逃到更远的安全地区,他们未离开南京城是可以理解的;但有迁徙条件的大户和客商面对战争的威胁却无动于衷,这在情理上也说不过去。笔者多方查阅,终于从时人蛛丝马迹的记载中发现了有条件者在战争前已逃离南京的事实。

其次,是地主士绅。《张继庚遗稿》也记载,太平军攻下安庆后顺江东下,赴上游增援堵截的两江总督陆建瀛兵溃回到南京,此时,"省中人心动摇已极,兼以库无现银,军无现粮,城无守兵"。地主士绅纷纷逃亡,以致"两局董绅留者一二",各分局"大小员弁不知何往"①。只是陆建瀛第二次溜回南京后"下令禁民迁徙,榜通衢,曰安庆并未失守",下令将各门紧闭,城内"百姓欲逃不得矣"②。说明在太平军到来之前,大户离开南京的也不少。

南京撤离人口状况或许可以借助机织业以管中窥豹。

太平军入城后不久即在南京设立了机匠衙,因可免服兵役,男子纷纷报名参加,但人数最多时不过"一万四千人",内中"颇有外行冒充织匠,因其可以栖身之故"③。这就意味着真正的织匠远不足1.4万人。织缎为江宁巨业,方志记载"金陵商贾,以缎业为大宗,而皆聚于城西南隅……乾嘉间,通城机以三万计"④。仅织机即达3万只,以此为职业者当更多。具体人数或许可以借助苏州织缎业的情况来推测。乾隆时期苏州城内有织机1.2万余部,从业者约10万人,其中从事机织者2万人。⑤ 即一机平均需要8.3人。陈作霖在《凤麓小志·记机业》中载乾嘉间南京城中有织机3万台,以一机需2织工计算,仅织工就需要6万人。若按苏

---

① 《张继庚遗稿》,中国史学会编:《太平天国》第4册,上海人民出版社1962年版,第756—758页。

② 孙亦恬《金陵被难记》,太平天国历史博物馆编:《太平天国史料丛编简辑》第5册,中华书局1962年版,第76页。

③ 《金陵杂记》,中国史学会编:《太平天国》第4册,上海人民出版社1962年版,第618页。

④ 《凤麓小志·记机业》,陈作霖:《金陵锁志》(一),成文出版有限公司影印,清光绪二十六年刊本,第163页。

⑤ 李伯重、周生春主编:《江南的城市工业与地方文化(960—1850)》,清华大学出版社2004年版,第52页。

州从业者的规模计算，南京城中从事织业者可达 25 万人①。但是，太平军设立的机匠衙包括假冒的 1.4 万人以及女绣锦绣工的 8 千人②，不过 2 万多人③，即使以乾隆间从业者的规模计算尚缺 23 万人。除了少部分人死于战祸，大部分织业者可能在太平天国设立机匠衙之前已经逃离了南京城。这在战后的事实中得到了证明。方志载："咸丰三年以来机户以避寇迁徙北至通如，南至松沪，多即流寓之地，募匠兴织，贩运各省。同治三年克复江宁，机户安土重迁，观望不归。"④ 而机匠衙设立的时间我们可做一推断。《金陵癸甲纪事略》记载："百姓见有扬州、镇江之驱，或自尽或窃逃，城内鼎沸。贼惧，伪丞相钟芳礼性稍和平，乃有机匠之招，言为匠做工，则不打仗。"⑤ 太平军被派往镇扬的时间是 1853 年 2 月 29 日即洪秀全进入南京之日，离攻占南京相距不过 10 天。除非太平天国主动要求民众离开南京，否则在这短短的 10 天中近 23 万织业者全部逃亡是不可能的。这反过来也表明织业者逃亡的人数不可低估。

那么，全城人口在战争前逃亡多少呢？太平军攻入南京后的三个月内，死亡和逃亡达 30 余万人，加之留在南京城中的 15 万人，合计 45 万人，如果按照南京城最低的人口估计数 54 万人计算，至少有近 10 万人在太平军到来之前已离开南京城；如果按照 90 万人的估计算，有 40 万左右的人在战前已离开南京城，不过从纺织业的情况看，后者可能更接近实际。

综上所述，南京城由 54 万—90 万的人口在三个月内即减少到 15 万人，主要原因是民众的逃亡：在太平军到来之前脱离南京城的人数（主

---

① 1880 年江海关帮办 E. 罗契曾受命对江南丝绸业进行考察，据其统计，苏州织机在叛乱前约 12000 台（参见 Imperal Maritime Customs Ⅱ. Seperial series No. 103; Silk Published by Order of the Suspector General of Custoums），与乾隆间持平，据此可以推测出，南京织业在太平天国战争前夕与乾嘉年间规模大抵相当。

② 《贼情汇纂》，中国史学会编：《太平天国》第 3 册，上海人民出版社 1962 年版，第 309 页。

③ 《金陵癸甲纪事略》则记载约 2 万人（中国史学会编：《太平天国》第 4 册，上海人民出版社 1962 年版，第 663 页）。

④ 蒋启勋等修，汪士铎等纂：光绪《续纂江宁府志》卷六，光绪六年刊本。

⑤ 《金陵癸甲纪事略》中国史学会编：《太平天国》第 4 册，上海人民出版社 1962 年版，第 653 页。

要是流寓人口）已经占了相当一部分，达 10 万—40 万人，在太平军统治下三个月内由政策的失误又导致了至多 15 万的人口逃亡，合计逃亡人口 25 万—55 万。从太平军攻打南京到第一次人口统计期间的民众因各种原因死亡的达 16.4 万人。通过对太平天国统治下三个月内南京人口的考察可知：城市人口损失严重不能忽视民众大量逃亡这种情况。

（三）太平天国第一次人口统计至天京内乱之前平民人口损失状况

北伐、西征未进行前，南京城中的建设任务主要由男子承担，但是北伐、西征加上两次北伐援军，以及大量男子逃亡，使南京城中男子大为减少。在第二次北伐援军尚未组建前，张继庚向向荣报告天京城防时说："城外贼营至多者不及千人，或四五百人，如朝阳最要，故稍多。其余如通济，则城上城下皆无人。"① 显示出因人员的匮乏导致南京城防极其虚弱的不妙状况。

南京城中的壮丁数量不断地减少，但是建设任务并没有减轻，因此原来由男子承担的不少任务现在却不得不由女子承担。由于江南女子"皆裹足"，在劳动过程中，女子"艰于行履"，痛苦不堪，延缓了工作的进展速度。因此太平天国决策者于 1853 年 7 月（咸丰三年六月）下令"除缓引者或入绣锦衙"的女子外，其他女子一律放足。但是妇女反应激烈："十日之内，妇女寻死者以千计"。最终，太平天国政府"知必不可行，乃令仍前裹足"②。又由于当时的体力活动对于小脚女子而言有点不堪负担，一些女子或劳累而死，或郁郁而终。太平天国曾增设专门的人员来抬女子尸体，后因人员紧张不得已才让妇女自己负责。太平天国第一次和第三次统计人数之间南京女子少 2 万人，其他省份女子少 8600 人。除了前文所统计出逃亡的数千人外，南京城中在一年的时间里妇女死亡可能达到 2 万人。《平定粤寇纪略》中记载因劳累而死的人达十数万③。说法虽有点夸张，但沉重的劳役、压抑的心情，使民众的死亡率还是很高的。

---

① 《张继庚遗稿》，中国史学会编：《太平天国》第 4 册，上海人民出版社 1962 年版，第 764 页。

② 《时闻丛录》，太平天国历史博物馆编：《太平天国史料丛编简辑》第 5 册，中华书局 1962 年版，第 82 页。

③ 《平定粤寇纪略》，太平天国历史博物馆编：《太平天国资料汇编》第 1 册，中华书局 1980 年版，第 15 页。

由于女子自身体力弱，所承担的任务有限；特别是选美的需要，其他地区的女子便被不断地运送到南京以补充阙如的人员。太平军占领扬州后据《粤匪南北滋扰纪略》记载："众贼搜掳，十室九空，并挑美女俊童数千，驱令上船，连财物派贼目送江宁进贡。"①

此外，其他地区的太平军撤离时，民众为了防止被清军杀害，也主动随着太平军来到南京城。《咸同广陵史稿》的作者在扬州城中住了七个月后才离开，目睹了太平军撤离的情形。他的记载是这样的：

（咸丰三年十一月二十五日）贼复鸣锣谕众云：愿去者随行，不愿去者如湖南北、江西、芜湖之口音，固遭大兵之杀戮，即扬郡新兄弟姊妹亦难免大兵之荼毒而奸淫。自示之后，兄弟姊妹愿投金陵速出徐凝门登巨舟，终不愿去之人，勿以未尝相强而贻后来之怨悔也。至是从贼者如归市矣。②

与此同时，南京城外的乡民为了生存也主动进入南京城，王永年记载："凡乡人皆因乏食自投为佣，贼中呼为外小。"③

尽管战争所造成的人员损失和建设需求需要不断输入外来人口来充实，但这也加重了粮食危机。

太平天国奠都后，即在天京城中实行原始的共产主义制度。在一个依靠外援的城市里，一旦外援断绝，大量非战斗人员将会成为太平天国的沉重负担。在建都后不到三个月的时间里，太平军就"令湖南湖北女馆俱食粥，惟广西女馆准食饭"④。《张继庚遗稿》说："每日男子发米一升，

---

① 《粤匪南北滋扰纪略》，罗尔纲、王庆成主编：《太平天国》第4册，广西师范大学出版社2004年版，第78页。
② 《咸同广陵史稿》，罗尔纲、王庆成主编：《太平天国》第5册，广西师范大学出版社2004年版，第97页。
③ 《紫蘋馆诗钞》，太平天国历史博物馆编：《太平天国史料丛刊简辑》第6册，中华书局1963年版，第398页。
④ 《粤逆纪略》，太平天国历史博物馆编：《太平天国史料丛编简辑》第2册，中华书局1961年版，第38页。

女子发米三合,其后则谷半升。"① 这些记载可能有不确或污蔑之处,但反映出粮食危机已崭露头角。1854年4月,林绍璋部太平军在湘潭战败,西征战略由进攻转入防御与退却阶段。清军水师控制了南京江面,截断了天京的物资运输线,因而,粮食危机日趋严重。《金陵癸甲纪事略》记载:"贼另立'吃饭馆',伪令凡兄弟愿打杖(仗)者,许自报名归馆。"② 物资紧张的程度可想而知。粮饷是战争的一大支柱。为清军搜集太平天国情报的张德坚对粮饷的重要性曾说过:"是战守成败利钝之机固寄诸将,而三军性命根蒂实系乎粮。足食而败者时有之,乏食而能久持常胜者未之闻。"③ 生活供应量的不足导致了人心不稳,民众不断地逃亡。《金陵癸甲纪事略》中记载:

> 东贼连接湖南北安徽各贼回书,言所到之处,米谷俱无,乃改议发米数。男子牌面,每日每名发米半斤,排尾四两。女子每日每名,湖南以前,发米六两,湖北以下,发米三两,均以稻代,悉令人食粥,否则杀。其时男馆逃走者多,新附者少④。

从门牌制度设立后至咸丰四年六月的逃亡人数在太平天国的三次人口统计数字中有所反映。谢介鹤在记载咸丰三年南京冬季的人口时说"男馆在前之人,窜上游者半,逃走者半,新附而来者亦半"⑤。当时新附者为3万人。按此计算,调出和逃亡的人口各3万。谢在记载咸丰四年六月南京的人口时又说男馆逃走者多,新附者少。从咸丰三年冬季的75000人减少到咸丰四年六月的41500人,一共少了33500人。根据已有的统计,从太平军入城到1854年7月5日(咸丰四年六月十一日),和向荣接仗死

---

① 《张继庚遗稿》,中国史学会编:《太平天国》第4册,上海人民出版社1962年版,第760页。

② 《金陵癸甲纪事略》,中国史学会编:《太平天国》第4册,上海人民出版社1962年版,第665页。

③ 《贼情汇纂》,中国史学会编:《太平天国》第3册,上海人民出版社1962年版,第269页。

④ 《金陵癸甲纪事略》,中国史学会编:《太平天国》第4册,上海人民出版社1962年版,第664—665页。

⑤ 同上书,第659页。

亡的太平军为4840人。韦昌辉主持天京事务时，主要是固守，天京战场比较平静，没有大的战争发生；石达开主持天京事务后，直至1854年8月（咸丰四年七月）战争才升级，人员伤亡趋于严重。在此之前，几乎每一次较大的战役向荣都有太平军伤亡情况的记载：或为准确数字，或为概数，遗漏不多。所以门牌制度（具有人口统计和治安的功能）设立后一年多的时间内逃亡的男子有具体统计数字的至少6万人。女子的逃亡数据，《金陵杂记》记到1854年3月（咸丰四年二月）为止，妇女死者万余，陆续逃出者共有数千①，死亡和逃亡比例约2：1。谢介鹤的记载则表明，从门牌制度设立后至咸丰四年六月，女子数减少了26600人，如果以《金陵杂记》所记死亡和逃亡的比例，则妇女逃亡的人数近万。（这是最低的估计。《金陵通传》曾记上元人吴复成利用职务之便送出去的妇女婴孩达六七千人。）以上合计，从门牌制度设立后至咸丰四年六月，南京城中男女逃亡的人数至少有7万。

另外，粮食危机亦为一些别有用心的人试图颠覆太平天国政权制造了机会。危害最大的是持续一年的张继庚内应案件。张继庚利用地域观念，离间两湖人和广西人的关系，试图使两湖人结盟投靠清军。初次内应事泄，死者800余人。内应事完全败露后，内应者死193人②，被张继庚诬杀的"悍贼"有34人③，牌尾机匠菜园之人被杀的有200人④；受到诬陷或牵连而被杀的约1100人⑤。太平天国在对各单位进行检查的过程中，陆续被杀的又有300余人⑥。合而计之，张继庚案件中被杀的共有2200余人。

---

① 《金陵杂记》，中国史学会编：《太平天国》第4册，上海人民出版社1962年版，第623页。
② 《患难一家言》，太平天国历史博物馆编：《太平天国史料丛编简辑》第2册，中华书局1962年版，第354页。
③ 同上书，第344、354页。
④ 《金陵癸甲纪事略》，中国史学会编：《太平天国》第4册，上海人民出版社1962年版，第661页。
⑤ 同上书，第662页。
⑥ 《金陵省难纪略》记载杀典天袍馆和典金官各百余人（中国史学会编：《太平天国》第4册，上海人民出版社1962年版，第702页。）《金陵癸甲纪事略》载杀泥水木匠衙内数十人（中国史学会编：《太平天国》第4册，上海人民出版社1962年版，第661页）。

为了稳定局面，1854年洪秀全下谕劝诫民众说："神爷试草桥水深，如何吃粥就变心？不见天兄舍命顶，十字架上血漓淋。不见先锋与前导，立功天国人所钦。"① 但是谆谆教诲在饥饿面前显得苍白无力，战斗或后备人员可以从其他战场调拨，粮食危机却因清军控制了江面而得不到缓解，它所引起的后果也更为严重。经过权衡，太平天国领导人决定释放城中的非战斗人员——女子。

一位不知名的士子在《蘋湖笔记》中记："（咸丰四年）三月，南京城内放出妇女甚多，胡叔（湖熟）镇立局收留，招人领去，"② 这拉开了太平天国释放女子的序幕。随着西线战事的继续恶化，长江水面战局更加不利。1854年8月、9月（咸丰四年七月、八月），石达开又下令开城，让妇女出逃，疏散"不下三四万人"，以缓解粮食危机。③《患难一家言》也记："城中粮乏，下令妇女城外刈稻，实阴出之，金陵居民因此逃出者数万人。"④《蘋湖笔记》则载：

> （咸丰四年闰七月）城内放女子数百投营，皆属扬州被掳者。镇江各乡路上，见妇女坐车者甚多，云是南京前月底本月初所放出者，俱各投亲戚，闻说放出两万人。……明令众妇女城外割稻数十里外。⑤

可见，咸丰四年太平天国曾两次释放妇女，人数颇多。释放人口成为太平军缓解压力的应急举措，那么，在这一段时间内，太平军释放出多少人口呢？

---

① 《金陵省难纪略》，中国史学会编：《太平天国》第4册，上海人民出版社1962年版，第711页。

② 《蘋湖笔记》，南京大学编：《江浙豫皖太平天国史料选编》，江苏人民出版社1984年版，第98页。

③ 《向荣奏稿》，中国史学会编：《太平天国》第7册，上海人民出版社1962年版，第351页。

④ 《患难一家言》，太平天国历史博物馆编：《太平天国史料丛刊简辑》第2册，中华书局1962年版，第358页。

⑤ 《蘋湖笔记》，南京大学编：《江浙豫皖太平天国史料选编》，江苏人民出版社1984年版，第100—101页。

咸丰三年五六月间天京人口统计时妇女人数约为 140900 人；冬季人口统计时妇女人口为 130400 人，除去新掳的 2000 人，实际人口 128400 人，比夏季人口减少了 12500 人，半年时间妇女的减少率为 8.871%；咸丰四年六月女子为 114300 人，此阶段没有新掳人口，比冬季人数减少了 16100 人，半年时间妇女减少率为 12.35%，远远高于上半年。① 这与咸丰四年南京城中放出妇女有关（年人口减少率为 20.014%）。如果按照前半年的比率计算，妇女人口年减少率约为 17%，至咸丰五年末，妇女人口应为 98500 人。而据张德坚估计，"江宁女兵仍亦不过四五万耳"②。可见，释放了近 5 万人。同治《上元两县志》记载，太平军攻占南京后，好义之士留养从南京逃出者达万人；在太平天国释放城中老弱妇女后，清军于方山、牛首山及各村镇增设分局二十余处，被救济者达数万人③，是对太平军释放人数的旁证。

天京城中妇女人数的减少有利于太平天国度过粮食危机，但是问题并没有得到根本的解决。在清军没有合围南京的情况下，造成粮食危机的根本原因是由男女别营制度和圣库制度支撑起来的国家办社会。但是，随着时间的推移，男女别营制度实行下去的难度越来越大。

南京居民对家庭和私有财产的破坏深感怨愤。但在分设女馆后，由于军令极严，无人敢入内侵扰。可是，随着时间的推移，甚至老兄弟、老姊妹也不能长期忍受。"饮食男女，人之大欲"，毕竟，太平天国隔绝男女的政策不合人之常情，也缺乏最起码的人道。因而铤而走险者不乏其人，尤以陈宗扬、卢贤拔事件为著。1854 年 3 月 2 日夜，东王杨秀清因冬官正丞相陈宗扬夫妇触犯天条"私合"并曾对别的姐妹动过邪念之事，假借天父下凡，将其夫妇一同斩首示众；位居侯爵的卢贤拔也招认与妻子犯过天条三四次，于是，杨秀清当场宣判：卢拔贤"身居要职，不知自检，竟至夫妇同犯天令"，姑念其"原有真心对天事主，且自知悔罪，直认不辞"，削去侯爵，故免于枷号游营，戴罪立功，算是网开一面。事后，天

---

① 《金陵癸甲纪事略》，中国史学会编：《太平天国》第 4 册，上海人民出版社 1962 年版，第 655、659、665 页。
② 《贼情汇纂》，中国史学会编：《太平天国》第 3 册，上海人民出版社 1962 年版，第 310 页。
③ 莫祥芝、甘绍盘等修，汪士铎等纂：《上江两县志》卷二十三，同治十三年。

父还特意告诫众人"切不可学此榜样,自取天诛"①。太平天国在讲道理时也不得不承认,天京军民"以为荡我家资,离我骨肉,财物为之一空,妻孥忽然尽散",以致"嗟怨之声,至今未息"②。太平天国政策的改变很大程度上源于此。

《平定粤匪纪略》记载:"迨咸丰五年正月,伪天官丞相曾水源往芜湖,误期被削职,其弟怨悔,逸去。"杨秀清大怒,疑曾水源使之,磔之,遂"询心腹贼,何以旧党亦效新附私逃"。手下人解释说,在永安时,曾许下"到金陵登天堂,许夫妇团聚"的诺言,但今"仍不准有家,恐此后逃去更众"。杨秀清乃"下伪令,许男女配婚,设伪媒官司其事"③。上元人李演古在《中兴别记》中也提到杨秀清怀疑曾水源指示其弟通军,欲将其刑以五马分尸时问手下人:"新兄弟逃去有之,今老兄弟亦背我。岂我有负于曾水源耶?"众人回答:"不然,昔在金田举大事,因常闻讲道理曰,天父许众小至江宁小天堂,男女团聚。乃至是已三年矣,男女异处,禁别益严,咸以为天父诳众小。故皆思去,恐不止伊弟一人也。"④ 在内外压力下,为了稳定人心,杨秀清以天父于梦中降旨:"秀清,尔好铺排尔一班小弟、小妹团聚成家,排得定定叠叠,我天父自有分派也。"⑤ 至此,南京城中恢复了家庭,以男女分营为基本管理制度的过激政策宣告结束。

太平天国废除男女别营制度后,由于婚配时政策的失误,一些女子因贞节观念自杀的也不少。"当时伪馆妇女,被迫自尽者甚众,我从姊急饮盐卤而死,后老婢遁出,得述其详。"⑥ 情况应该属实,但确切数字不知。

---

① 《太平礼制》,中国史学会编:《太平天国》第1册,上海人民出版社1962年版,第106—109页。

② 《东王杨秀清劝告天京民人诰谕》,太平天国历史博物馆编:《太平天国文书汇编》,中华书局1979年版,第114页。

③ 《平定粤匪纪略》,中国历史博物馆编:《太平天国史料丛编》,中华书局1980年版,第324页。

④ 《中兴别记》,中国历史博物馆编:《太平天国史料丛编》,中华书局1980年版,第308页。

⑤ 王庆成编:《天文天兄圣旨》,辽宁人民出版社1986年版,第111—112页。

⑥ 《中兴别记》,太平天国历史博物馆编:《太平天国资料汇编》第2册(上),中华书局1979年版,第310页。

从 1855 年 1 月至太平军一破江南大营前，南京一度乏粮，1855 年 11 月（咸丰五年十月），"各馆局男女颇多饿死，杨秀清准城外人兑银十两赎一人，赎者纷纷"，① 死亡和释放的人数不甚清楚。

可以说，从第一次人口统计到天京内乱，特别是张继庚案件后，随着留下的读书人士被杀或逃亡，对于南京城人口状况变动的详细情况已不能跟踪考察，但是太平天国的一些重要政策对人口所造成对的显著影响却仍清晰可见。

（四）太平天国奠都中后期南京城市平民人口损失之状况

1856 年 8 月，洪杨矛盾明朗化，太平天国内部爆发了自相残杀的天京事变②。这次内乱使天京城内损失了几万人，但关于当时人员死亡的具体数字，各方记载并不相同。时人汪士铎于《乙丙日记》中载："共杀了二万余人。"③《镇江与南京——原始的叙述》一文载囚室里 6000 名杨秀清的人被杀死后：

> 城里每户家长都得报告家中所有男女孩童的人数，每个人被发给一块小木牌，佩戴在胸前，一旦发现第二位的人就得抓住。在几周之内，被抓获的第二位的人五人一队，十人一队，甚至成百成千的被押到刑场斩首。所有吃过第二位饭的妇女儿童也都不能幸免……对第二位的追随者的屠杀持续了三个月，我们估计约有四万名成年男女和儿童丧命。④

裨治文在《北华捷报》中称，天京事变"在短短三四个月期间死了三万人上下"。20 世纪之史学研究者多据上述记载认为天京内讧中太平天国精锐丧失两三万人。盛巽昌在《太平天国天京内讧实力未损失说》一

---

① 《咸同广陵史稿》，罗尔纲、王庆成主编：《太平天国》第 5 册，广西师范大学出版社 2004 年版，第 122 页。

② 洪杨事变的详细过程请参见姜涛《中国近代通史》第二卷第六章第三节，江苏人民出版社 2006 年版。

③ 汪士铎：《乙丙日记》。

④ 《镇江和南京》，罗尔纲、王庆成主编：《太平天国》第 9 册，广西师范大学出版社 2004 年版，第 183—184 页。

文中则认为:

> 天京内讧中,太平天国实力未受太多损失,因咸丰三年太平天国建都时,能征惯战之太平军约十二三万人,到咸丰六年内讧前夕,天京城除各门守卫部队,仅东王府拥有大批官吏,天王府外有土营守卫,其余大部分官兵分布在京外各战场,一部分消耗于与江南大营等围军之战斗中。故内讧实力未损失说。①

但是盛巽昌的理由可能有点牵强。从时人的记载看,天京事变中损失的不仅仅是精锐部队,而且包括一些普通百姓和办事者。两个外国人在东王被杀的早上"发现满街都是死尸——我们辨认出这些是第二位的士兵、下属官员、司乐、文书和家仆的尸体"②,东王的部下成为囚犯的还有6000名。考虑到石达开对韦昌辉的行为稍有责怪,即招来灭门之祸。所以两个外国人关于韦昌辉在城中大加株连的记载当是真实的,这次政变有可能使南京城损失3万—4万人,本书中采用两个亲身经历者4万人的说法。

从天京事变直至1860年,南京城中的人口状况因资料缺乏无从得知。不过,由于战争导致人员不断伤亡,加之民众的逃亡,南京城中原有土著军民是逐渐减少的,这需要从其他地方运送人员来填实京都,特别是在后期。因而,南京城中人口地域结构在后期发生了更大变化,土著居民减少,外来人员占了多数。郭修理牧师在1861年曾经访问南京,他在12月27日的日记中记载道:"我曾努力同街上的各种人群进行交谈,但因为他们来自不同的省份,所以听不懂我的广东话。"③ 当时南京城的总人数据麦嘉缔医生于1861年11月通过询问了解到,"南京及其郊区的男女老幼约有43万人。每个成年人按日定量发给1夸脱米、8盎司油和2盎司盐约(1夸脱约946.35毫升,1盎司约28.35克——笔者按);儿童的供应

---

① 《太平天国天京内讧实力未损失说》,《江西社会科学》1991年第4期。
② 《镇江和南京》,罗尔纲、王庆成主编:《太平天国》第9册,广西师范大学出版社2004年版,第181页。
③ 《郭修理牧师的日记》,罗尔纲、王庆成主编:《太平天国》第9册,广西师范大学出版社2004年版,第301页。

量也照此比例……"①富礼赐在 1862 年的报告中则称，天京当局曾告诉他南京城内和郊区共有人口 20 万人。② 实际上，富礼赐在 1861 年观察到南京城人口也是 40 万人，但这是供应名册上的数字，并不是实际数字（从以下的史料看，20 万人是比较合适的）③。所以，他的记载与麦嘉缔的记载并不矛盾。

1862 年 5 月，曾国荃率军抵达天京城外，开始围攻天京。1863 年 6 月，太平军失守九洑洲，湘军遂切断天京的水路粮源，威胁到天京城内的物资供应。1863 年冬天，清军逐渐合围，仅剩太平门、神策门与外界相通，天京陷入了粮绝的境地，当时"合城无食，男妇死者甚众"。④ 当时城中的人数呤唎认为达 7 万人⑤。不得已，李秀成下令准许城内民众出城，人数达 10 多万人。1862—1864 年正是战争胶着的时段，南京城内战斗人员又损失一部分。1864 年 7 月 19 日，清军攻入南京，此时城中人口在 3 万左右，除居民外，太平军不过万余人（能守城者不过三四千人）。所以说，后期南京城中的人口 20 万左右。清军进城后，进行了野蛮的抢杀掳掠：

> 精壮长毛除抗拒时被斩杀外，其余死者寥寥，大半为兵勇扛抬什物出城，或引各勇挖窖，得后即行纵放。城上四面缒下老广贼匪不知若干，其老弱本地人民不能挑担，又无窖可挖者，尽遭杀死。沿街死尸十之九皆老者，其幼孩未满二三岁者亦斫戮以为戏。匍匐道上，妇女四十岁以下者，一人俱无，老者无不负伤，或十余刀，数十刀，哀号之声达于四远，其乱如此，可为发指。中丞禁杀良民，掳掠妇女，煌煌告示，遍于城中，无如各统领彭毓橘、易良虎、彭椿年、萧孚

---

① 《麦嘉缔医生的一封信》，罗尔纲、王庆成主编：《太平天国》第 9 册，广西师范大学出版社 2004 年版，第 294 页。
② 《富礼赐的报告》，罗尔纲、王庆成主编：《太平天国》第 9 册，广西师范大学出版社 2004 年版，第 344 页。
③ 同上书，第 349 页。
④ 《李秀成自述》，中国史学会编：《太平天国》第 2 册，上海人民出版社 1962 年版，第 826 页。
⑤ ［英］呤唎：《太平天国革命亲历记》上、下册，王维周译，上海古籍出版社 1985 年版，第 701 页。

泗、张时日等惟知掠夺，绝不奉行。不知何以对中丞？①

也就是说除了太平军中很少的一部分没有被杀外，其余的大都被杀，估计有2万多人，姑且以2.5万人计算。清方多记载杀太平军首领有3000余人，太平军有10万人②。李秀成自述中指出南京城破时城中不过3万人，除居民外，太平军不过万余人，能守城者不过三四千人③。罗尔纲在李秀成自述的考辨中同意李的说法④，并且给我们提供了比较充分的理由。

综上所述，南京城的人口在太平天国奠都三个月的时间里，由54万—90万人减少到15万人，损失的人口并非全部死亡，而是有相当部分逃亡了：在太平军到来之前脱离南京城的人数达10万—40万人，其中有不少寄寓人口和富商大户。奠都后，太平天国把男女别营和圣库制度推广到南京城，废除了家庭，这导致一部分平民自杀。在从事建设和军事任务时，由于对兵役的恐怖，加之配套措施的不完善，在门牌制度设立之前，民众逃亡不少。门牌制度设立后，由于劳役沉重，人口的死亡率高于平常年代；壮丁的减少使太平天国吸纳了不少女子，结果令太平天国背上了沉重的包袱，天京中屡次发生粮食危机，为此太平天国两次释放非战斗人员。天京事变亦使城中的人口受到损失。与此同时，南京城外的乡民为了生存也主动进入南京城，且为了保持南京城中人口规模的相对稳定性，太平天国也不断地从其他地区输入人口，但具体人数不知。根据可靠史料统计，在太平天国战争期间，南京城中死于战争的平民至少20多万人（这些死亡人中有极少数是太平军，如天京事变杨秀清的部下和清军攻入天京时战死的太平军，但人数不多，亦没有具体人数，很难和平民死亡人数剥离）；太平天国战争时期脱离南京城的人口数十万，其中被释放的至少19万人。南京城是整个涉战之城镇的缩影，窥一斑而知全豹，因此，在研究太平天国战争时期的人口损失时必须慎之又慎，详尽地占有资料才能得出

---

① 《能静居士日记》，太平天国历史博物馆编：《太平天国史料丛编简辑》第3册，中华书局1962年版，第376页。

② 陈作霖：《金陵通纪》（二），光绪三十三年刊本，第574页。

③ 《李秀成自述》，中国史学会编：《太平天国》第2册，上海人民出版社1962年版，第845页。

④ 罗尔纲：《李秀成自述原稿注》，中华书局1982年版，第367页。

更切合历史事实的结论。

第三节　江宁战区军人死亡数

太平天国战争时期，江宁（天京）战区①清方主要是绿营、八旗、湘军及乡勇、团练，太平天国方主要是太平军。下文以时间为序对战争期间双方死亡的人数进行研究。

南京是清朝在江南的政治、军事重心之一，具有"襟三江而带五湖，包东吴而连北约"的战略位置，因此，清朝在南京驻守了八旗和绿营，兵力仅次于北京。南京的八旗将士共 6347 名。按照清朝的军事制度，家属随军居住。传统中国家庭的规模，学术界估计为每户 5 人，以此计算，则南京城中的八旗人员及家属有 31735 人。但是，因军队调拨，当时除了八旗兵外，清方在南京有绿营兵 1300 人；太平军攻占武汉后，藩司祁宿藻募乡勇 10000 人，协同八旗、绿营共同防守南京。1853 年 3 月 7 日，太平军先头部队到达南京；8 日，与由筲行脚夫、米贩组成的练勇发生了战斗，练勇损失 500 人。19 日，太平军 400 人第一次冲入城中，由于无后续部队支援，旋退出城，一部分太平军被杀。下午，太平军再次攻入城内，占领了外城。总之，攻外城时，据清军报告太平军损失 4000 人。20 日太平军开始攻打内城。此时，满城总兵力是 8000 人，其中旗兵 4000 人，雇募汉族壮勇 4000 人②。因战斗激烈，双方伤亡比较大，太平军伤亡数千人，而八旗连满族妇女"俱登城佐守"③，满城被攻破后，太平军"屠驻防婴孺无遗，复驱隐匿之妇女出聚宝各门尽于桥上杀之，河水皆赤"④。内城之战使八旗及家属遭到严重损失，具体死亡人数据《中兴苏

---

①　太平军占领南京后，向荣率部从小丹阳绕道秣陵关，进扎城东之沙子冈。其所建大营或因主帅而称"向荣大营"，或因驻地而称"钟山大营"，但在清朝官方文书中多与琦善等人所建的"江北大营"对称被冠以"江南大营"，负责江宁—镇江一带的防务。为了便于军人死亡人数的统计，本书以江宁战区为范围即含江宁、上元、句容、溧水和金坛。

②　《山曲寄人题壁》，太平天国历史博物馆编：《太平天国史料丛编简辑》第 6 册，中华书局 1963 年版，第 385 页。

③　《金陵省难纪略》，中国史学会编：《太平天国》第 4 册，上海人民出版社 1962 年版，第 694 页。

④　陈作霖：《金陵通纪》（二）卷三，光绪三十三年刊本，第 545 页。

浙表忠录》记："满兵能杀贼突围而出者四百余人。妇女力战杀贼甚众死矣众，余数千人未死者，贼驱出朝阳门围而焚杀之。"① 府志上记载得较为详细："其溃围而出者才八百余人，经将军苏布通阿奏请集为一营；同治三年，富明阿率之由扬州大营凯撤回防，有官二十九员，甲兵存三百余名②。"县志上的记载大致相同：驻防遗兵仅存马甲 336 名，步兵 61 名③。三种记载说明了一个问题：战争期间八旗兵损失惨重，人数仅剩 400 人左右。笔者亦统计过方志上所记载的八旗的死亡人数，如表 2-2 所示。

表 2-2　　太平天国战争时期南京旗兵及家属死亡数

名称	主人数（方志中有主要名字的）	附人数（方志中附于主要名字后的）	合计（人）	备注	页码
忠义驻防江宁佐领	393	703	1096		第 345—348 页
正黄旗	420	1933	2353		第 348—352 页
镶黄旗	671	2033	2704		第 352—356 页
正白旗	547	42	589	其中 475 人均为全家殉难，但家属名氏无考	第 356—358 页
镶白旗	368	48	416		第 356—360 页
正红旗	454	982	1436		第 360—362 页
镶红旗	921	998	1919		第 362—366 页
正蓝旗	347	1400	1747		第 366—370 页
镶蓝旗	759	2849	3608		第 370—374 页
驻防贞烈	37	64	101	驻防妇女一门殉难	第 375—376 页
补充	79		79		第 376 页
总计	4996	11052	16048		

资料来源：根据汪士铎等纂，清蒋启勋等修《续纂江宁府志》卷十四所载统计（光绪六年刊）。

---

① 陆润庠：《中兴苏浙表忠录》卷二。
② 蒋启勋等修，汪士铎等纂：《续纂江宁府志》卷三，光绪六年刊本。
③ 莫祥芝、甘绍盘等修，汪士铎等纂：《上江两县志》（一）卷九，同治十三年刊本。

表 2-2 中所统计的八旗死亡总数与其他史料所载的死亡总数有很大差距，但并不影响其他史料所记载的真实性。由于方志所载的人数主要来源于时人所奏、忠义局档案，那些全家死亡的无人上报及其兵籍册又毁于战乱而无从查询，所以时人所奏、忠义局档案中并未包括所有死亡的人员，因而方志所记载的并不是全部死亡的人员，但从侧面印证了其他史料对八旗损失惨重的记载。

总之，攻打内城时，有统计数字的，旗兵死亡约 3 万人，乡勇死亡约 4000 人，太平军死亡近 1 万人①，再加上攻打外城时太平军的死亡人数 4000 人，以及清军、乡勇（没有确切数字），双方一共死亡至少 5 万人②。

太平军占领南京后，向荣率部从小丹阳绕道秣陵关，进扎城东之沙子冈，开始了与太平军的对峙。从 1853 年到 1864 年天京陷落的 11 年间，双方进行了无数次战斗，笔者根据《清政府镇压太平天国档案史料》对太平军损失人数做了统计，如表 2-3：

表 2-3 《清政府镇压太平天国档案史料》中南京战场太平军死亡人数统计

太平军死亡人数	咸丰三年 1853 年	咸丰四年 1854 年	咸丰五年 1855 年	咸丰六年 1856 年	咸丰七年 1857 年	咸丰八年 1858 年	咸丰十年 1860 年	同治元年 1862 年	同治二年 1863 年	同治三年 1864 年	合计
人数	9776	17597	10161	18948	36890	19052	4500	27310	6200	7000	157434
数人		4		2	2	1	1				10
数十	3	1	5	9	7	5		1		1	32

---

① 《向荣奏稿》，中国史学会编：《太平天国》第 7 册，上海人民出版社 1962 年版，第 70 页。

② 《江宁府属殉难官绅事略》记载："驻防男女死难者共 4 万余人堪称浩劫，从此城狐社鼠踞多年。……八旗妇女死无遗。"（《中兴苏浙表忠录》第一卷，第 1 页。）这本书仅仅提供一个总的数字，如果根据当时八旗兵数和正常的家庭规模来统计，总人数不应这么多，但是当时旗人的家庭人口规模比平均人口规模大，所以总人数较多也是可能的。李中清认为士兵、村级官员及农村工匠结婚的概率比较高（《人类的四分之一：马尔萨斯的神话与中国的现实（1700—2000）》，生活·读书·新知三联书店 2000 年版，第 113 页），所以本书为最保守的估计数字。清方文献《粤匪南北滋扰纪略》中记载："内城陷，八旗男女杀无噍类，计官员兵丁及男妇遭劫者约三万余口。"（罗尔纲、王庆成主编：《太平天国》第 4 册，广西师范大学出版社 2004 年版，第 76 页）与笔者的估计相当。

续表

太平军死亡人数	咸丰三年 1853年	咸丰四年 1854年	咸丰五年 1855年	咸丰六年 1856年	咸丰七年 1857年	咸丰八年 1858年	咸丰十年 1860年	同治元年 1862年	同治二年 1863年	同治三年 1864年	合计
数百			1	4	3	3		2		1	14
数千					1	1				1	3
数万										1	1
不少					3	1					4
颇多					1			1			2
多名	1	4	11	8	1	1					26
甚多			2		1	3	7	2		3	18
无数	3	8	6	5	4	5		2	1		34
不可胜数	2	5	1	3	2	8	1				22
尤多	1										1
极多		1	1	2				1		1	6
若干		1									1
无法统计	1	5		9	2	5	10	19	5	6	62

表2-3 《清政府镇压太平天国档案史料》中南京战场
太平军死亡人数统计（续）

太平军死亡人数			咸丰三年 1853年	咸丰四年 1854年	咸丰五年 1855年	咸丰六年 1856年	咸丰七年 1857年	咸丰八年 1858年	咸丰十年 1860年	同治元年 1862年	同治二年 1863年	同治三年 1864年	合计
俘	人数		694	1274	596	297	1033	77	20	1290	200	200	5681
	概数	数十	1				1						2
首级	人数		413	2827	1607	2491	7624	1430	270	1303		710	18675
	概数	数人		1	1	1	1						4
		数十		1		1	1	1	1				5
		数百						2	1				3
		尤多						1					1
		无数					1		1				2

续表

太平军死亡人数		咸丰三年 1853年	咸丰四年 1854年	咸丰五年 1855年	咸丰六年 1856年	咸丰七年 1857年	咸丰八年 1858年	咸丰十年 1860年	同治元年 1862年	同治二年 1863年	同治三年 1864年	合计
船只	船数	30	87	330	14	8	66	67				602
船只 概数	数只		1		1		3					5
	多只				1	1						2
	无数				1	1						2
难民	人数	2875					5000					7875

注：（1）清军攻破南京城时，据清方记载太平天国死亡人数达10万余，由于存在着极大的争论，统计的表格中没有列入，放在平民的死亡人数中进行考察。

（2）南京成为太平天国的首都后，改称天京，所谓天京战场即南京战场。

表2-3根据《清政府镇压太平天国档案史料》历次战役中的太平军具体死亡数所做的统计，共157434人，低于太平军的实际死亡数字。例如，据向荣奏报，从1854年9月至12月20日（咸丰四年八月至十一月初一日）太平军共死亡2万人，但向荣历次奏折中所上报的太平军死亡人数的合计数为4920人，仅为向荣汇报总人数2万人的四分之一。再如，同治元年解围之战从10月13日至11月27日（闰八月二十日到十月初五日），历时40多天。这一段时间内战斗的激烈程度、持续时间，远远高于咸丰四年间的战役，但当时的清方资料除了对少数战役中太平军伤亡数有记载外，对诸多战役中太平军的死亡数并没有确切记载，仅留下战役大、残酷之类的字句（九月初一日至初五日，其中初五日之战太平军亡3000人；初六日至十二日太平军亡10700人；十三日至二十二日，太平军阵亡530人；二十四日至十月初二日，太平军亡250人及数百人；初四日一战，太平军亡俘共7400人[①]。一共有确切数字记约为21880人。其他时间发生的战役均没有记载）。所以说，表中所统计的太平军伤亡人数是比较低的。

对于上表中的概数可根据不同情况采用下列方法转换成具体人数。数

[①] 《曾国藩奏报金陵各营苦守四十六日得解重围折》，中国第一历史档案馆编：《清政府镇压太平天国档案史料》第24册，社会科学文献出版社1999年版，第676—680页。

人所表示的范围为 2—9 人，数十人、数百等之类的概数可以依此类推，用一个通用的计算公式表示为 2×10^n 人—9×10^n 人，我们取中间数字 5×10^n，上表中这类概数转换成具体人数为 6.7 万人，加之具体的死亡人数 157434 人，以及被俘的 5681 人和入城时战死的 1 万人，共约 24.0 万人。

除此之外，在《清政府镇压太平天国档案史料》中对太平军的死亡人数有以"无算""不计其数"等模糊词表示的，甚至不少奏报仅对战争的程度进行描述，而没有涉及太平军的死亡情况（表 2 – 3 中以无法统计来表示）。所以，表 2 – 3 中所统计的太平军的死亡数低于太平军的实际死亡数字，是非常保守的估计。

在双方的对峙中，太平军的主要对手是八旗军、绿营军和湘军。需要对三者的情况做一说明。

八旗。入关前，八旗制度不仅是兵制，而且是一个集行政、生产、军事等职能于一体的社会组织。清朝入关以后，为适应统治需要，八旗分为禁旅和驻防，主要任务是镇压各地民众的起义。平定三藩后，八旗驻防重点在直省。其中江苏，顺治二年（1645 年）江宁驻防有 3000 名，康熙二十二年（1683 年）移 1000 名驻荆州，又从京拨 2000 名来宁，共 4000 名。雍正八年（1730 年）从江宁驻防调官 20 员、兵 800 名，驻防乍浦，江宁驻防不足之额由江宁的八旗子弟补充。乾隆二十八年（1763 年），拨江宁驻防蒙古官 48 员、兵 1137 名于京口，故江宁驻防剩下 2863 名，至太平天国战争之前，没有变化。这是马甲的情况。除此之外，江宁的步甲、养育兵、炮兵以及弓匠、箭匠、铁匠、炮手之属共 1844 名；加上各级武官 503 员，共将士 6347 名①。起初，驻防旗人仿效皇太极时旧制，三年一换防。但当驻防建制以后，随着驻防地点日益增多、距京师日益遥远，大规模的换防亦困难重重。为此，康熙二十三年（1684 年）议定："江宁、杭州、荆州、西安等省驻防官兵，如有老病、解退、亡故者，家口俱令进京。其子弟家人内有披甲者，亦革退回京。"② 他们所余的空缺，

---

① 蒋启勋等修，汪士铎等纂：光绪《续纂江宁府志》卷三，光绪六年刊本；莫祥芝、甘绍盘等修，汪士铎等纂：同治《上江两县志》卷九，同治十三年刊本。

② 康熙《大清会典》卷八十二，第 17 页。转引自定宜庄《清代八旗驻防研究》，辽宁民族出版社 2003 年版，第 192 页。

如该驻防处有补充之人，即由该处顶缺披甲，如不得入，则由京补送①。为此，清廷耗费了大量钱财。到雍正朝时，不得不再加以变通："其寡妇及年老告退之人，有亲子在彼处顶补马甲者，准留驻防处就养。"已故兵丁的寡妇"有弟男子侄现披甲或可以养赡，有情愿改适旗人者听其改适，则既可省未及起送之口粮，又可省驿站夫马船只以及护送官兵之糜费，且可免寡妇长途跋涉之苦"②。自此以后，八旗即在各自的驻所扎下根来，构成了当地人口的一部分，太平天国战争中这些人几乎死亡殆尽。

绿营。绿营是清朝入关后接受明朝各省降军建立起来的军队，是咸丰以前最主要的正规军。为了便于管束，它仅招收本地人，拒绝无籍贯的外地人。清初入关，因用兵频繁，军队伤亡严重，亟待补充，兵员多随地招募。战事将平，遂定募补兵士必须是本地土著的制度。即使有些地方所建营伍，由于战后荒残，庄丁死亡，本地没有人应募，不得不从其他省招募移调充额的，也要求所移调的兵士携带家属到军营所在地居住，使之成为本地土著。自此，招募外来无籍者补充缺额的做法遭到禁止。即使在大的战争中，因伤亡致使兵额不足，也仍须从原省募补土著送往前方大营，而不得随地募补③。因而，各省的绿营兵丁实际上是各省人口的组成部分。道光二十九年（1849年），两江绿营官788人、士兵73661人，合计74449人，其中江苏有55730人④。在这些绿营兵中，三分之一为汛兵，主要担当缉捕要案、防守驿道、护卫行人、稽查匪类等任务，平时既不能集合训练、离开汛地，遇到战事也不能应征调⑤。所以在江苏能够应征战事的绿营兵至多有37153人，其余的18577人属于汛兵。太平天国战争期间，绿营兵大半奉调出征，散亡殆尽，其留存各属城汛的绿营兵因郡县失陷，或迁避乡里，或为了糊口附托军营。到太平天国战争结束后，绿营所存数目已不可考。即使应征者全部死亡，也不过37153人，当然，汛兵也

---

① 《清圣祖实录》卷一百一十五，康熙二十三年四月庚子。转引自定宜庄《清代八旗驻防研究》，辽宁民族出版社2003年版，第192页。
② 《雍正朝汉文朱批奏折汇编》，雍正二年三月十三日，宜兆熊奏。转引自定宜庄《清代八旗驻防研究》，辽宁民族出版社2003年版，第193页。
③ 罗尔纲：《绿营兵志》，中华书局1984年版，第229—230页。
④ 同上书，第229—230、62页。
⑤ 同上书，第69页。

可能死亡，但缺乏确切证据，所以暂不予考虑。除了江苏的绿营兵外，还从其他省调拨来了大量的绿营兵，其人数屡有变化。

太平天国奠都不久，清组建了江南、江北大营。江南大营由钦差大臣向荣负责，所辖兵勇总数32615人，其中天京战区有27435人（已抵前线者17800人），留守湖南的有3300人，湖北的有1880人，具体兵力建制如表2-4。①

表2-4　　　　　　　　　　江南大营所辖兵勇

	粮台	支应人或统将	编制	兵勇数（人）	粮台	支应人或统将	编制	兵勇数（人）
江宁战场	湖南粮台	福增	黔、湘兵	1857	广东粮台	玉山、刘开泰	粤兵	3450
		洪琅	川兵	2064		贾运盛	粤兵	745
		汪传霖	鄂、闽兵	3270		长桂	粤兵	1333
		谢廷荣	川、湘、鄂兵	242	广西粮台	和春	湘兵	2885
		邓绍良	湘兵	1031		马龙	川兵	2318
		黄天伟	黔勇	160		秦如虎	桂兵	1069
		韦中魁	滇兵	500		秦定三	黔兵	1402
		音德布	滇兵	739		李瑞	桂兵	1200
						张国梁	捷勇	1000
共计				27435				
留守湖南		沅州协	官兵	700				
			壮勇	1600				
共计				3300				
留守湖北		阿勒经阿	鄂、湘兵	730				
		戴文兰	壮勇	350				
		李饰銮	壮勇	800				
共计				5180				
总计				32615				

这些兵力因不断调拨和伤亡，向荣令各营于随营余丁中挑选新兵以补

---

① 崔之清主编：《太平天国战争全史》第二卷，南京大学出版社2002年版，第1078页。

缺额。咸丰三年七月十九日（1853年8月23日），向荣奉户部令清查兵数（如表2-5），总兵力达24750人，总体实力（江苏）比咸丰三年三月时有所增强。

表2-5　　　　　　　　1853年8月江南大营所辖兵数

将帅	编制	人数	防守地点
吉顺、傅振邦、郑绍良	镇竿乾镇河兵	2574	江宁、朝阳门、紫金山
秦定三	贵州新旧兵	2681	钟山
苏布通阿、马龙	四川兵	4187	七桥瓮、洪武门
常瑞	广东南邵镇标兵	469	钟山之后
秦如虎、蔡应龙	广西兵	1087	紫金山大营
张国梁	捷勇	1146	七桥瓮桥头
福兴	广东得胜、制胜、常胜	1524	江宁洪武、朝阳
刘存厚	广西仁义壮三勇	1202	钟山明陵之前
共计		14860	
米兴朝	湖南三四五镇竿兵	859	镇江东门外京岘山及南门外甘棠桥一带
韩士喜	湖南七起兵丁	559	
刘开泰	广东兵	1289	
刘开泰	余勇	248	
长桂	广东潮州兵	385	
长桂	余勇	214	
瑞格	川兵	1193	
吴世斌	贵州兵	500	
共计		5247	
福庚	广东兵	800	金坛
杨焕章	川兵	120	句容
音德布	滇兵	1223	江西
杨焕章	川兵	500	
瞿腾龙	陕甘、湖南兵	2000	扬州
合计		24750	

资料来源：《向荣奏报查明金陵、镇江、东坝各营兵数片》，咸丰三年七月十九日，中国第一历史档案馆编：《清政府镇压太平天国档案史料》第8册，社会科学文献出版社1993年版，第567页。

1856年，太平天国内讧爆发，清军两大营趁机复苏。清军第二次组建江南大营后，兵力最多时达7万人①。

虽然，上述天京战场绿营兵总兵力合计10多万，但是在与太平军交战的过程中，由于清军不断伤亡，"各营阵亡伤亡病故兵丁所出之缺，均于本营余丁内随时挑补足额"②。所以，各统帅奏报中所提到的兵力总数并不是清军投入的实际人数，也反映不出战争中清军战亡的总人数。在清方的军事奏折中，有历次战斗的详细过程。笔者根据《清政府镇压太平天国档案史料》对天京战场清军的伤亡人数进行了粗略的统计（如表2－6），即使包括一部分湘军的死亡数，其战亡人数也不多：军官的死亡数为61人，兵勇的死亡数为1944人；受伤者，军官为250人，兵勇为2655人。同样，这亦不是清军伤亡的实际数，多数奏报对清军伤亡的情况并没有确切的统计数甚至并未提及。例如，咸丰四年元月，向荣向清廷奏报：

> 所有江南则分攻镇江、调剿上海派防东坝外，大营兵不满万，而数月间伤亡耗损疲兵养息，实能出队打仗者不过五六千人。……至若镇江亦只楚粤川黔之兵四千可用。其余苏浙兵勇，仅可稍助声势，剿堵情形尤堪隐忧。③

5个月的时间内清军损失4000人。而表2－6的粗略统计数表明从咸丰三年七月到四年元月（1853年8月—1854年2月），清军官兵的死亡数仅50人。所以表中天京战场绿营兵的死亡数是非常低的，因而，在太平天国战争中，天京战场绿营兵损失的实际数根据清方奏报并无从得知。

---

① 《瑞昌等奏报苏州危迫竭力防堵饬曾国藩赴浙督办折》，咸丰十年四月十六日，中国第一历史档案馆编：《清政府镇压太平天国档案史料》第22册，社会科学文献出版社1996年版，第260页。

② 据《琦善等奏报遵查现存军营兵数片》一文统计，咸丰三年七月初十日，中国第一历史档案馆编：《清政府镇压太平天国档案史料》第8册，社会科学文献出版社1993年版，第455页。

③ 《向荣奏报筹拨官兵驰赴皖北并江南防剿情形折》，咸丰四年正月初六日，中国第一历史档案馆编：《清政府镇压太平天国档案史料》第12册，社会科学文献出版社1993年版，第190页。

表2-6 《清政府镇压太平天国档案史料》中江苏省清方死亡可查人数

地区	时间	死亡数 官员	死亡数 兵勇	受伤数 官员	受伤数 兵勇
金陵	咸丰三年初八日	1	7		44
江宁	二十七日			17	166
江宁	十五日				13
江宁	二十三日		6		20
金陵	十二月初八日		8	1	93
金陵	二十四日		17	5	170
金陵	咸丰四年五月初二日				15
金陵	十五日		2		5
金陵	二十一日		4		5
东坝	三十日	1	300	4	200
江面	闰七月十二日		2		5
镇江、金陵	二十一日	1			70
江宁	二十一日	1			25
江宁	十一日				50
江宁	二十六日		1		10
江宁	九月初六日	1	2		5
江宁	二十日	1	20		100
镇江金陵	二十日		5		40
江宁	十二月初八日		1		5
江宁	三十日		1		17
下关	咸丰五年二月二十四日		2		2
水面	二十八日		5	2	10
江面	四月十三日	1			10
江面、金陵	二十九日		3	1	20
瓜洲、金陵	六月初十日		2		5
金陵	七月初一日		10		
金陵	十一月初六日		2		
金陵	十五日		7		60
金陵	二十四日				5
金陵	咸丰六年正月二十七日	3		1	

续表

地区	时间	死亡数		受伤数	
		官员	兵勇	官员	兵勇
金陵	二十九日	2			
金陵	二十五日			2	
金坛	七月二十四日	3			
金坛	八月初七日	2			
金坛	十一日	1			
东坝	二十六日		25	4	183
句容、溧水	九月初八日		9	2	30
句容、溧水	二十四日			4	
句容	十一月初六日		5	13	40
镇江、溧水县	初六日		3	1	10
镇江、溧水	二十四日	1		4	40
金陵、浦口	十二月初四日		1	1	
句容	咸丰七年正月二十二日			11	47
溧水	二十二日		11	10	71
金陵	二十六日	2			
句容	二月十二日		8	8	40
镇江、溧水	十二日		7	15	80
溧水	三月初一日		6	4	110
句容、镇江	初一日		6	19	25
句容	十二日			3	27
句容	四月初七日	3	22	12	81
溧水、镇江	五月初二日			4	26
溧水	二十六日	1	6	3	40
句容、镇江	二十六日	1	5	1	60
湖墅	闰五月二十七日		2	5	40
句容	二十七日		19	7	110
江浦、金陵	六月十二日				13
镇江、金陵	九月十三日		2	5	31
水面	十月初八日		1		13
金陵	十二月初十日	3	10	12	69

续表

地区	时间	死亡数 官员	死亡数 兵勇	受伤数 官员	受伤数 兵勇
金陵	十八日	1	125	15	130
金陵	咸丰八年正月初五日	7		8	150
金陵	二十七日	6	50	13	158
金陵	二月二十七日	5	30	22	60
金陵	四月初八				11
金陵	二十六日	1	1	15	80
金陵	五月初八日	3	18	7	300
金陵	二十六日		62	2	39
金陵	六月二十日	1		5	60
金陵	七月十三日	2	100		
金陵	八月初四日			1	90
溧水	十月初二日			2	30
江宁	二十三日	3			
金陵、扬州	十六日	1		1	8
江面	咸丰十年正月初九日				10
金陵	二月初七日			1	20
马步桥	初七日	3			12
金陵	二十一日			4	32
江南大营败	闰三月二十日	3			
金陵	同治元年九月二十七日		1000		
金陵	十月二十七日		300		
金陵	同治二年八月二十七日		50		
合计数字		61	1944	250	2655

在后期的斗争中，南京太平军的主要对手是地方武装湘军。湘军采取"由将领而后有营官，有营官而后有百长，有百长而后有什长，有什长而后有散勇"①的方式来组建队伍，在乡土关系的原则下，将士主要由湖南

---

① 《援军将领滥收游勇偾事请旨革讯折》，左宗棠：《骆文忠公奏稿》卷七。

人组成。1862年5月，曾国荃率2万人开始了围攻天京的军事行动①。9月，江南发生瘟疫，曾国荃部亦未幸免，死亡相继②，南京会战结束时，军中病亡者三成③，即近7000人。从1862年9月至1863年6月，双方进行了两次大的鏖战。南京会战中湘军死伤5000余人，在太平天国的"进北攻南"战役中湘军又损失数千人，1863年6月后，围攻南京的湘军力量增至近5万人（不满5万人），在与太平军的鏖战中，"前后死于疾疫者万余人，死于战阵者八九千人"④。自湘军围攻南京之始至攻占南京，湘军共死亡近37000人。

总之，太平天国战争期间，南京战场太平军和八旗兵的死亡人数至少近25万人，作为太平军劲敌的湘军在不到三年的时间内死于战场和瘟疫的达37000人。而绿营兵的死亡数因资料的缺乏无法统计。

本章根据时人、方志的记载，考察了太平天国奠都时南京的人口数（60万—100万）。然而，问题是奠都三个月后的人口统计数仅25万人。其原因何在？通过对太平天国战争期间南京城人口变动的考察，我们可以发现，第一，太平天国战争期间，交战双方作战死亡的人数达到很高的程度。其中南京战场太平军死亡至少达24.0万人，清方，江苏籍绿营兵和八旗兵死亡7万多人，其他省的绿营和八旗死亡人数不可得知，湘军死亡3.7万人。第二，战争时期平民的死亡率远高于正常年代的死亡率，南京城中有确切根据的平民死亡数大约有20多万。第三，自太平天国奠都之始，南京城内人口即开始逃亡，主要集中在奠都的初期；同时，太平天国也主动释放老弱人员，前后至少达19万人。这就意味着，在战争期间，脱离南京的人口总数达数十万人。但是，不管是平民的死亡人数还是脱离南京的人数均远低于实际死亡、脱离南京的人数，因为在太平天国统治的一半时间内，因资料所限，南京城中民众的状况并不清楚。太平军以及江

---

① 王定安：《湘军记》卷九，岳麓书社出版1983年版，第121页。
② 《曾国藩奏陈疾疫盛行请派重臣赴江南主持东南大局片》，同治元年闰八月十二日，中国第一历史档案馆编：《清政府镇压太平天国档案史料》第24册，社会科学文献出版社1999年版，第558页。
③ 《曾忠襄公书札》卷七，第2页。
④ 《官文等奏报攻克金陵详细情形折》，同治三年六月二十三日，中国第一历史档案馆编：《清政府镇压太平天国档案史料》第26册，社会科学文献出版社2001年版，第44页。

苏籍清军的死亡数、平民的死亡数和被释放的平民人数共 70 多万人，如加上逃亡的人数则更多，这超过了太平天国奠都时南京的最低总人口数——60 多万人。二者并不矛盾。主要原因是：奠都后，因人口不断地死亡或逃亡，南京城人口逐渐减少，为了使城内人口保持在相对稳定的规模，太平天国便不断地吸纳其他地区的人口，此外，城外人口（包括原城中逃出去的部分人返回城中）也主动进入南京城内，但因资料缺乏无法对南京城吸纳的人口数进行研究，所以无从得知战争期间曾经在南京生活过的人口总数，这也是战争期间南京损失人口超过奠都时最低总人口的原因。

第 三 章

战时江宁布政使司
（不含南京城）人口损失

随着战争的持续，在江宁布政使司所属四府二州一厅中，除了通州直隶州和海门厅外，其他府州均遭受了战火。其中江宁府和扬州府的仪征、江都、甘泉三县在地理上位于江北里下河地区①以南，主要受到太平军的影响，从战区上划分属于宁扬战区，由于战争期间这些地方亦发生了严重的自然灾害，其人口遭到了严重损失。其他地区位于江北里下河及里下河以北，主要受捻军的影响，但这些地区的人口并没有因战争而受到损失；在此期间，里下河以北水灾发生的频率总体上比战前少，虽然有些地区灾害的严重程度高于战前，但与战争没有直接的关系；虽然战争使政府、社会的救助力量减弱，但现有资料亦未能表明战争期间自然灾害对苏北人口造成的影响比战前更为严重。

第一节 宁扬战区人口损失

太平天国战争期间，宁扬战区（南京除外）先后遭受战火，总体而言，除了两浦、句容县和扬州城外，在太平天国战争前期，其他地区受战

---

① 里下河地区，从地理上说，是指以黄河故道为北缘，长江三角洲北岸为南缘，里运河为西缘，串场河（范公堤）为东缘的平原地带。是周高中低的碟形洼地，也就是人们常说的"锅底洼"。里下河之名来源于里河。所谓里河，也即里运河，是相对于外河（串场河）而言；而下河（亦是指串场河）却又是相对于上河（里运河的又一别称）而言。不称里外河，也不称上下河，而是从两种称呼中各取一个字，结果就合成了十分独特的"里下河"。它的名字至迟出现在19世纪50年代，也即晚清咸丰年间就已在官方文献中大量出现。《清文宗实录》中，"里下河"共出现37处，都是咸丰君臣们反复商讨如何在这一带加强对太平军的防御之事。

争影响不大，人口基本没有受损。1856年太平军一破江南、江北两大营后，战事扩展到江宁府所属大部地区，但随着太平军的退出，这些地区即恢复平静。1858年和1860年太平军分别二破江北、江南大营后，里下河以南地区均遭兵燹，直至太平天国败亡，这些地区大部时间处于战火中，人口进一步遭到损失。

一　江北战区（里下河以南地区①）军人死亡数

1853年3月19日，太平军攻破南京，3月31日，攻克镇江，4月1日，占领扬州。这样就形成了以宁镇扬为三角地带的战略基地。为围困天京，1853年清方在长江南北分别组建了江南、江北大营。由此双方开始长达十多年的对峙。江南大营所辖江宁战区的军人死亡数我们在第二章已经做了具体的研究。江北大营实际上主要负责江北里下河地区以南的防务，因此亦可称为江北战区，其太平军的死亡人数，兹根据《清政府镇压太平天国档案史料》汇录如表3-1：

表3-1　《清政府镇压太平天国档案史料》江北战区太平军死亡人数统计

太平军死亡情况	咸丰三年 1853年	四年 1854年	五年 1855年	六年 1856年	七年 1857年	八年 1858年	九年 1859年	十年 1860年	十一年 1861年	同治元年至三年 1862年至1864年	合计
数字	43911	13671	9733	23807	16262	8350	25097	1983	5302	29162	177278
数人	4	22	8	1	7	1	3		1	3	50
数十	19	46	19	6	11	4	8	1	3	8	125
数百	12	4	1	2		4	19		2	5	49
数千							1			2	3
不多				1	1						2
不少		1	1			1				1	4
颇多							1				1
甚多	5	5	6	3	4	4	13	1	2	9	52

---

①　严格地讲，通州直隶州和海门厅也属于江北里下河以南的范围，但这些地区未受到战争影响，所以本书不予讨论。

续表

太平军死亡情况	咸丰三年 1853年	四年 1854年	五年 1855年	六年 1856年	七年 1857年	八年 1858年	九年 1859年	十年 1860年	十一年 1861年	同治元年至三年 1862年至1864年	合计
极多							1				1
尤多			1				2			1	4
多名	32	35	23	9	9	6	4	2	1	6	127
无数	14	26	19	11	4	5	17	2		3	101
不可胜数	9	10	12	7	5	8	7	3	3	8	72
无法统计	7	32	19	14	14	14	32	7	7	16	162

表3–1 《清政府镇压太平天国档案史料》江北战区太平军死亡人数统计（续）

太平军死亡情况		咸丰三年 1853年	四年 1854年	五年 1855年	六年 1856年	七年 1857年	八年 1858年	九年 1859年	十年 1860年	十一年 1861年	同治元年至三年 1862年至1864年	合计
俘	人数	750	740	139	432	743	593	1248	703	1426	4725	11499
	数人	2		2								4
	数十								1			1
首级	人数	844	126	44	2734	3020	1699	4704	1849	554	609	15339
	数人	1										0
	数十	4							1			1
	数百									1		1
	多名					1	1					2
	无算									1		1
船只	船数	423	1724	214	73	45	52	9	9	112	71	2732
	数只	1	2	3	4	1	5	3				19
	数十	4	1	2								7
	不少		1									1
	无数		3									3
	多只		5	4		2	1					12
难民			300			1000	7300		500		4000	13100

第三章 战时江宁布政使司(不含南京城)人口损失 / 141

表3-1显示太平天国战争期间太平军在江宁布政使司所属(南京除外)战区死亡的人数为177278人,不包括概数和被俘者。但是,上述数据中并非完全可靠,问题主要出现在扬州战场。

负责扬州战事的清方将领先后有琦善、托明阿、德兴阿。1853年4月11日,清军和太平军首次在扬州战场交战。但是胜保和琦善之间在战术上发生了分歧,胜保主张急攻,琦善却坚持缓战。且琦善为人,"才具似裕,不免矜伐,少能容物""颇不虚心,遇事多疑,惟恐人居其右"。为了敷衍皇帝,"每遇折奏,百端改窜,极力铺张"①。此后的继任者同样如此,这导致奏报中的虚假情况颇多,其中关于太平军伤亡状况的虚假情报,主要表现在以下几个方面。一是夸大其词,以少充多。咸丰三年三月初九日,清军斩太平军"百十级"。而琦善上疏曰:"初十日破西北贼垒,十二日五战五胜,尽破东路诸贼垒,烧运河中贼舟凡二十二。十三日,乘雾攻之,双来趋北门,胜保趋观音山,皆破贼垒。晦日,分军三路,自南门及西门焚其垒及廿四桥贼营三北门营五。"五月,太平军欲从天宁门出,因大雨如注,清军阻挡,被迫返回城中,无人员伤亡。琦善奏报中称太平军死亡数达3000人②。咸丰四年夏六月(1854年7月),琦善死,托明阿代之,在托明阿尚未至时,清军袭仪征太平军,"少斩获",陈金绶却以千人上报③。二是冒领他人之功。咸丰三年六月(1853年7月),都司毛三元与太平军交战,杀太平军数百,琦善上报为"扬州军合胜之"。三是以无充有。咸丰三年十二月(1854年1月),仪征太平军主动撤离,琦善奏报"沿江追杀八人,获百余人,毁贼舟十五,垒十三"④。江都人倪在田对琦善的虚报信息揭露道:"夫以十三垒贼而杀获只此,其伪不辨而知矣。"⑤ 咸丰四年正月(1854年2月),太平军撤离瓜洲,并无伤亡,清方奏为战捷。咸丰四年春,"某校者以败舟积油顺风烧贼,其光烛空,

---

① 《胜保折》,朱折,革,太,号79-9。
② 《扬州御寇录》,中国史学会编:《太平天国》第5册,上海人民出版社1962年版,第105—107页。
③ 同上书,第113页。
④ 同上书,第112页。
⑤ 同上。

琦善疏大捷"①。咸丰六年三月（1856年4月），清军和太平军没有接战，托明阿均以胜利奏报清廷②。咸丰七年十一月十一日（1857年12月26日），太平军因内讧撤离瓜洲，德兴阿上疏"杀千人，平垒五，力攻乃克"③。陈金绶则奏称太平军损失2000人，而清军没有伤亡④。咸丰八年（1858年）太平军第三次攻占扬州，因江南大营悍将张国梁带兵进行援助，李秀成将主力撤出扬州，只留下了零星的太平军，三日后，太平军即弃城西走，根本没有大战⑤，仪征的战事亦如此。萧盛远曰扬州"仅存空城，并无一贼"，仪征"亦无贼踪"⑥。德兴阿却奏报扬州毙贼数千，仪征"杀毙逆匪数百名，轰毙淹毙不少"⑦。第四，以败充胜。托明阿主持战事后，咸丰四年闰七月至八月（1854年8月至9月），清军先后失利，而皆以捷闻⑧。十月（11月），太平军前去攻打征集民夫的清军，在民夫受惊四散后，太平军主动撤退，清军奏报"击贼大胜于水次，且枪杀其都护郑金桂"⑨，而太平军根本就没有"都护"的官职。在清军腐败风气的影响下，甚至出现了割乡团头颅、杀民人来邀功的情况。如，托明阿主持军事间，雷以诚"驱民团以攻贼，大被贼杀，兵勇多刎死者之首以冒赏"。姜德"使其妇匿帷中制黄旗，杀乡民之荷曹者称斩获"⑩。德兴阿代替托明阿后，"诸勇斩耕夫乞丐者首以告捷"⑪。上述四种情况，除了第二、第四种情况外，第一、第三种情况均可对人口死亡数的统计造成影响。从

---

① 《扬州御寇录》，中国史学会编：《太平天国》第5册，上海人民出版社1962年版，第113页。

② 同上书，第116页。

③ 同上书，第122页。

④ 《陈金绶奏》，《方略》卷一百〇四，第22—24页。

⑤ 《扬州御寇录》，中国史学会编：《太平天国》第5册，上海人民出版社1962年版，第124页。

⑥ 《粤匪纪略》，太平天国历史博物馆编：《太平天国史料丛刊简辑》第1册，中华书局1961年版，第46页。

⑦ 《德兴阿奏报收复仪征县城并布置高邮湖面情形折》，咸丰八年九月十九日，中国第一历史档案馆编：《清政府镇压太平天国档案史料》第20册，社会科学文献出版社1995年版，第668页。

⑧ 《扬州御寇录》，中国史学会编：《太平天国》第5册，上海人民出版社1962年版，第113页。

⑨ 同上书，第114页。

⑩ 同上。

⑪ 同上书，第116页。

《扬州御寇录》所记载的情况看，关于太平军的死亡人数清军将领至少多报了 15000 人。清军多次将太平军的主动撤退作为大捷上报，但除了前几则史料有具体死亡人数的记载外，其他的均未有具体死亡人数的记载，所以姑且以 15000 人计算。将表 3-1 中太平军的死亡数字减去 15000 人，则太平军死亡人数为 162278 人。清军所俘的太平军由于不是难民，一般均被处死，所以表中的 11499 人可作为太平军死亡人数的一部分。数人、数十等概数，姑且采用第二章南京城太平军死亡数的处理方法（加之被俘者），转化成具体人数为 4.8 万人。合而计之，江北战区太平军共战亡约 22.1 万人，此数据是笔者根据清方奏报所统计出来的。

在江北，和太平军对峙的主要是江北大营，由钦差大臣琦善统辖，所统兵勇有直隶、陕甘清军 6000 人，山东、山西清军 4000 人，直隶提标清军 3000 人，吉林、黑龙江骑兵马队 4000 人，山东青州兵 1000 人，陕兵 2000 人，山东兵 2000 人，西安、绥远、宁县兵 2000 人。合计前后征调 24000 人。由于调拨时间不一，真正到达第一线的绿营兵不过万人。① 咸丰三年七月琦善统计江北大营兵力近 1 万人，其中绿营兵 5793 名，勇 4000 余名②。

太平天国内讧爆发后，清两大营趁机复建。咸丰十年江北大营二次溃败之前，其兵力据巴栋阿奏报：

> 复查各省营原调兵数，湖南省各营二千五百（2500）余名，现存一千一十（1010）名；贵州各营一千四百（1400）余名，现存四百三十一（431）名；四川各营一千一百（1100）余名，现存八百二十一（821）名；广东各营一千六百（1600）余名，现存二百八十（280）名；陕西各营一千（1000）余名，现存一百九十四（194）名；甘肃各营五百（500）余名，现存五十五（55）余名。通共六省

---

① 崔之清主编：《太平天国战争全史》第二卷，南京大学出版社 2002 年版，第 1079 页。
② 据《琦善等奏报遵查现存军营兵数片》一文统计，咸丰三年七月初十日，中国第一历史档案馆编：《清政府镇压太平天国档案史料》第 8 册，社会科学文献出版社 1993 年版，第 455 页。

原调兵八千（8000）余名。①

江北大营与江南大营相比，战斗力较弱。因而江北里下河以南地区发生战事，江南大营以及其他地区的绿营兵常去增援，在江北大营战区战亡的清军据《清政府镇压太平天国档案史料》统计如表3-2。表中表明清方官员和兵勇的死亡数分别为97人和4109人，伤亡数分别为136人和2277人。犹如江宁战区，表3-2绿营兵的死亡人数亦远远低于实际死亡人数。

表3-2 《清政府镇压太平天国档案史料》中江北战区清军死亡人数统计

地区	时间	死亡数		受伤数	
		官员	兵勇	官员	兵勇
扬州	咸丰三年六月二十六日				2
扬州	七月初四日				1
虹桥	二十一日	4			43
江宁	二十七日			17	166
扬州	八月十一日		2		10
仪征	十一月二十日			14	483
扬州	二十六日				
仪征	十二月三十日				6
瓜洲	咸丰四年正月十五日				6
瓜洲	二月初七日	16			
瓜洲	三月十二日		1		1
瓜洲	十五日				1
瓜洲	四月初四日				2
浦口	初七日				2
瓜洲	二十三日	1	6	11	55
瓜洲	五月二十五日	1	1		6
瓜洲	六月初四、初八日			1	8

① 《巴栋阿奏报筹办镇防兵勇情形并陈江南近日军情折》，咸丰十年六月十七日，中国第一历史档案馆编：《清政府镇压太平天国档案史料》第22册，社会科学文献出版社1996年版，第411页。

续表

地区	时间	死亡数		受伤数	
		官员	兵勇	官员	兵勇
瓜洲	八月初五日		6		30
扬州	十月初四日	3	5		1
土桥	十四日	9			
瓜洲	十一月十五日	3			
瓜洲	二十一日	13			0
瓜洲	二十八日	2			
瓜洲	咸丰五年二月初二日		10		
里下河	初八日		1	3	4
高资	二十四日	3	6	6	86
瓜洲	四月初四日	10			
瓜洲	五月十五日		3	2	
瓜洲、金陵	六月初十日		2		5
瓜洲	十月初十日		3		
瓜洲	十一月十二日	2			
瓜洲	十二月二十三日	1			
扬州	咸丰六年三月初三日		5		
七里桥	二十五日		1		10
三汊河	四月初二日	1	3		17
瓜洲	九月初五日	1	19	6	103
江浦、瓜洲	二十八日		4		18
江浦、瓜洲	十一月二十四日				27
江浦	二十四日		2		70
瓜洲	十二月初九日		16	7	65
瓜洲	咸丰七年二月二十六日	1	11		73
瓜洲	三月十七日		18		
瓜洲	四月二十八日		3		41
瓜洲	闰五月十五日		3		14
瓜洲	六月二十五日		2		10
浦口	七月十三日		1	1	37
瓜洲	二十日	1	6	1	2

续表

地区	时间	死亡数		受伤数	
		官员	兵勇	官员	兵勇
瓜洲	八月十七日		4		6
江浦、瓜洲	二十八日		3		29
瓜洲	十月二十二日		1		1
瓜镇	二十八日				2
瓜洲、镇江	十一月十二、十四日	1	28	9	140
瓜洲	十五日		1		9
浦口	二十五日		1		20
江浦	咸丰八年六月二十二日	2	4		52
浦口	二十九日		1		10
九洑洲	七月二十六日		1	1	10
江北大营	八月二十四日				
六合、九洑洲	咸丰九年正月十七日		1		6
六合	二月初一日		3		34
江浦	十五日	1			80
浦口	十五日	1		3	30
六合	三月十八日	2	1		
江浦	四月初二日	1			
六合	初二日	1	50	2	
六合	五月二十二日			1	86
六合、江面	七月初四日			1	9
六合、浦口	二十一日	1			12
六合	八月初九日	1	3		25
六合	九月十二日	1			6
甘泉山	十九日	2			
横山峨桥	十九日				61
六合	十月十三日	5			
浦口	十一月初五日	1			
江浦	十二月初九日	1			
九洑洲	咸丰十年二月二十一日		3	3	39
江浦	二十一日	2			

续表

地区	时间	死亡数		受伤数	
		官员	兵勇	官员	兵勇
瓜扬镇城	四月二十二日		3		30
扬州	十一月十四日				15
九洑洲	咸丰十一年正月初八日	4	1		13
扬州	四月二十八日				52
六合	十月二十四日		1		11
扬州	十一月初八日	1			60
江浦、浦口	同治元年三月初五日		2050		
扬州	三月十一日				10
扬州	十三日		5		50
扬州	十九日	1			
江浦、浦口	同治二年三月十七日		1800		
江浦	五月二十一日		1		10
合计数字		97	4109	136	2277

二 平民死亡状况

与军人伤亡相对应的是平民的死亡状况，首先受到影响的是城市中的人口。

扬州。1840年鸦片战争时，扬州人采取重贿之法躲过一劫。太平军攻占扬州前，扬州人采取同样的方法冀望能免于战祸，杨秀清受到贡礼后，亦答应不攻取扬州，因此，扬州城中民众逃亡的不多。时人载"搬出者不过各官及大绅大富之二三而已"①。夏燮有同样的记载："城内居民，先期逃避者，不过十之一二……"② 可见，居民大部留在了城中。太平军于1853年4月1日占领扬州后，将圣库制度和男女别营制度推广到全城，确立了对扬州的基本统治。几天后，清军即在扬州城外集结重兵，开始了与扬州太平军的对峙。为了组建北伐和西征的队伍，1853年5月，

---

① 《粤匪南北滋扰纪略》，罗尔纲、王庆成主编：《太平天国》第4册，广西师范大学出版社2004年版，第77页。
② 《粤氛纪事》，罗尔纲、王庆成主编：《太平天国》第4册，广西师范大学出版社2004年版，第150页。

杨秀清调走了扬州城主力太平军，这导致扬州的防务力量大为减弱。5月，清军在扬州西、北、东边驻扎军队，形成了三面包围之势，仅剩"南门外有运河一道，直通三汊河，下达瓜洲"，成为扬州与瓜洲、天京之太平军联系的唯一要道①，物资运输受到影响，这导致扬州太平军的处境日益艰难，"火药匮则剥古砖，烧淡芭菰助轰击"②。随后作为瓜扬间重要据点的虹桥又被清军占领，扬州城内的物资供应进一步受到影响。太平军占领扬州后不到六个月，饥饿已经开始威胁到民众的生命安全。一位在扬州城中待到太平军撤出后的士子记载：

> 八月初旬后，贼之前后等军犹给以米，各男女局皆散稻，稻霉且朽，并不足数。伪司马刻减而大得其羡，余日私售之，每升值银一两，无窖镪者皆啼饥而不获购也。城内除荒荆蔓草外，凡诸葛莱马狼头俱掘作甘旨。香麻油高馨，代以梳头杂油，久之杂油亦无。两湖贼兵暨江左亡命之徒，食狗食猫，猫尽食鼠，鸦雀亦枪毙无孑遗。甚且煮钉鞋底，煨牛皮箱，人情汹汹，殆无生理。③

在此之前，瘟疫已在扬州城爆发。战争使太平军不断地伤亡；加之，太平军入城时一些人或投入池塘，或投入井窖，这些得不到掩埋的尸体随着夏天的到来变质腐烂，环境被严重污染，成为瘟疫爆发的重要诱因。咸丰三年六七月，"暑疫甚盛，兵既役夫死者皆不及得棺。只芦席两张，裹而葬诸坟，圹外谈风水之家歇气矣"④。八月的饥饿削弱了民众的抵抗力，使这场瘟疫变本加厉，危害更大。据载：

> ……尸水灌井，疫气满空，受之者摇头辄死。伪官以下，死犹殓以棺，棺不足，裹厚棉塞之，三五人共一坑，坑方丈许，满布铜制

---

① 《琦善奏》，《方略》卷三十九，第7—8页。
② 《扬州御寇录》，中国史学会编：《太平天国》第5册，上海人民出版社1962年版，第107页。
③ 《咸同广陵史稿》，罗尔纲、王庆成主编：《太平天国》第5册，广西师范大学出版社2004年版，第95页。
④ 同上。

钱，不知命意之何在。难民死，盛之于柜，柜不敷用，扎以重衾，置之空屋。凡庵观、寺院、衙署、市廛，骼胔积如邱林，骸骨埋于风雨，嗣后填街塞巷。鬼无害于人也，人无殊于鬼也，岂不悲哉。①

饥荒和瘟疫交织在一起，使扬州城在不到一年的时间内人口剧减。1853年12月27日，太平军撤出扬州城，"守者抗群尸自天宁门出者且数万，其自他们与夫朽溃不获办者，固不在是。（盖十七万有奇云）"②。这并非夸大其词。《咸同广陵史稿》有着类同的记载：

> （正月二十日）外乐善者入城，设局六所掩埋遗尸。尸极多，除贼至时斫杀多名葬于犬腹，天暑后雨旸不若化为灰尘，与夫节妇之沉古井外，小之流城濠红头之瘗，以金钱白骨之殓于木柜，皆无从查验而不能悉数外，凡寺观衙署等处，每遗一尸，束一芦席埋之。六局计共用去十三万五千余张芦席，亦何劫数之大也。③

显然，《咸同广陵史稿》所载不是全部人数。前者史料可能更接近史实。考虑到太平军北伐后，在扬州所留军队不多，史料中所载应是民众。随着扬州再燃战火，民众的生命安全再次受到威胁。

1856年4月4日，秦日纲率太平军攻破江北大营，并于5日（咸丰六年三月初一日）再次攻入扬州城。但在入城之前，即1856年3月20日、21日（咸丰六年二月十四、十五日），扬州民众得知战火又起，纷纷迁徙，"十六十七日，大家小户迁移，四乡水陆舟车造次颠沛，前后约共十余万人"④。来不及迁徙的以及无力迁徙者则被留在城中。太平军于1856年4月5日入城，民众有一定的伤亡。时人对当时的情形有一定的记载：

---

① 《咸同广陵史稿》，罗尔纲、王庆成主编：《太平天国》第5册，广西师范大学出版社2004年版，第95页。
② 《扬州御寇录》，中国史学会编：《太平天国》第5册，上海人民出版社1962年版，第112页。
③ 《咸同广陵史稿》，罗尔纲、王庆成主编：《太平天国》第5册，广西师范大学出版社2004年版，第103页。
④ 同上书，第125页。

（三月）初一日子刻，四民逃走，奈城既严，局土尤拥塞，急切难行。强有力者劈土斩关门开，逼窄拥挤推挽，老稚颠危，踹踏至死。不由此径取巧缒城，大半破头折足，侥幸苟免亦遇贼成擒。……男妇潜逃，或杀或虏，或奸或役，或任其走而速之行，有幸有不幸，数也。①

太平军第二次攻占扬州，目的之一是征筹给养，在目的达到后，4月17日便撤出扬州城，仅占领13天。清军进城后，"奸淫逼勒，无所不至，一二亡虏之遗，恨不与贼俱矣"②。但具体死亡人数不知。1858年10月9日，太平军第三次占领扬州，21日撤出，停留了12天。总体上而言，由于太平军入城之前，民众已大部逃亡，这两次战争对扬州城人口的影响不会超过第一次。

总之，从太平军攻占扬州到1853年12月太平军撤出扬州为止，扬州城的人口死亡数至少达17万人，导致人口死亡的因素主要是瘟疫和饥荒。但此数字低于实际死亡数，主要是那些因逃离或被掳去当兵的仍然会有伤亡，但我们无法得知这些因素而导致死亡的人数。1856—1858年，双方在扬州城外多次战斗，除了太平军两次短暂攻入扬州外（太平军第二、第三次攻进扬州城，由于城中人已预先迁出，伤亡可能不多），扬州城内无战事；由于太平军没有合围扬州城，所以也未出现1853年粮绝人死的情形，搬迁回去的人口除了正常的生老病死外应当没有大的损失。

六合。六合濒临长江，介于金陵、扬州、镇江之间，是太平天国船只往来的必经之地。太平军占领前，六合的守卫者是温绍原，此人对清廷忠心耿耿，曾利用团练多次对抗太平军。1854年温绍原坚守六合，重创朱锡琨的进攻，此后，六合一直没有被太平军攻下，温绍原也被清廷视为江北的一块王牌。1858年，江北大营两次被攻破，为了清除江北大营残部，陈玉成率七八万大军发动了六合战役。但是，此次会战遇到了清军和城内民众的顽抗。9月27日至29日，民团万人与太平军在六合城外交战，民

---

① 《咸同广陵史稿》，罗尔纲、王庆成主编：《太平天国》第5册，广西师范大学出版社2004年版，第127页。

② 同上书，第128页。

团战败,城外清军主力亦被歼灭。之后,温绍原下令闭城死守,陈玉成则驻守大王庙,下令肃清乡团,当时"士民避贼由河路去者十之一,幸而获免,其散处西北无一人得脱者,弃尸盈野,庐舍皆空"。李秀成率军到六合后,会同陈玉成部攻破了六合城,但温绍原率勇"巷战",极力抵抗,太平军伤亡不小。因而留在城中的人遭到了太平军的报复,"贼屠戮三日,冤惨之声,天日变色"。此记载显然有很大的夸大成分,从其他的记载看,民众自杀的更多,"妇女老弱自缢沉水死者,屋宇池塘无不填溢"。最终从六合城缒城逃脱者仅"二百有七人"①。六合县城中的死亡人数据光绪《六合县志》中可以统计出数字的共12303人,其中,官215人,绅1422人,兵2190人,书吏92人,民8384人。妇女死于城中的1236人,死于乡下的2774人,死于外地的26人,共4036人。男女总数为16339人②。这是按照忠义节孝的标准记载的,更多死于战乱中的人在历史记载中则毫无踪迹可寻。《六合纪事》的作者曾沉痛地说道:"癸丑冬,扬州初复,城中饥疫死者,裹以芦席瘗之城外,旬日间出尸十四万,有亲识为之标志。六合陷后,数年始复,惟检拾遗骸,聚为数大冢,祸更烈于扬城矣。"③ 显示出整个战争期间六合民众损失惨重。可惜时人没有记下具体的死亡人口数字。

关于江北战区其他城市人口的损失情况,因资料所限我们根本没有办法了解。江浦是南京的北方门户,又是粮饷的重要通道,双方争夺极其激烈,多次易手。仪征,地处扬州、六合之间,为扬州防务的西路门户,其城垣屡遭兵燹④。这些城市的人口损失亦应不少。例如,重要据点浦口在光绪二年城厢内外进行人口统计时,"孑遗及客民仅六百余户,视昔时二十而不得一焉"⑤。此时离战争结束已8年,迁徙在外者多数也应返回了

---

① 《六合纪事》,中国史学会编:《太平天国》第5册,上海人民出版社1962年版,第161—162页。

② 根据光绪《六合县志》卷五人物统计。

③ 《六合纪事》,中国史学会编:《太平天国》第5册,上海人民出版社1962年版,第168页。

④ 《都兴阿等奏报北岸军情吃重设法布置防剿折》,同治二年二月二十一日,中国第一历史档案馆编:《清政府镇压太平天国档案史料》第25册,社会科学文献出版社2001年版,第73页。

⑤ 侯宗海、夏锡宾纂:光绪《江浦埤乘》卷五,光绪十七年刊本。

家乡，但浦口城内外居民仅 600 余户，显示了战争的残酷。

　　因资料局限，我们无法对江北战区乡村人口损失情况做出定量分析。但是从当时战争的程度看，对人口的影响应该不会小。不过，这种影响也有个逐渐变化的过程。

　　第一次攻破江北大营前，太平军与清军主要是对瓜洲、扬州、两浦以及仪征的某些据点进行争夺，战争涉及的范围并不大，而且规模也较小。但由于长江以南地形高仰，可以逼近据险扎营；而长江以北自三汊河迤南，港汊分歧，地形极为卑下。所以江北战区要比江南战区的范围要宽。不过，1856 年之后，情况已经不同。扬州人程畹记载前后期的不同之一时说："……防守之营亦溃，贼掠于野。癸丑之岁城陷，贼不掠野，老弱无所戕，妇女无所犯，邑人狃之，至是咸被巨创，惟西北乡以边六合免。"① 程畹记载的时间是丙辰，即 1856 年太平军二次攻入扬州时，这次太平军的一个重要目的是补充物资。显然，这次战争对乡村也造成了严重的影响。江北大营被击溃后，太平军已将注意力转移到江南大营，江北遂成为次要战场。1856 年 4 月 17 日，太平军放弃扬州，在江北采取防御态势，主力集结于瓜洲、江浦，兼实施战术机动，游击进扰仪征、六合县境，目的在于筹粮与分散清军兵力，为战略防御服务，但这也为清军提供了机会，江北大营借此复苏，并将主力一部布防于浦口，与江浦太平军相持；一部布防于蒋王庙，直指瓜洲太平军。于是，江北战事分别同时在瓜洲、江浦展开。1856 年 7 月 28 日，清军由仪河东西两岸向瓜洲太平军发起进攻，攻势一直持续到 8 月底。此次战役主要沿着长江北岸和运河沿岸，涉及仪征朴树湾、四里铺、五里庄等地区，战争范围并不广。江浦战局如同瓜洲，经过 7 月 19 日一战后，也趋于沉寂。天京事变后，清军以为有机可乘，遂在瓜洲转入进攻（9 月 24—27 日）。此间太平军不仅注意要塞自身的防御，而且在游击区积极渗透，设置游击据点。因而，清军无法长期在瓜洲外围立营存身，只好在几十里外的地段构成松散的保卫态势，虽然每次进犯必须夜间长途跋涉，但仍对太平军构成了一定的威胁。1857 年 6 月，瓜洲太平军强割小麦失败，瓜洲遂出现粮食危机。为了减

---

① 《避寇纪略》，罗尔纲、王庆成主编：《太平天国》第 4 册，广西师范大学出版社 2004 年版，第 367—368 页。

轻粮食压力，覃熙章动员瓜洲居民妇孺出城就食，"间日必有十余人及六人不等"①。而清军从1857年7月至12月一直保持着进攻的态势，尽管规模不大，但严重影响了瓜洲太平军的物资供应。此时，作为瓜洲太平军犄角的镇江太平军也面临着困难局面。1857年7月26日，张国梁率军到达镇江前线。由于镇江城中及瓜洲所种水稻"均被蝗虫吃尽"，粮食匮乏，"每人每日只发米半斤，只准吃稀粥"②，导致军心不稳，将士时有逃出。由于张国梁军的围困，太平军军给得不到补给，11月27日、28日，瓜镇粮食枯竭，12月中旬，太平军只得吃菜度日。不得已，12月27日，吴如孝从镇江撤退。瓜洲与镇江唇齿相依，失去镇江太平军的支持后，瓜洲太平军于28日亦不得不撤出。江浦太平军的情况同样不容乐观。清军从1857年10月至1858年2月不断对江浦发动小规模的进攻。自2月21日至4月12日太平军面临着严峻的形势，最终不得不突围而出。从上面对战事历程的简单回顾可以看出，一破江北大营后，战事仍围绕着几个据点展开，对乡间百姓的生命影响不大。战区的扩大主要在二破江南、江北两大营前后。

清军占领瓜镇后，遂把目标定在南京，1857年年底至1858年4月发动了多次战役，攻占了南京城外除雨花台外的所有重要据点。从4月下旬至8月中旬，虽然天京太平军浴血奋战，但天京战局不断恶化，形势异常严峻。为了解天京之围，太平军召开了枞阳会议，定下了陈李两部联合作战的策略。按照作战计划，1858年9月17日，陈玉成率军与李秀成部会师，兵锋直指江北大营。是日，陈玉成部直扑浦口，夺取小店、东葛；江浦西山一带"亦遍皆贼"③。25日、26日，陈、李部太平军多次与清军交战，其中在东葛、西葛及乌衣、小店，三战三捷，歼灭清军七八千人。26日，太平军攻占浦口，清军丧失1万余人④，江北大营瓦解。打破江北大营的一个重要目的是打通天京北岸补给线。太平军攻占浦口后，"将江北

---

① 《德兴阿奏》，军录，革，太，号813-9。
② 《余万清致吴煦函》，太平天国历史博物馆编：《吴煦档案选编》第一辑，江苏人民出版社1983年版，第150页。
③ 《德兴阿奏》，军录，革，太，号862-8。
④ 《李秀成自述》，太平天国历史博物馆编：《太平天国文书汇编》，中华书局1979年版，第500页。

各贼及新胁之众放入城中，约有万余，令其守城。又将城内长发之贼若干驱至江北，归各逆首统辖，令向各路扑窜"①。六合是江北清军集结的又一据点，兵力1万人。9月30日，太平军在城外与清军展开会战，清军惨败。是时，从扬州至六合百余里，尽为太平军占有②。李秀成部太平军又以天长、扬州为基地，向北、东两路实施攻击。双方主要是沿着运河防线交战。陈玉成部则攻打六合，战事从9月27日持续到10月24日，在近一个月的时间里，江北大营溃灭。正当江北太平军节节胜利之时，1859年2月底，太平军将领薛之元叛降，献出了江浦城（当时"城内男妇两万人，半是乡民裹胁"，可以看出当时的战争已对乡村的百姓产生了很大影响），并攻打浦口。3月2日，浦口失陷。3月2日，李昭寿由浦口西犯，攻陷高旺。其时，驻守小店的将士和浦口撤出的太平军合兵反攻，占领了浦口，3日，清军重新占领浦口。两浦既是天京门户，又是征办粮饷、解往天京的交通要道，对于太平天国而言极其重要。为了夺回这两个战略要地，李秀成、李世贤率号称数十万的太平军和清军在浦口、九里山一线会战。随后又兵分七路，进攻江浦。而清军为了切断天京的粮饷之道，在两浦陈列重兵进行抗拒。战斗持续到4月3日，太平军未攻下两浦。4月7日后，双方再次交战，太平军四五万人"由浦口以西，直达江浦以东，绵亘相望"。随着陈玉成援军不断集结两浦，战斗进一步升级。但因清军的顽抗，太平军仍无法攻下两浦。此时，清军包围了六合，为了解六合之围，陈玉成率军攻打六合的竹镇，六合战局趋于激化。因不能速战速决，陈玉成于5月9日开始实施机动计划，主力军七八万人，突入仪征境，直抵猴子铺、太平集一带，距仪征三十余里。之后，陈部越过仪征，10日突至扬州西门外十余里的五台山以及三汊河一带③。江北军事中心遂转到扬州。17日，陈部从扬州外撤军，兵锋又指向天长，之后，南下驰援六合。太平军自六合东北，直抵东沟江干，百里联营。6月8日，清军分兵进攻太平军营垒，太平军作战失利，防线被清军摧毁。太平军在

---

① 《胜保片》，军录，革，太，号860-17。
② 苏州博物馆、江苏师院历史系、南京大学历史系编：《何桂清等书札》，江苏人民出版社1981年版，第204页。
③ 《和春奏》，《方略》卷二百一十八，第8—10页。

江北作战的同时，也在酝酿一项新的行动计划，6月中旬，陈玉成进京拜见洪秀全，定下了由东坝进军苏南进而解南京之围的计划。于是，陈玉成率主力入安徽实施机动，这导致六合太平军兵力大减。7月21日，清军趁机发起攻势，六合战事渐趋紧张。为了再次解六合之围，陈玉成率援军攻打扬州，以分围困六合的清军，之后回兵袭击六合清军，遂解六合之围。这次战役从10月中旬持续到11月1日，共歼灭清军8000人，跨六合、仪征和扬州，而清军围绕太平军的进攻方向，处处设防，战争波及范围覆盖了里下河以南长江以北地区。从11月13日开始，陈李两部在南北转入全面进攻。陈部与清军大战于浦口，清军损失惨重，但太平军试图攻取江浦的计划没有实现。11月26日，陈部主力撤出甘泉山大营，扬州战事暂时落下了帷幕。

1861年年底，对于太平军而言，安徽战局日趋不利。与此同时，天京周围战局亦逐渐恶化。江南提督李世忠率军于1月攻克了天长、六合，2月攻破了江浦、浦口，并夺得了桥林、乌江等战略要地。太平军失去了江北门户，清军直接威胁到天京的安全。于是，1862年3月27日，护王陈坤书率太平军10万余人在江北展开进攻，战争涉及两浦、六合、扬州、仪征等地区。此时曾国藩坐镇安庆，统筹苏浙赣皖四省军务，在他的全面指挥下，清军不断增援苏北，致使太平军攻城战连连失利，5月12日时，太平军已无法立足江北了。至此，双方在江北的斗争告一段落。

从上述对江北战事的回顾可以看出：1857年至1859年的战争，其规模、持续时间、烈度是1857年之前的战争所不可比拟的，战区横跨扬州、仪征、六合、两浦的大型战役共有四次，可以说，里下河以南的人口除扬州城外均遭到了惨重的损失。1863年，李秀成率大军再次渡江时，江北战区已经被破坏得相当严重。《太平天国革命亲历记》记载：

> （1863年5月间）当忠王军队初自南京渡江时，扬子江以北三百英里之内，尽成不毛之地，撤退的清军将这一带地方摧毁殆尽，以图用可怕的饥饿困阻太平军的前进。田禾尽芜，满目荒凉，不能获得任何一种可食之物。幸而忠王的军粮供应充足，所以他的军队才能越过这片荒芜地区而没有受到巨大的苦难，并且由于他行军迅速所以才使

清军的毁坏行为限于三百英里之内。①

作为太平天国的支持者,吟唎仅说明了一种情况。更为主要的是,长期剧烈的战争已经使这些地区遭到了破坏,再加上清军推行的坚壁清野政策,致使这些地区更加荒凉。很难想象,在这样的环境中,民众的生命安全能得到保障。经过同治元年的瘟疫之后,江北地区的人口进一步减少。该年,江浦"城乡多狼,食人无算"②。仪征乡村人口的损失情况无从得知,但根据战争的情况和其他地区的人口损失程度看,应当不会少。

江宁府所属各县乡村人口亦遭到了不同程度的损失。

江宁县和上元县,1853年(咸丰三年)太平军占领南京时,周围地区并没有受到多大冲击。夏燮在《粤氛纪事》一文中载道:

（咸丰三年二月十六日）向帅过太平府,侦知陆路之贼,皆充斥于北路之慈湖、江宁镇一带。郡之东乡小丹阳者,乃《晋书》所称由姑孰至建康之间道,又其东则句容,贼初不知,故沿东一带居民皆安堵。③

清军驻扎在龙脖子一带。战事也以两军之间的距离为限,离城较远地区受波及不大。这种状况在咸丰十年江南大营二次溃破时被改变。据李圭记载:

（第二次江南大营溃）于是金陵城外遍地皆贼,向之距城较远处所,从未见贼踪者,亦咸及于难,其预先挈眷南奔苏松,北及江北里下河得免于难者,百才五六,余则以贼氛四面猝至,欲逃无路,全家尽节者不知凡几,蹂躏之惨,殆逾于癸丑城陷之日焉。④

---

① [英]吟唎:《太平天国革命亲历记》,王维周译,上海古籍出版社1985年版,第514页。
② 侯宗海、夏锡宾纂:光绪《江浦埤乘》卷十四、卷二十九,光绪十七年刊本。
③ 《粤氛纪事》,罗尔纲、王庆成主编:《太平天国》第4册,广西师范大学出版社2004年版,第144—145页。
④ 《金陵兵事汇略》,罗尔纲、王庆成主编:《太平天国》第4册,广西师范大学出版社2004年版,第286页。

第三章　战时江宁布政使司（不含南京城）人口损失　/　157

在突如其来的灾难面前，民众大部受到影响。由此直至太平天国战争结束，江宁地区均是双方鏖战之地，人口损失应非常严重。

高淳。1853 年 11 月（咸丰三年十月），太平军首次到高淳，民众惊恐万分，十室九空，但次日便逐渐回去，只是空惊一场。1856 年 7 月（咸丰六年六月），太平军再次占领高淳，两个月后即退出，影响不大。1860 年（咸丰十年）太平军重新攻占高淳，正式把高淳纳入太平天国统治的范围。方志记载太平军统治的情况时说：

> 十年三月二十二日，匪由建平攻东坝，走淳城，各营亦闻风去。百姓尽逃，匪复据淳焚掳数日。复召民回家名曰安民，押令供应一切。众匪不时下乡百般讹诈兼拆祠宇民房，所幸留着数祠及打馆之房耳，又岁遇旱蝗。同治元二年间，匪亦愁艰食矣。百姓自尽饿死不可数计。幸十月初有投诚事情发生。至五年兵勇撤尽，淳民始各次第回家。①

从该史料可以看出，在太平天国战争前后及期间，除战争外，该地区还遭到了严重的旱灾、饥馑，导致民众大量死亡和逃亡，所剩下的"人民房屋仅十分之一二"②。

但是，从赵烈文所言亦可看出，高淳民众的减少部分是迁徙造成的，同治五年（1866 年）迁徙的民众才陆续返乡。在太平军占领南京后，高淳设立了 7 处团练，战亡者有的被方志作为忠义典范记入了史册，加之一些妇女，共有 7500 多人（笔者统计为 7780 人，方志统计有误）③。以此看来，高淳人口遭到较严重损失。

溧水、东坝。溧水为金陵东南屏蔽，上通宣歙，下障苏松。东坝则为苏皖二省咽喉，是江南大营与皖南清军的联结点，也是南京战场和皖省战场两大太平军的联结点，为争夺东坝，双方曾发生过多次激战。一破江北

---

① 杨福鼎修，陈嘉谋纂：光绪《高淳县志》卷二、卷二十一，光绪七年刊本。
② 同上。
③ 杨福鼎修，陈嘉谋纂：光绪《高淳县志》卷二十七，光绪七年刊本。

大营后，杨秀清制订了歼灭江南大营的计划。1856年6月13日，石达开率军轻取溧水，6月15日，向荣派张国梁带兵奔赴溧水，企图复城。因江南大营军情紧急，张国梁于19日带兵驰援。20日，江南大营溃败。正当太平天国军事步步胜利之时，天京事变爆发，前线军心大乱，秦日纲于1856年9月4日从金坛撤军，收缩兵力，由进攻转为防御，而清军主力则由张国梁统带，稍事休整，即"由白兔一路，步步为营，相机进取句容"①。清军首先进攻的是东坝。1856年9月18日，清军集结兵力7800人发起进攻，太平军失利，东坝被占领。21日，清军攻陷了高淳，之后，开始进犯溧水。10月3日至15日，清军发起第一次攻势；10月22日至11月9日，又发起第二次攻势。1856年11月中旬至1857年4月初，石达开主持军事，组织力量增援溧水，和春迅速做出反应，相应增兵，溧水出现了比较激烈的战斗。4月太平军再次增援溧水，被清军击败，溧水被合围，而此时石达开受到洪秀全的猜忌出走，军心大受影响，战局开始恶化，4月29日至6月14日，双方进行多次鏖战，最终太平军失利，溧水陷落。1858年10月24日，太平军重新占领溧水，28日，清军发起进攻，11月12日，溧水被清军再次占领②。从以上对战事的简单回顾可以发现，1856—1858年这些地区的战役规模大、涉及的范围广，但人口损失并不严重。现存的资料普遍反映1860年太平军攻陷溧水、东坝之后这些地区人口减少得更为严重。主要原因是，1862年6月（同治元年五月）清军进驻雨花台之后，太平军诸王会师增援金陵，围困清军46天。李秀成曾回忆最后撤军的一个重要原因是粮饷的匮乏。而方志载"时寇难方深民间，宿麦为贼掠，大饥且疫，孑遗之民略尽，数百里内无从觅食。死亡相藉，村野为之一空，由是贼势益蹙"③。天灾人祸导致溧水民众只剩下十之二三④。溧水的例子表明在战争期间，饥荒、瘟疫对人口造成的损失远超过了直接死于战争中的人口。

句容。句容因其独特的地理位置所受影响仅次于江宁，它地处于镇江

---

① 《怡良奏》，军录，革，太，号853—4。
② 战事的进程根据《太平天国战争全史》总结（崔之清主编，第三卷，南京大学出版社2004年版）。
③ 传观光等修，丁维诚等纂：光绪《溧水县志》卷十，光绪九年刊本。
④ 传观光等修，丁维诚等纂：光绪《溧水县志》卷三，光绪九年刊本。

与南京的中间,"白兔、土桥为吾前后门户,苏常晋省所必由右则茅山天王寺、郭庄庙系溧水、金坛诸县入境之要隘;左则沿江一带宁镇大道龙潭、下蜀适当其冲",从战争开始就是双方鏖战的焦点地区之一,即"贼盘踞既久,出没其间,焚掠残酷,而大军叠次雕剿,与吾义民结团扼要纵横百数十里尽作战场",所以"受祸最深"。从太平军占领南京之始至南京被攻陷,句容历年发生的大事如下①:

> 咸丰三年,正月,太平军攻占南京后,句容民众闻警,民心惶惧,迁避山野,五城门日出匵数十具。甲戌乙亥屡警,太平军至句容,居民闻之迁徙一空。二月,辛卯太平军至龙潭,遍据老鹳河等要隘,句容县北濒江各乡均受到影响。三月,向荣立孝陵卫。百姓依次遄归,淳化镇为军民互市之所。咸至城中贩运兼郡人多避居城街弄。阛溢市肆繁盛。五月句容成立乡团,共有96村设立练丁。十一月在东阳团练杀死太平军800余人,在观音门的交战中团练又杀死太平军2000余人。八月,太平军时有出现在濒江上下。
> 四年,太平军攻打龙潭。辛卯,清军和太平军战于东阳。
> 五年正月丁卯,两军战于下戍。二月,辛丑两军战于桥头、高资。壬戌,镇江太平军攻打句容县城。六月,太平军在桥头打先锋。九月,两军战于老鼠山。十一月,两军战于东阳。十二月,双方战于龙潭。
> 咸丰六年。正月癸亥,太平军和清军战于东阳。甲戌,双方战争于桥头,太平军死无算。清军在仓头俘杀太平军数千人。二月,镇江太平军至濒江各乡,太平军营垒被焚30余座。在桥头之战中张国梁破太平军垒15座。三月,双方交战于下戍。句容县城陷,清军退驻仁信乡、秀峰庵,民众死难甚众,且多合门殉节者。太平军至丹阳,败,被杀数千人。四月,双方战于高资。五月,双方战于小茅山。六月,太平军安民,句容太平军到各乡打先锋。七月,太平军至句容,王锡蕃以兵勇团丁守于乡河口,相持半月俾居民得迁徙,太平军没有获得物资。大旱,飞蝗蔽天,民不得食,多死。挖观音粉为食,饿死

---

① 张绍棠修,萧穆纂:光绪《续纂句容县志》卷十九(下),光绪三十年刊本。

甚众。八月，癸丑民团2000人攻打太平军。乙巳，清军攻打宝堰、茅庄。丙辰，双方战于支尧，太平军败。九月，乡团在柘溪杀太平军数十人。南乡沿河一带民团与太平军（千人）交战，太平军大败，死伤无算。计六月以来，双方对峙四个月。丁巳以后，清军死守凡二十六日，死难者练首李庆匀等10数人，团丁数百人，士民妇女数千人。十一月，团练与太平军战。十二月，双方多次发生战斗。

咸丰七年。疆圉大荒落之岁。正月巳卯，太平军千余人在五里岗阵亡。二月，双方战于王家和，对峙十余日。三月，在郭庄庙，张国梁杀太平军数万。蝻生。太平军将民间米谷运至金陵。饥黎无食，死者益众。民团与太平军战于桥头。四月麦熟蝗不为灾，民饥始免。南桥、句容东门外发生战斗。五月，太平军战败，死者以万计，淮水断流，百数十人被杀于郭庄庙之石台山（均邻近陷太平军中者无人取保，故戮之）。闰五月，太平军在汤水战败。六月，清军占领句容。七八月，双方在下戌发生两次战役。九月至十二月，双方不断发生战争。

咸丰八年。九月，江浦、六合难民数万避居东阳、龙潭，清军抽捐入广福局。十月，火药局焚轰毙民勇数十名。十一月，在竹里庙等处，太平军阵亡数千人。七月，太平军在下戌打先锋，团练攻击。

咸丰十年。三月，太平军攻打赤山湖、天王寺。闰三月，李世贤由溧水攻陷句容县城。俾人逃命，拥挤践死者众甚多。甲辰，李世贤留下少量太平军守卫句容，率太平军主力进攻东阳、龙潭，沿途百里，毁屋万余间，难民数万死亡。戊申，大雪厚尺余，人多僵冻。己酉，清军大营溃败。四月，太平军驻守句容城，并出示安民，设立乡官。当时许多家庭合家自杀。那些极力抗拒太平军的团练遭到镇压，即"掺杀四乡民团，屠戮殆尽"，"西乡迤南北一带几于户皆团练，人尽为兵……贼痛心切齿。此次陷城，肆掺杀，又无官军堵截，故屠戮殆遍，惨不忍言"。六月，桥头太平军营垒被清军攻陷。八月，双方战于下戌。九月，冯子材攻打句容县城未克。十一月，双方战于徐家村。

咸丰十一年。二月，东阳村团练2000余人攻唐陵，团练大败。四月，护王陈坤书自扬州败回，聚南乡，"焚掠几尽"。在陈坤书驻扎期间，"男妇罹此惨者不下万人。比拨队去，所掠男女尽使负担护，贼一过而民靡有孑遗矣"。五月，双方战于桥头。护王陈坤书与团练交战，一团团练尽被歼。六月，36个团民战死。七月，太平军攻打桥头下戍的民团，团练溺死者数千人。九月，民团千余人，攻打句容县城，不克而还。

同治元年。五月，团练和太平军战，太平军败。辛卯，两军战。六月蝗大饥，民间宿麦缺乏，饥死相枕，藉人相食。团练与太平军，团练败。七月，大江以南疫疠流行，句容遗民死者殆尽。八月，太平军大队进攻民团，太平军亡200余人。太平军数万人围攻曾国荃的湘军，太平军撤后，句容县境人烟断绝。闰八月，太平军攻掠唐陵等处，乡民800余口被杀，唐陵数十村无一完全。

同治二年。二月，太平军战败。三月，团练毁太平军营、馆十余所。五月，团练和太平军战。十二月，桥头、沿江一带太平军垒营被平。宝堰、小茅山太平军溃。

同治三年正月，清军斩太平军700余级，俘太平军200余人。三月，清军抵达句容城下，两军战。四月甲申，丹阳失陷，太平军死亡近万。六月，清军攻破南京城，太平军亡数万。句容城中两广太平军约万余人，两江湖广太平军四五万人因投降事宜发生火拼，两广太平军被杀；太平军五万余众投降清军，清军占领句容县城。

自同治元年以来孑遗已尽，少壮之人均逃避江北佣工，老病孱弱胥为饿殍。

从上面的大事记可以看出。其一，句容是对抗太平军的重要地区之一，被太平军占领后，团练成为威胁太平军的重要力量，对此，太平军坚决镇压，涉及地域非常广泛。句容的涧东乡、西头店、孙家庄、正塘头、王圩唐、盛家边、陈家边等村在战后均无一人。因而，可以说战争是句容民众死亡的重要原因。其二，1856年（咸丰六年）的旱灾在战争未涉及之区并没有构成大的灾难。但在句容等一些战争涉及的地方则造成了严重的灾难。除此外，1861年（咸丰十一年）和1862年（同治元年）的灾害对民众均产生了很大影响。其三，1860年（咸丰十年）前的战争对人口的影响比咸丰十年后的战争对人口的影响较轻。但与同期没有战争的其他地区相比，句容地区战事频繁得多，对人口产生了深远的影响。方志中有统计数字的共 13831 人直接死于战争。大乱结束后，遗黎不及十之二，人口的损失远远高于溧水之类的地方。最后，太平军对乡村的掳掠是句容地区产生严重饥荒的原因之一。李秀成被俘后，曾国藩的幕僚李鸿裔问："官兵某事好，某事不好？贼中某事好，某事办得不好？"李秀成回答说："贼不能如官兵大处，官兵掳掠者诛，贼专以掳掠为生，失民心矣。"① 这一番话十分发人深省。当然，方志中把责任完全归于太平军，不是一种实事求是的做法。1863 年，太平军为驳斥清军和西方对其的污蔑曾发表了三封信，其中的一封信说：

> 首先让我告诉你关于在（所谓）叛军占领地区的真情实况，其次要解释一下某些地区遭受糜烂的真正原因，而这种糜烂的情形存在于上海附近及其他地方的事实，是无可否认的……上海周围三十英里范围内，曾不断发生战斗，敌对军队屡进屡退，它们更番占领这一带的城镇。正是由于这个原因，而不是由于天王信徒具有任意破坏的精神，才使这个地区归于破坏，并成为废墟。……凡是我军受到干涉的地方，不论在上海附近（在那里，战争的潮流时起时伏，两军不断前进与后退）还是在天京附近（在那里，我军经常遭到清军恶魔的围困），耕作事业均归于停顿，随处都有破坏。对此，我方并不负什么责任。我军几乎没有遇到什么抵抗而占有浙江省，那里的耕作事业很为繁荣，许多人笑逐颜开，但由于外国人的阴谋诡计，我军迅即从该省被驱逐出来……②

这同样适用于其他战区。显然，在战争进行激烈的地区，饥荒也是人口死亡的重要原因，对此交战双方都有不可推卸的责任。

根据上述对江宁布政使司所辖地区战事的简单回顾，再结合第四章的

---

① 《李秀成自述》，中国史学会编：《太平天国》第 2 册，上海人民出版社 1962 年版，第 844 页。

② 《北华捷报》第 660 期，1863 年 3 月 21 日，上海社会科学院历史研究所编译：《太平军在上海——〈北华捷报〉选译》，上海人民出版社 2002 年版，第 29—31 页。

内容，可以看出，在太平天国战争时期，江北里下河以南和江宁府所属地区经历的战事比江苏布政使司所属（镇江除外）多，对人口的影响应较江苏布政使司严重，但因资料所限却没有一个适当的比例对其推算，姑且以江苏布政使司的人口损失率进行推算。江宁府（除南京城）1852年的人口为461.4万人（521.4万减去60万），扬州府在1852年的人口为712.1万人，以嘉庆十三年仪征、江都和甘泉占扬州府人丁的38.9%计算①，则三县人口在1852年为277.0万人，那么，江宁布政使司太平军涉及的地区（南京城除外）1852年的人口为461.4万+277.0万=738.4万人（以城市人口占总人口的18%算，城市人口为132.9万人，乡村人口为605.5万人）。由于江宁布政使司人口死亡率因资料不足无法推算，且战争对江宁府和扬州三县所造成的损失可能比江苏布政使司各属更为严重，我们姑且以江苏布政使司乡村人口死亡率43.7%、城市人口死亡率70%来推算江宁布政使司的人口死亡数，则江宁布政使司太平军涉及的地区除了南京城外城市人口的死亡数可达93.0万人，乡村人口的死亡数可达264.6万人。

第二节 里下河及其以北地区人口状况

苏北地区属于里下河范围的有山阳县、宝应县、阜宁县、高邮州、兴化县、盐城、东台县、泰州和如皋县等州县。太平军的活动区域主要局限于里下河的甘泉和江都及其里下河以南地区②，在太平天国战争期间，苏北里下河以北是捻军活动的主要区域之一，捻军与太平军最大的不同点是掠野而不掠城。从上节我们已经得知乡村经济的破坏对人口的影响是巨大的。那么捻军对乡村社会产生了什么样的影响呢，进而又是如何影响人口的呢？苏北地区是自然灾害发生频度较高的地区，在战争期间，这些地区

---

① 嘉庆十三年三县的人丁为132.4万，扬州府的人丁为340.7万。
② 太平天国奠都不久即实施了北伐计划。太平军于1853年5月8日从扬州出发，开始北伐，在浦口登陆后，兵分两路，西路开往滁州，东路进入六合。其中东路在六合受挫返回，西路军则途经安徽，入河南，一路北上，对苏北里下河以北地区并未造成影响。1854年的北伐援军亦经安徽进入山东，虽中途经过丰县等地，但一路没有进行大的战争，苏北地区未受影响。李秀成被俘后，对未进攻里下河地区做了解释："里下河隔水太多，故今未扰"（《李秀成自述》，中国史学会编：《太平天国》第2册，上海人民出版社1962年版，第845页）。所以，苏北里下河以北几未受到太平军的影响。

的自然灾害和人口的关系如何呢？

一 捻军与里下河及其以北地区人口

捻军是由捻党转化而来的。1852年，长期活动在安徽北部、河南东部、苏北、山东等地的捻党得知太平天国起义的消息，便积极响应，但捻党的活动主要集中在豫东和皖北地区，江苏省的捻党并不活跃，在与清军武装对抗的过程中，捻党逐渐向捻军转化，它首次和太平天国战争直接产生联系可以追溯到1853年，该年春天，在安徽泗州聚众的捻首李三闹带领数百人至扬州投入江北大营，12月，当清军战斗不利时，又从江北大营脱离出来。1854年1月29日，他率领3000多人与清军战于大李集，阵亡400多人①。光绪《睢宁县志》对此事有简略的记载：（咸丰四年元日）李三闹乘雾率众攻，被打败，斩杀数百人；"二月始获三闹，并党羽数人，俱伏诛"。1854年北伐援军到达丰县境内，清军因无兵无饷，知县张志周打开城门任民逃窜。而丰县武举孙蕙田趁太平军攻占县城时，聚集群众起事。但由于太平军的继续北上，起事者也随之北上。因此，这些军事活动对丰县民众并没有造成大的影响。同年8月，徐州北部的张彦、杜四、杜五、李大选、李星交、张允元6人各自结捻，潜入山东峄县境内活动，随后合并为一股，至江苏铜山青山泉地方劫夺财物，被清军击败后，余部转移到邳州、山东兰山一带活动。不久，与清军作战再次失利，剩下的100多人达到睢宁鲍家楼。11月，张彦、朱李湖、李大选先后被捕、被杀。同年春，刘雪和溃散的江北大营乡勇高士蕃在江苏海州起事，8月即失败。在这一阶段，苏北的捻军活动范围小，虽然也和清军对抗，旋即便被镇压，影响不大。方志对其的记载也是一笔带过，相当简略。

1855年秋，捻军会盟于雉河集，并以此为基地，四处活动，攻打皖北、豫东、苏北等地区。因清军的残酷镇压，捻军的处境日益困难，淮北捻军便向东转移。1858年4月下旬，任乾等率军数千人至宿州，并分兵至灵璧、泗州、五河一带。接着，他们北上江苏睢宁、铜山，由于峄县知县蒋庆第的设防，他们未攻打峄县县城便返回宿州。5月23日，刘玉渊

---

① 中国史学会济南分会编：《山东近代史资料》第1分册，山东人民出版社1957年版，第232页。

带领捻军1万多人,从亳州进入江苏萧县、砀山,旋入丰县。6月20日,捻军蓝旗、黑旗曾抵江苏萧县、砀山,遇阻返亳州。9月,捻军2万多人与清军战,清军败逃萧县。捻军乘胜追击,直攻萧县,进逼徐州。由于清军的阻碍,他们从萧县转向丰县,在捕役做内应的情况下夺得县城。因清军的反扑,捻军旋退出丰县。据方志载,此次战斗中城里死2000多人①。10月下旬到11月2日,李大喜率部两次进攻徐州,均受阻,后转往砀山、丰县、沛县等地,计划奔赴山东。12月,刘天福和刘天祥分别率军经丰县、沛县,赴山东。途中因遭到清军的阻击,复经砀山等地回到亳州。山东的捻军于1856年12月进入江苏赣榆境内,遭到阻挡后,返回山东,旋又至海州阿湖镇一带和邳州,又回到山东。1858年8月,这支部队三四百人到江苏宿迁、沭阳、海州、铜山、邳州、睢宁等地,希望与安徽捻军会合,但被清军消灭。1859年,刘天福、刘天祥率部2万多人,自宿州至砀山、萧县、丰县,因与清军交战失利,一部返回淮北,另一部前往山东。10月1日,刘天祥等人率两三万人,进至萧县、砀山交界和丰县割罢草集,但很快折回河南。1860年,清廷加紧了对捻军的围剿。1860年2月上旬,捻军2万多人在江苏萧县会合后,前往山东,受到清军堵截,不得已转向东南,途经邳州等地,2月19日占领桃源,随即渡过顺清河,直逼清江浦。22日,攻占清江浦。3月5日,清军占领清江浦。6日,清军追击捻军到桃源。捻军在获得大量财物后,退出清江浦、桃源,经过睢宁、铜山、萧县等地,返回淮北。清江浦战役使山东、江苏交界的捻军再度奋起。1860年洪佃一在海州聚集1000人,大败山东团练后,趋海州、峄县、费县等,9月4日洪佃一被执。1860年9月下旬,在张敏行等的带领下,捻军4万人自宿州出发,北趋江苏铜山,进入山东后,兵分三路,其中一路至江苏赣榆、山东郯城、江苏邳州、山东峄县等地。僧格林沁进入山东后,为了牵制僧军攻打淮北,捻军1万多人由苏北丰县进入山东。1861年1月,捻军四五万人又经过河南、江苏砀山、河南进入山东。3月23日,又一批捻军从江苏丰县进入山东。6月21日,张敏行等大批捻军由安徽宿州、江苏萧县、铜山进入山东。10月24日,捻军在沂河败,走江苏邳州、山东峄县,南渡运河,经苏北铜山、萧县,

---

① 姚鸿杰、李运昌纂:光绪《丰县志》卷六,光绪二十年刊本。

返回淮北。9月7日，李成等大批捻军自江苏赣榆青口镇入山东，败后，于11月17日进入江苏丰县、砀山，复回淮北。1862年1月，苏天才等2万捻军在山东败，经丰县、沛县返回淮北。1860年12月15日，姜台凌等进攻徐州，为清军击败，便驻扎于江苏徐州汴塘。1862年1月9日，捻军在汴塘以北进攻，遭到失败。1月24日，汴塘失守，捻军转趋郯城、江苏邳州、沭阳。2月9日，捻军在沭阳西北庙头同清军交战，损失颇大。随后，捻军进攻安东（今涟水）县城，受到阻击，专攻阜宁并于2月15日破之，但不久即退出，前往清江，受到清军阻击后，进攻淮安，失败。2月24日，捻军在清江遭到清军围攻，退往桃源，受阻返回兴圩。他们再出兵至沭阳、安东、海州、阜宁，遇阻又返回兴圩。1862年1月8日，刘天祥联合长枪会军，从江苏沛县湖团、程子庙进入山东，受阻，退走江苏丰县。接着，赵浩然率捻军自丰县经砀山入山东，但被迫返回。刘玉渊部1月30日于江苏丰县之间的汴家集同清军相遇，战败，后经丰县、沛县回归淮北。4月4日，刘天祥等率3万人马自泗州进至宿迁境内，攻桃源受阻，转往清江以南武家墩、汊河等处。李家英率捻军由泗州往桃源，4月20日至睢宁境内，被逼回泗州。韩奇峰等1万多人从泗州往江苏桃源境内，4月20日进至清江以南武家墩，被阻，撤回山阳，5月上旬退出桃源、宿迁，返泗州。7月12日，李成、任福得率捻军前往江苏萧县，进至邳州运河南岸滩上、猫儿窝一带，被打退。安庆失守，陈玉成被俘后，捻军失去一个得力伙伴，面临的局势更加严峻。为了牵制敌人兵力，捻军发动了对苏北、山东与河南的进攻。1862年9月2日，李成与赵浩然率众自江苏丰县、砀山进入山东。1863年，李成、任化邦等部2万余人，1月7日至江苏睢宁枣沟，击败清军后，向北走，经宿迁、邳州入山东。

张宗禹等部转移后，其他捻军余部也随之外出。11月14日，一股捻军进攻宿州，败后转向江苏萧县、铜山、丰县等处，进至山东，12月6日，折回江苏砀山一带。太平军余部与捻军余部重新组编后，新的战役开始。新捻军为了打击僧格林沁所部，采用流动战术，4月20日，转入江苏赣榆境内，接着前往海州、沭阳、邳州，5月3日返回山东。

僧格林沁死后，清政府令曾国藩剿灭捻军。曾国藩提出了一套设防方案，其中之一是修筑圩寨。他提出在"徐州、临淮、济宁、周家口等处设立重兵，以为战"，在"乡村设立圩寨，以为守……四路皆有重兵，则无此剿彼窜之虞；各县皆有圩寨，则无掳人掳粮之患"①，实行坚壁清野政策。赖文光率领新捻军从山东趋苏北丰县、沛县，其中一部于 11 月 3 日攻破铜山辛家寨，距徐州仅 60 里，在此受阻折回。11 月 11 日，捻军在丰县与清军交战，败后前往萧县、砀山。在苏北一带补充粮食和兵源后，捻军返回丰县，11 月 21 日与清军交战不利，走山东。1866 年 5 月 15 日，张宗禹等部至江苏砀山、丰县，抵沛县，又走山东。赖文光等部走河南永城、江苏砀山、萧县、睢宁；5 月 14 日，往宿迁；5 月 21 日，转安徽。张宗禹等部从丰县、砀山等趋河南。1866 年 10 月，捻军分为东西捻军。赖文光等率领的东捻军转战湖北、河南等地，后受困山东，便拟趋苏北。1867 年 8 月 28 日，到江苏赣榆，9 月 4 日，攻打县城，被阻。9 月 6 日，在山东受到阻击，趋江苏邳州，围攻沭阳，11 日，战败撤走。15 日至宿迁，17 日撤出宿迁，经邳州回山东，被阻，又走江苏赣榆、海州、沭阳，败后，折回海州，10 月 11 日，一股捻军与清军战，败。另一股捻军于 10 月 5 日在海州遭到刘铭传截击，绕过赣榆、邳州，8 日回到山东。在清军的围攻下，11 月 17 日，东捻军走江苏赣榆，19 日，与清军战，将领任柱牺牲。捻军在海州、沭阳突围不成，绕回海州。11 月 23 日，与清军战，失败。因此捻军又经赣榆回到山东，在此与清军战，大败。余部五千人南下，经过赣榆、宿迁，12 月 31 日，在宿迁被打败。赖文光率余部于 1868 年 1 月 1 日在沭阳六塘河强渡成功，迅速南走，2 日，进入清江境内。沿运河南下淮安，一路上遭到清军截击，经过保庆、高邮，到邵伯镇和仙女镇，1 月 5 日，余部 1000 多人到扬州东北的运河渡口湾头，希望强渡运河，重返皖北，被清军打败，赖文光被俘，东捻军失败。

从捻军在苏北的活动可以看出：从 1855 年开始，捻军在苏北活动的地方涉及 19 个州县，其中丰县 15 次、萧县 11 次、邳州 11 次、砀山 10 次、赣榆 8 次、沛县 7 次、铜山 7 次、海州 7 次、宿迁 6 次、沭阳 6 次、桃源 5 次、睢宁 6 次、清河 4 次、徐州 2 次、安东 2 次、阜宁 1 次、淮安 1 次、高邮 1 次、扬州 1 次。如果按照捻军进攻的次数和作战的规模，在各地区没有采取措施的前提下，民众的生命财产将会遭受巨大损失。但是

---

① 《求阙斋弟子记》，中国史学会主编：《捻军》第 1 册，上海人民出版社 1962 年版，第 18 页。

在这些州县中,受到捻军影响较深的地区,均位于江苏与山东、河南和安徽的交界处,江北腹地受影响不大;并且,虽然捻军每次入境的规模比较大,但一些是过路性质(1866年时捻军经过的高邮、扬州等地,属于逃窜性质);即使以攻占城池为目标,但在清军和团练的围追堵截下,加之圩寨的作用,对各地区并没有构成大的威胁。萧县被兵14年,捻军共过境11次,是江苏省受捻军战争影响较深的地区之一,但是民众的死亡数并不多。笔者根据方志所载统计出萧县团练的死亡数不过241人,士民死亡不过454人①。而该县几乎收录了战争期间所有非正常死亡者。据《萧县志》载:"粤皖诸匪之乱,民死若蕉葛可纪极,或全家陷没,或流离异地,不知其生、不知其死者多矣。吾萧民数尽入团籍,其有伤亡事后据所亲报闻,按名可稽,故死而湮没者鲜。"② 清河县对战争期间人口的伤亡情况也有大致的记载:"自咸丰十年、十一年,同治元年,捻逆三次东窜,士民妇女死者无虑数百千人,再续编皆能举其姓字。今是书止列妇女而于士民略而不书,士有百行,女惟一终故不得不略示区别。"③ 笔者统计方志上的名单共393人。除此两县外,笔者还统计了其他受到捻军影响地区的民众死亡数,如表3-3:

表3-3　　　　　太平天国战争时期苏北各地人口死亡情况

地区	战争情况或死亡人数			地区	战争情况或死亡人数
	男	女	合计		
铜山县	37	49	86	山阳县	290
沛县	245	90	335	阜宁县	1017
邳州	581	78	751	盐城县	无战事
宿迁县			4321	清河县	
睢宁县	371	13	384	安东县	
砀山县	165	40	205	桃源县	
丰县	644	80	724	赣榆县	3900多

---

① 顾景濂修,段广瀛等纂:《萧县志》卷十一,清光绪元年刊本,据第313—332页的名单统计得出。
② 顾景濂修,段广瀛等纂:《萧县志》卷十一,清光绪元年刊本。
③ 胡裕燕等修,吴昆山等纂:《光绪丙子清河县志》凡例,清光绪二年刊本。

续表

地区	战争情况或死亡人数			地区	战争情况或死亡人数
	男	女	合计		
如皋县	无战事			沭阳县	
泰兴县	无战事			高邮州	393
兴化县	无战事			宝应县	
泰州县	无战事			东台县	

资料来源：同治《宿迁县志》（方骏谟等纂，同治十三年刊本）；光绪《邳志补》（窦年修，庄思缄纂，光绪间修，民国十五年增续刊本）；同治《重修山阳县志》（文彬、孙云等修纂，同治十二年刊本）；光绪《阜宁县志》（阮本焱，光绪十一年刊本）；光绪《再续高邮州志》（龚定瀛修，夏子镅纂，光绪九年刊本）；光绪《赣榆县志》（王豫熙等修，张謇等纂，光绪十四年刊本）；《光绪丙子清河县志》（胡裕燕等修，吴昆山等纂，光绪二年刊本）；其余的来自同治《徐州府志》（朱忻等修，刘庠等纂，同治十三年刊本）。但府志中邳县的死亡总人数为659人，宿迁为1711人，比各县志中记载的要少。表中以县志为准，县志中没有记载或缺乏县志的采用府志的记载。

如表3-3所示，苏北受到捻军影响的地区总体上人口损失不大。究其原因，除了这些地区不是捻军的根据地外，主要与这些地区的防范措施有关。

咸丰三年，清廷下诏要求各省操办团练，保护地方安全。皇帝的上谕被传达后，"各州县绅士亦必闻风感奋，协力同心，一村一镇之团练与合境联络一气，一州一县之团练与邻封联络一气，外侮内患均不足平矣"。在苏北办团练最成功的首属萧县。起初萧县"以县境四乡分为四团，每团设一团总团副。每村设一练长，发给条款。无论绅庶士富，大小乡村一律团练，一律设局，平时操练，不得一日间断，每月各归各局会操一次，又赴总局会操一次"，但效果并不理想，"数月以来，咸知团练有益于身家，查城内本有募勇五百二十名，今夏因经费支绌，减去二百九十名，选留技艺娴熟者二百三十名，其城内居民半充书役，半业商贾，勉强荷戈，不过藉张声势。其各乡团练俱已枪炮齐全，刀茅俱备，节节响应……五年十一月皖匪众至数万骤窜俾境，民团寡不敌众截击失利，乡村被焚，丁男四散"。咸丰五年的失败暴露了民团存在的诸多弊端，于是萧县重定章程，对民团逐步加以改进。萧县守城条规规定：

一、凡守城壮勇除单丁不计外，其有二丁者出一丁，三四丁者出二丁，五六丁者出三丁，七八丁者出四丁，各照数核计，外来之户，凡有房屋者皆算，至于充当兵勇及县差者，除本身不计，其有子侄兄弟佣工亦一律查派，违者公议罚（丁多者即可派作城下巡兵……凡外州县民人有房屋有眷口者，练总责令取保许住，无者不准，其有本县难民暂住街旁者，即令街户稽查督随街户上城，留老弱守车，住户仍不得倩替，自就安逸，登城后逐一查点，若有混入之人立拿送究）。①

规章制度的制定、完善和实施使萧县团练的力量扩大到98处，迅速壮大，而"灵山、五洞山、所里三处不列入者，未守也，时村、永堌两处仍列入者既失而又修也"。在严格的纪律约束下，萧县团练显示出了良好的军事和社会效果，"当是时皖匪大股跨踞长淮，盘踞临凤、怀远等处……贼来则守，贼退则耕，亦不免伤亡，较之邻境害差减焉"②。萧县成功的示范作用使苏北各地区掀起兴办团练的浪潮。

苏北人口受捻军影响较小与各地区圩寨的积极作用亦是分不开的。

捻军时期的圩寨是指为防备外敌而在村落周围建立的城郭，它以集镇或较大的村庄为基础，然后在周围修围墙、挖壕沟，围墙上备有防守的枪眼和炮台，不仅是战时周围乡民的暂时避难之处，而且可把圩寨周围的农村集聚起来，成为日常生活的场所，发挥双重效应③。圩寨早在嘉庆之际就已经开始修建，最初是为了防止盗贼，后来成为捻军兴起和发展的重要基础，且捻军凭借圩寨多次击败清军。太平军起义之始，清廷曾提出"坚壁清野"之策，但在民间并没有引起大的反响。随着战争的继续，清军在与捻军围绕着圩寨而展开的攻守战中对圩寨作用的认识逐渐加深，因而开始大力提倡在民间修建圩寨以对抗捻军。但各地的行动不一

---

① 顾景濂修，段广瀛等纂：《萧县志》卷九，清光绪元年刊本。
② 同上。
③ 《捻军起义与圩寨》，北京太平天国历史研究会编：《太平天国史译丛》第2辑，中华书局1983年版，第351、354页。

致。具体到江苏,大规模修建圩寨是在咸丰八年后。八年,捻军扰邳州,居民开始筑圩自卫。之后,各地相率增修①。萧县王广牧在咸丰八年筑寨:

> 依寨居者不下万余家。贼过率众追击,屡有斩获。当耕种时募壮丁三百余人率之。周历四乡,护耕者,收获亦如之。故寇乱近十许年而傍寨二十余里,亩无遗粮,论者髋之。②

铜山的圩寨:

> 自清嘉庆中湖山前圩始,道光末萧家寨继之,洎咸丰初粤寇北窜,诏各直省坚壁清野。于是徐民相率建筑以资捍御高陴深池守卫巩固,故虽发捻迭扰,而徐方卒赖以安。旧志纪乡镇。同治府志易以圩寨,今因之近岁颇有继建者,又有未建圩寨而以庄辖庄则名曰练。咸备载焉。③

赣榆:

> 往岁军兴寇骑纵横瞬息百里,民无所逃避恣其俘虏而已,其后乃为坚壁清野之策,所在筑堡以守。寇至无所掠。由是日戚,以亡民亦由是获保全焉。所谓亡羊而补牢未为晚也。④

睢宁县在咸丰八年后也建立了许多圩寨⑤。吴堂曾根据圩寨所起的效果把徐州府所属各县的情况分为三类,他在《上各大府请通行坚壁清野书》一文中写道:

---

① 窦年修,庄思缄纂:光绪《邳志补》卷五,清光绪间修,民国十五年增续刊本。
② 朱忻等修,刘庠等纂:同治《徐州府志》卷二十二,同治十三年刊本。
③ 余家谟等修,王嘉铣等纂:民国《铜山县志》卷十,民国十五年刊本。
④ 王豫熙等修,张睿等纂:光绪《赣榆县志》序,光绪十四年刊本。
⑤ 侯绍瀛修,丁显纂:光绪《睢宁县志》卷六,光绪十二年刊本。

>……查徐属萧、铜、丰、砀，受害已深，人心知奋。计萧县圩寨三十余处，铜山圩寨二十余处，职道等亲诣阅勘，具系深沟高垒，多容数万人，少容万人，并力守御，时出击贼，……邳、睢二属民圩亦有四十余处，壁未甚坚，野亦不清，贼始得饱。宿、桃未经受害，不知民圩之利，被扰最深，贼亦得以从容饱飏。①

萧县、铜山、丰县、砀山与安徽捻军最为接近，易受捻军影响，所以修建的圩寨大而坚，发挥的作用也最大。邳州、睢宁地区的圩寨不坚固，且圩寨四周仍留有民户，受到捻军影响较大；宿迁及淮安府桃源地区从方志的记载看其实也修建了圩寨，但数量非常有限②，所以吴堂将其归于无圩一类，因而受害最深。表3－3中宿迁人口损失达4000人即是因为其后来所修圩寨曾经被攻破，由此造成了大的伤亡，这亦从反面说明了圩寨在保护民众生命财产方面所起到的作用。

统计数字和其他文献记载均表明：战争对苏北地区民众生命没有构成巨大的威胁，其主要是因为团练和圩寨发挥了重要作用。因而可以说捻军对苏北人口的增减没有大的影响。

二 江北里下河及其以北地区自然灾害与人口

通扬运河以北属于淮河流域，太平军几未涉及，捻军对其人口的影响亦不大。但是该地区是自然灾害的多发区，尤以水灾为重。在战争期间，政府和社会力量因忙于战事而无暇救助，这可使同样程度的灾害比和平时期产生更为严重的后果。那么，在清军和捻军的对峙中，苏北自然灾害情况又如何呢？

淮河流域包括淮河干流、淮南水系（史河、淠河……）、淮北水系（洪河、汝河、沙河、北汝河、贾鲁河、颍河、惠济河、涡河、浍河、浍河、睢河）、沂沭泗水系（泗河、南四湖、沂河、沭河、包括临近的小水系傅疃河、龙王河、青口河及其流经的地区日照、赣榆等）、里下河水系、湖河水位。苏北地区属于淮河干流的有清河县和安东县，淮北

---

① 中国史学会主编：《捻军》第6册，上海人民出版社1962年版，第229—230页。
② 方骏谟等纂：《宿迁县志》卷三，同治十三年刊本。

水系受到浍河和淮水影响的有砀山县、萧县、铜山县、宿州、睢宁县和桃源县。在沂沭泗水系的有丰县、沛县、邳州、宿迁县、沭阳县、海州和赣榆县，在里下河范围的主要有山阳县、宝应县、阜宁县、高邮州、兴化县、盐城、东台县、甘泉县、江都县、泰州和如皋县等县①。《清代淮河流域洪涝档案史料》中的里下河地区所辖范围与前文所说的里下河所辖区域有所差别，前文主要按照清方奏折划分，不包括江都县和甘泉县。本节以前文的理解为准。即苏北除了六合和仪征、甘泉和江都外其他地区均属于淮河流域。为了便于探讨战争期间苏北自然灾害的情况，本书根据方志的记载、按照江苏布政使司中自然灾荒划分的等级标准列出了战前1840—1852年和战争期间1853—1866年苏北的自然灾害情况，见表3-4。

根据资料统计，表3-4中，除了桃源和东台因资料缺乏无法统计外，其他地区1840—1866年共发生灾害211次。但是表3-4存在着两个问题。一、表中所列出的灾害次数是根据方志所载，但各州县志对同一种灾害记载时依据的标准不同，以致同样程度的灾害在不同的县志中归于不同的级别，这使我们在对自然灾害进行级别归类时会出现误差；二、决堤与雨水量大或与上游水涨有着密不可分的关系，但是方志中只是简单地记为"某年大雨""某年河决"，缺乏更为详细的记载，这使我们很难对这些记载模糊的水灾进行准确的归类，而为了保持方志的原样，笔者不可能将其想当然的放入某一类，只能按照方志所载的情况进行划分归类。因而，这是一种很粗略的划分方法。由于因水而引起的洪涝灾害在苏北各州县中所占的比重最大，为了更为准确地观察各地区的受灾情况，我们采用下列方法进行分类。

---

① 水利电力部水司、水利水电科学研究院编：《清代淮河流域洪涝档案史料》，中华书局1988年版，第1—4页。

表3-4　1840—1866年里下河及其以北地区的自然灾害

灾害与时间	旱(次数)		大旱(次数)		涝(次数)		大涝(次数)		坝水(次数)		饥(次数)		决堤(次数)		卤潮倒灌(次数)		大风(次数)		大雪(次数)		瘟疫(次数)	
	1840—1852年	1853—1866年	1840—1852年	1853—1866年	1840—1852年	1853—1866年	1840—1852年	1853—1866年	1840—1852年	1853—1866年	1840—1852年	1853—1866年	1840—1852年	1853—1866年	1840—1852年	1853—1866年	1840—1852年	1853—1866年	1840—1852年	1853—1866年	1840—1852年	1853—1866年
山阳	1													1								
阜宁	2		1		2		1		5	1				5			3	1		1		
盐城	1		1		3					1				3								
清河			1				2					1										
安东	1	2	2		2		3					2	4	1							2	
桃源	缺	缺	缺	缺	缺	缺	缺	缺	缺	缺	缺	缺	缺	缺	缺	缺	缺	缺	缺	缺	缺	缺
高邮	2				6		1							6		1						
兴化	1		3		3		2				1			2								
宝应	1		1		1		2															
泰州	1		3																			
东台	缺	缺	缺	缺	缺	缺	缺	缺	缺	缺	缺	缺	缺	缺	缺	缺	缺	缺	缺	缺	缺	缺
如皋	3				2		4						2	3	2			1				
泰兴									1										1		1	

续表

灾害与时间	旱(次数) 1840—1852年	旱(次数) 1853—1866年	大旱(次数) 1840—1852年	大旱(次数) 1853—1866年	涝(次数) 1840—1852年	涝(次数) 1853—1866年	大涝(次数) 1840—1852年	大涝(次数) 1853—1866年	坝水(次数) 1840—1852年	坝水(次数) 1853—1866年	饥(次数) 1840—1852年	饥(次数) 1853—1866年	决堤(次数) 1840—1852年	决堤(次数) 1853—1866年	卤潮倒灌(次数) 1840—1852年	卤潮倒灌(次数) 1853—1866年	大风(次数) 1840—1852年	大风(次数) 1853—1866年	大雪(次数) 1840—1852年	大雪(次数) 1853—1866年	瘟疫(次数) 1840—1852年	瘟疫(次数) 1853—1866年
铜山	1																					
萧县			2			1		2					1									1
砀山																						
丰县							1						1									
沛县	1					2	2	1					1	2								
邳县					4		2	1				3	1	3								
宿迁	1					1	1				3		3	4			1					
睢宁	2		1		1	1	5	1			4		3						1			1
赣榆																		1				
沭阳	1					2		3			1								1			1

注：瘟疫根据其影响划分到相应的级别中。

资料来源：各县志。

1855年以前，苏北地区的洪涝灾害主要由黄河和淮河引起（黄河在苏北由清河县①以下由淮河入海）。1855年，黄河北徙，对苏北地区影响最大的仅剩淮河。由于我们的目的是统计出1840—1852年和1853—1866年两个时间段苏北地区水灾的影响，因而可以忽略引起水灾的原因，在统计时仅注意水灾的后果即可。《清代淮河流域洪涝档案史料》则为我们的研究提供了便利，该书不仅包括淮河自身所引起的灾害，而且把凡属因黄河泄洪、漫溢、溃决所形成淮河流域所在州县的洪涝灾害都作为淮河流域的洪涝灾害统计进去，全面且翔实，可资利用。笔者依据水灾造成的影响统计出了1840—1852年和1853—1866年苏北的洪涝灾害情况，如表3-5所示：

表3-5　　　　1840—1852年和1853—1866年苏北洪涝灾害

地方	1840—1852年				1853—1866年			
	总次数	分次数			总次数	分次数		
		勘不成灾	灾	未知		勘不成灾	灾	未知
清河县	9	7	1	2	0			
安东县	5	4		1	0			
砀山县	12	6	2	4	12	1	4	7
萧县	8	5	3		0			
铜山县	13	8	2	3	16	1	2	13
宿州	14	6	2	6	2	1	1	
睢宁县	8	6		2	1			1
桃源县	12	4	5	3	0			
丰县	6	3	3		3		3	
沛县	8	5		3	3		3	
邳州	1	1			4		4	
宿迁县	7	5		2	3	1	1	1
沭阳县	3	1	1	1	1		1	
海州	11	8		3	4		2	2
赣榆县	2	1		1	0			

---

① 今淮阴。

续表

地方	1840—1852 年				1853—1866 年			
	总次数	分次数			总次数	分次数		
		勘不成灾	灾	未知		勘不成灾	灾	未知
山阳县	14	4	1	9	15		2	13
宝应县	8	6	2		4		3	1
阜宁县	14	5	1	8	2			2
高邮州	8	5	2	1	10		5	5
兴化县	12	5	1	6	4		3	1
盐城县	12	4	2	6	3		2	1
东台县	13	4	3	6	3		1	2
甘泉县	6	3	3		2			2
江都县	7	3	3	1	5			5
泰州	11	4	3	4	5		3	2
如皋县	4	2		2	1			1

注：有确切记载为勘不成灾和很明显看出没有造成灾难性的记做"勘不成灾"；有确切记载为灾害的记做"灾"；其他虽对粮食收成造成影响，但是没有记载严重程度的以及对后果尚未发生的则划分到未知这栏中。

资料来源：水利电力部水司、水利水电科学研究院编：《清代淮河流域洪涝档案史料》，中华书局1988年版。

根据表 3-5 可知，1853—1866 年 13 年间发生的洪涝灾害除了高邮州外，其他地区洪涝灾害的发生率均低于 1840—1852 年这 12 年，这与黄河改道有关。由于苏北地区的自然灾害主要与淮河和黄河有关，故黄河改道后，水灾不如战前频繁。自然灾害在战前和战争期间的变化在方志中有所反映。据丰县地方志记载：

> 咸丰元年八月十九日河决砀山县之蟠龙集集界，砀北隃集里许即入丰境决口，据上游县城适当其冲，幸集中坊肆枋比溜壅而东以渐而北，遂径华山、咸山入沛县之微山？（阙字）湖馀流旁溢逆泛浸淫及县城之东，于是县之东南北举为泽国。是年冬，河道总督杨以增、两江总督陆建瀛同注节工次募民夫十馀万塞之。二年正月，塞而复决，

工旋罢。……三年春，决口闭，流民相率复业，忽于六月初八日故口复决，水骤至，漂溺人畜无算。然是年二月，粤匪已陷省城，据之，自是大江南北日议兵事，于河防不遑兼顾，遂置焉。五年五月复决于兰仪县之铜瓦厢，河西徙水患始息。①

高邮地方志的记载大致相同：

水利之源在于淮，道光以前黄淮交汇，邮邑患潦之岁多。至咸丰五年黄河北迁，千里之内少一大浸，淮流虽未复故道，然地脉之疏通，支川之分泄必有暗减其流者，故邮邑近十余年中每遇时雨愆期，忧旱之岁且半于忧水。是欲讲求水利者更须旱潦兼权矣，此水利之一变也。②

就"灾"的频度而言，砀山、桃源、邳州、宿迁、海州、山阳、宝应、高邮州、兴化等州县在1853—1866年确实比在1840—1852年严重。但这些地区，除了砀山和邳州外，其他地区并非捻军活动的主要地区；且捻军活动最为频繁的萧县在1853—1866年的洪涝灾害并不严重。这就证明苏北里下河及其以北地区自然灾害与捻军战争没有关系。一般情况下，战争会加重自然灾害的后果。太平天国战争使清廷各级机关无暇关注灾害的预防，本会加重水灾的影响。表3-4亦表明苏北有些地区在1853—1866年发生了瘟疫，但除了睢宁涉嫌与战争有关外，其他的几个县都与战争没有多大关系。由此可见，与太平天国战前相比，并没有资料表明战争期间自然灾害对苏北人口造成更大的影响。

总之，江北战区太平军的主要对手是江北大营，由于清将领的弄虚作假，其所报太平军的死亡数有夸大的成分，除了那些夸大的数字不计外，太平军共战亡22.1万人，清军阵亡的人数则不可得知。太平天国战争时期，江宁布政使司（不含南京城）就平民的人口损失而言，可以分为两大部分。一是江宁府所属以及扬州府的仪征县、江都县、甘泉县等地区，

---

① 姚鸿杰、李运昌纂：光绪《丰县志》卷十六，光绪二十年刊本。
② 龚定瀛修，夏子锡纂：光绪《再续高邮州志》序，清光绪九年刊本。

这些地区主要是太平军和清军的活动区域，战争、瘟疫和饥荒，先后爆发，并最终交织在一起，使城市和乡村人口急剧减少。其中城市绝对人口死亡数约为 93.0 万人，乡村人口的绝对人口死亡数约为 264.6 万人。二是苏北里下河及以北地区，这些地区主要受到捻军的影响，由于不是捻军活动的主要区域以及苏北各地区自身的防守作用，战争对人口直接影响不大。战争期间，黄河改道使水灾发生频度不如战前，虽然有些地区灾害的严重程度高于战前，但除了砀山和邳州外，其他地区并非捻军活动的主要地区；且捻军活动最为频繁的萧县在 1853—1866 年的洪涝灾害并不严重，这就证明苏北里下河及其以北地区自然灾害与战争没有直接的关系；虽然战争使政府、社会的救助力量减弱，但现有资料亦未能表明战争期间自然灾害对苏北人口产生的影响比战前更为严重。

第四章

战时江苏布政使司（不含上海城）人口损失

1860年5月6日，太平军第二次攻破江南大营，之后，历时四个月占领了苏南。在东征苏南的过程中，太平军在金坛、常州、无锡遇到了较为激烈的抵抗，这些城市的人口损失较为严重；军事进展顺利的城市的人口损失较轻微；但是这些地区的乡村人口除镇江外大部未受到影响。苏南人口遭受损失主要发生在太平天国保卫苏南期间。与攻占苏南所遇到的对手不同的是，从1862年1月李秀成第二次攻打上海之始，太平军的主要对手变为由现代武器装备起来的淮军和洋枪队。因而，战争更加残酷，涉及范围愈加广泛。最终，战争、饥荒和瘟疫交织在一起，使江苏布政使司的人口遭到严重损失。

第一节 战争中军人死亡数

太平军奠都天京后，以天京、江浦、浦口为犄角形成近郊防御，以南京、扬州、镇江为犄角形成远郊防御。清军则在长江南北分别设江南、江北两大营，构筑了弧形封锁线，形成了对南京的包围。在第二次江南大营溃败前，就江苏布政使司而言，战事主要在镇江城外围展开，整个江苏布政使司人口损失不大。1860年，太平军二破江南大营，东征苏常，建立了苏福省，苏南地区遂成为太平军与清军争夺的焦点。笔者以太平军阵亡人数为标准，统计出了战争期间江苏布政使司所属各地区历年的战役次数。表4-1显示出在太平军守卫苏南期间，战争规模之大、涉及地域之广、人员伤亡之惨重，均令人瞩目。

表 4-1 《清政府镇压太平天国档案史料》江苏布政使司战司区历年战役次数

地点	战斗情况		咸丰三年 1853年	四年 1854年	五年 1855年	六年 1856年	七年 1857年	八年 1858年	九年 1859年	十年 1860年	十一年 1861年	同治元年 1862年	二年 1863年	三年 1864年
	阵亡人数	次数												
镇江丹徒	小于500	次数	1	16	1	18	13			2	7		1	
	500—1000	次数			1	3	5				3	2		1
	1000—5000	次数	1		1	2	3			2	1	2	5	
	5000—10000	次数			1		1							
	大于等于10000	次数												
	未知数	次数	8	16	32	18	11			19	17	9	4	4
丹阳	小于500	次数				4				1	4			
	500—1000	次数				1				1				2
	1000—5000	次数				3							1	2
	5000—10000	次数												2
	大于等于10000	次数									1			1
	未知数	次数				7				4				22

续表

地点	战斗情况		咸丰三年 1853年	四年 1854年	五年 1855年	六年 1856年	七年 1857年	八年 1858年	九年 1859年	十年 1860年	十一年 1861年	同治元年 1862年	二年 1863年	三年 1864年
金坛	阵亡人数	次数												
	小于500	次数				2				1				
	500—1000	次数												
	1000—5000	次数				2									4
	5000—10000	次数				1								
	大于等于10000	次数								1				
	未知数	次数				8				2					2
溧阳	小于500	次数												
	500—1000	次数												
	1000—5000	次数													2
	5000—10000	次数												
	大于等于10000	次数													2

表 4-1 《清政府镇压太平天国档案史料》江苏布政使司战区历年战役次数（续）

地点	战斗情况 阵亡人数	咸丰十年 1860年 次数	十一年 1861年 次数	同治元年 1862年 次数	二年 1863年 次数	三年 1864年 次数
常州	小于500		2			2
	500—1000					1
	1000—5000					4
	5000—10000					1
	大于等于10000					
	未知数	1	1			4
江阴	小于500	3		6		
	500—1000	1				1
	100—5000	1			2	1
	5000—10000				1	
	小于等于10000					1
	未知数	4	2		18	7
宜兴 荆溪	小于500	1				
	500—1000					
	1000—5000	1				1
	未知数					4
无锡 金匮	小于500				1	
	500—1000					
	1000—5000					1
	5000—10000					
	未知数		2		1	
苏州	小于500				2	
	500—1000					
	1000—5000				1	
	5000—10000				1	
	未知数		2			

续表

地点	战斗情况 阵亡人数	咸丰十年 1860年 次数	十一年 1861年 次数	同治元年 1862年 次数	二年 1863年 次数	三年 1864年 次数
昆山	小于500					
	500—1000					
	1000—5000				1	
	5000—10000				2	
	大于等于10000				1	
	未知数	1			5	
常熟 昭文	小于500			2	1	
	500—1000					
	1000—5000					1
	5000—10000					
	未知数	1	2	2	9	1
吴江	小于500				2	
	500—1000				1	
	1000—5000				1	
	未知数	2			2	
太湖	小于500					
	500—1000					
	1000—5000				1	
	未知数				1	2
松江	小于500		1	3		
	500—1000	1				
	1000—5000	1		4	2	
	未知数	9	4	11		
金山	小于500					
	500—1000			1		
	1000—5000			1		
	未知数	1	4	7		

续表

地点	战斗情况	咸丰十年 1860年 次数	十一年 1861年 次数	同治元年 1862年 次数	二年 1863年 次数	三年 1864年 次数
奉贤	小于500			1		
	500—1000					
	1000—5000			2		
	未知数		3	4		
青浦	小于500		7	1		
	500—1000					
	大于等于1000		1	2		
	未知数	2	7	15		
嘉定	小于500		3	2		
	500—1000		1			
	1000—5000			4		
	5000—10000			1		
	大于等于10000			1		
	未知数	3	10	10		
宝山	小于500	1	2			
	500—1000					
	1000—5000			2		
	5000—10000					
	未知数		2	8		
南汇	小于500					
	500—1000					
	1000—5000					
	未知数		1	3		
太仓镇洋	小于500			4		
	500—1000					
	1000—5000			1		
	5000—10000					
	大于等于10000			1		
	未知数		2	7		

续表

地点	战斗情况	咸丰十年 1860年	十一年 1861年	同治元年 1862年	二年 1863年	三年 1864年
	阵亡人数	次数	次数	次数	次数	次数
川沙厅	小于500					
	500—1000					
	1000—5000					
	未知数		1		1	
上海	小于500		3	1	2	
	500—1000				1	
	1000—5000			1		
	未知数		3	11	4	

注：（1）人数根据《清政府镇压太平天国档案史料》合计，那些只有概数没有确数的战役没有统计。

（2）500—1000 表示大于等于 500 小于 1000；1000—5000 表示大于等于 1000 小于 5000；5000—10000 表示大于等于 5000 小于 10000。

资料来源：中国第一历史档案馆编：《清政府镇压太平天国档案史料》第 7—26 册，社会科学文献出版社 1993—2001 年版。

战争是造成太平军损失的主要原因之一，为了弥补兵力的不足，太平军采取多种措施吸纳人员，不过，其在吸纳人员时往往采取就地或就近的原则。1860 年以后，太平天国所控制地区限于江苏、安徽、浙江等省，兵员亦以这几个省为主。尤其是太平天国后期实行"分地制"之后，各将领的部队往往更是以本地人为主。《避寇日记》记载太平军占领江南后，"贼之克有苏、杭也，所掳皆吴人柔弱者，而江北人绝少，迨南京围急，禾城（即浙江嘉兴——引者按）伪听王将出师，其众亦颇闻曾兵威名，且苦行役之远，死亡之忧，逃亡多矣"①。护王陈坤书所留下的残存名册中有较为详细的太平军构成情况，也可为我们提供佐证。据笔者统计，有籍贯者共 473 人，其中江苏人 215，占 45.5%；安徽人 203，占

---

① 《避寇日记》，太平天国历史博物馆编：《太平天国史料丛编简辑》第 4 册，中华书局 1963 年版，第 176 页。

42.9%;其他省份的 55 人,占 11.6%①。这表明,在江浙皖地区的太平军中此三省籍人员最多,因而,占很小比重的其他省籍人员可忽略不计。江浙皖三省战事相埒,在资料缺失的前提下,各省的太平军部队姑且按"相互抵消"的原则,均各计入本省人口损失。太平天国战争期间太平军在江苏布政使司的伤亡情况笔者根据《清政府镇压太平天国档案史料》做了统计,如表 4-2 所示:

表 4-2 《清政府镇压太平天国档案史料》江苏布政使司战区太平军伤亡人数统计

伤亡情况	咸丰三年 1853年	四年 1854年	五年 1855年	六年 1856年	七年 1857年	十年 1860年	十一年 1861年	同治元年 1862年	二年 1863年	三年 1864年	合计
人数	2141	3504	3793	12147	30530	81255	15301	62917	98030	49901	359519
多名	1	2	1	8	1	5	9	11	10	2	50
数十	3	5	1	10	4	8	5	3	6	3	48
不可胜数	1		5	3		3	9	8	7	7	43
无法统计	2	6	18	17	2	29	44	76	19	30	243
颇多	1					1					2
无数		2	3	4	1	10	16	11	11	9	67
极多			1	1				2	3	1	8
数百		1	1	6	1	2	10	1	7	8	37
数人			1	2	1	3	1	4	6		18
甚多			2	6	1	5	12	9	7	9	51
数千			1	2				2		4	9
不少				3	3	1	2	1	2		12
尤多						1	1	1	2	1	6

为了便于比较,将上表中太平军死亡的具体人数和年代绘制成柱图的形式,如下:

---

① 根据《太平天国》第 191—239 页名单统计(罗尔纲、王庆成主编,第 3 册,广西师范大学出版社 2004 年版)。

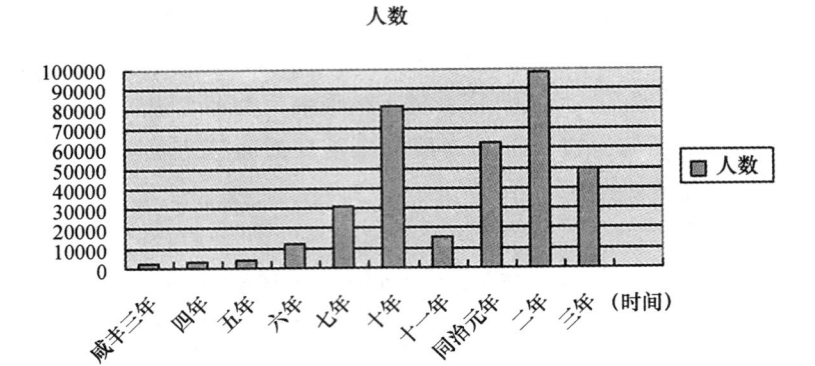

188 / 太平天国战争时期江苏人口损失研究(1853—1864)

表 4-2 《清政府镇压太平天国档案史料》江苏布政使司战区太平军伤亡人数统计（续）

伤亡情况		咸丰三年 1853年	四年 1854年	五年 1855年	六年 1856年	七年 1857年	十年 1860年	十一年 1861年	同治元年 1862年	二年 1863年	三年 1864年	合计
擒	人数	34	73	26	302	846	198	453	15274	10254	1660	29120
	概数 数人					1						1
	概数 数十						1	1	1	2	1	6
	概数 数百								1			1
	概数 甚多								1			1
首级	人数		143	53	2273	20500	199	1075	1008	2528	240	28019
	概数 数十				1		1	1	1		1	5
	概数 数百			1					1			2
	概数 无算				1			1				2
	概数 甚多						1					1
船只	船数		44	11	2		368	321	138	340		1224
	概数 数只			1				1	1			3
	概数 数十						1	1	1			3
	概数 多只				3	1		1				5

续表

伤亡情况			咸丰三年 1853年	四年 1854年	五年 1855年	六年 1856年	七年 1857年	十年 1860年	十一年 1861年	同治元年 1862年	二年 1863年	三年 1864年	合计
难民	人数									6200		8000	14200
	概数	数千								1			1
降众	人数								10000	5000	70200		85200

资料来源：中国第一历史档案馆编：《清政府镇压太平天国档案史料》第7—25册，社会科学文献出版社1993—2001年版。

人口损失与双方投入的兵力规模以及战争的频度、烈度、程度有着直接的联系。根据表4-1、表4-2可以看出，1860年、1862年和1863年太平军伤亡最为严重；江苏布政使司所辖地区府县的情况各不相同。镇江府所属除溧阳外，其他地区战事频繁，尤其是镇江丹徒区；就烈度而言，除溧阳外其他县均比较强烈，出现了太平军死亡在万人以上的战役。常州府和苏州府所辖区，太平军的伤亡主要集中于1863年到1864年（常熟主要在1862年）；除了宜荆、苏州（无锡除外，将在下一节进行分析）外，其他地区战事较多，尤以江阴为著；且战事激烈，太平军伤亡严重。松江府、太仓直隶州所属除南汇和川沙战事较少、崇明没有受到战争影响外，其他地区战事频繁，太平军伤亡亦不小。根据表中数字，也可以初步判断：各府之间，甚至同一府所属各县之间战争的频度、烈度并不相同。其中，镇江府城周围在战争期间大部分时间内都是战争的焦点；松江府的战争烈度比苏州府强，在频度方面二者之间则没有区别；常州府和苏州府的战事程度也不等同。就结果而言，这些程度不一的战争对各个地区的影响也是有差异的。但从无锡城市人口损失的研究结果看，表4-1、表4-2并不能完全反映出各地区间战事情况的差别，这主要是清方模糊的奏报引起的。同治年间，在清军收复各城的战役或战争中，或许是战争过于残酷、死亡人数过多，以致无法统计太平军的死亡人数，各战区负责人上报给清廷的奏折中多以"甚多""不可数计"等模糊词语来表达，有的甚至连这些模糊词也没有，此种情况表中是以"无法统计"来代替的，因此必然会出现这样一个问题，即把一些伤亡颇大的战役和一些伤亡较小的战役混为一谈，从而无法对一些地区的战争情况做出准确的评价。因而表4-1、表4-2所列的人口损失仅是粗略的统计。

江苏布政使司所辖区太平军战亡的人数，表4-2表明有确切统计数字的达359519人；对于数人、数十人之类的表达法，采用南京战区太平军死亡人数的计算方法转化为人数约6.3万人，加之被俘的，则太平军死亡共约45.3万人。除此之外，最棘手的是那些笼统的概数或者根本无法统计的情况，因为这些概数以及无法统计所代表的数字并不相同。在江苏布政使司所辖地区，这些概数所代表的太平军死亡情况在太平天国战争时期大致可分为两个阶段：1856年之前（包括1860年），所代表的人数并不多[1]；1856年、1857年以及同治年间则代表比较大的数字（可以从下面的例子说明）。所以在上述表格统计中的无法统计（不包括那些最终可以确定人数的）以及其他概数所代表的太平天国死亡人数不可低估。如，李鸿章在1863年9月15日（同治二年八月初三日）上报给清廷的奏折中称"围困江阴20余日、擒杀贼2万余人"[2]，可是根据《清政府镇压太平天国档案史料》所载，在此期间有数字可供统计的仅6020人，上报的总死亡人数和可统计的死亡人数的比例是3.3∶1，如果没有李鸿章最后的总结数字，则14000名阵亡太平军将被遗漏。1863年6月13日（同治二年四月二十七日）清军攻打昆山的正义镇，太平军的死亡情况有数字可统计的共6400名，其余太平军的战亡情况清方奏折中是以一个尤众和一个不可数计来表达的，可李鸿章上报的最终数字是毙斩太平军两三万人，落水而死者无算。也就是说，一个尤众、一个不可数计所代表的太平军人数至少是2万人，实际死亡人数和统计死亡人数的比例为3.1∶1。在太平天国战争时期，除了向荣外，其他官员对江苏太平军死亡情况的非明确

---

[1] 向荣任钦差大臣期间，上报给清廷的奏章对每次战役太平军的死亡人数多有记载，而对战斗过程中太平军的死亡人数常用概数表示，总体而言，前期奏报中的概数所代表的人数比后期奏报中的概数所代表的人数少。

[2] 《李鸿章奏报官军击退常州无锡援敌克服江阴县城折》，同治二年八月初三日，中国第一历史档案馆编：《清政府镇压太平天国档案史料》第25册，社会科学文献出版社2001年版，第294页。

记载多于明确记载。表4-1中没有确切统计数字的战斗次数①为186次,有数字统计的战斗次数为128次,比例为1.45∶1;续表4-1中则分别为164和82,比例为2∶1,这亦表明漏报现象是存在的。

但是,参加过太平军的呤唎在《太平天国革命亲历记》一书中,保存了清方在苏、浙战场上屠杀太平天国军民的统计数字,与我们的统计不太相符,如表4-3所示:

表4-3　　　　　英国对太平军作战时期双方伤亡状况

阵亡地点	日期	作战的军队	阵亡人数	英军或联军伤亡人数
在上海城外,企图和谈时	1860年8月	英法	300	无
松江附近(距上海二十英里)	1861年12月	华尔教练军	2000	伤亡100人
攻占高桥村庄	1862年2月21日	英法	150	1人中流弹毙命
攻占闵行栅寨	1862年3月1日	英法	1300	无
攻占王家宅栅寨	1862年4月4日	英法	600	死1人,伤1人
攻占卢家港	1862年4月5日	何伯提督军及华尔军	300	无
乍浦村庄	1862年4月17日	英法军与华尔军	900	无
攻占嘉定城	1862年5月1日	英法满联军	3500	5或6人负伤
攻占青浦城	1862年5月12日	英法满联军	2500	死2人,伤10人
攻占南桥	1862年5月17日	英法	500	法军提督被击毙,16人负伤
攻占柘林镇	1862年5月20日	英法	3000	死1人,伤4人
嘉定附近战役	1862年5月31日	英法海陆军	300	死1人,伤4人
从宁波趋走太平军	1862年5月10日	英法军和海盗舰队	150	死3人,伤23人
太平军克服嘉定、青浦、柘林、乍浦等地	1862年6月、7月、8月	英法军和清军	5000	总计约100人

---

① 不包括"总计斩杀×,溺死者不计其数"之类的总结情况。

续表

阵亡地点	日期	作战的军队	阵亡人数	英军或联军伤亡人数
宁波地区之役，攻占慈溪、余姚、奉化、绍兴及其他城市	1862年8月至1863年年底	丢乐德舰长所率英军、英满军、法满军和清军	20000	约2000人或3000人
第二次攻占嘉定	1862年10月24日	英法军和清军	1500	死4人，伤20人
太平军企图克服嘉定之役	1862年11月	英军、华尔军和清军	3000	死5人，伤15人
攻打太仓被击退	1863年2月14日	英满分遣队与清军	1000	伤亡2500人
攻占福山村庄，解常熟之围	1862年4月6日	兵痞戈登将军部队	1200	死2人，伤3人
攻占太仓	1862年5月2日	英军、戈登和清军	2000	200人失去作战能力
屠杀自昆山撤退的太平军	1862年5月30日	英满教练军、外国军官所率分遣队和清军	3000	戈登军死2人，溺毙5人，清军约损失300人
忠王军因英军攻打上海附近和宁波一带自北方撤退	1862年6月	饿死，被俘，被清军处死和阵亡	40000	清军损失2000人至3000人
攻占吴江城	1862年7月29日	英满分遣队和清军	150	死1人，伤15人
乍浦之役	1862年8月5日、6日、7日	英满分遣队和清军	1000	50—100人
吴江附近之役	1862年10月	英满分遣队和清军	3500	约200人
苏州城外并攻占城外栅寨	1862年9月、10月、11月、12月	英法及其他教练军分遣队，大队清军助战	6000	约2000人
攻陷苏州后之屠杀	1862年12月3日及以后数日	清军	30000（据清军及太平军双方的估计数字）	无

续表

阵亡地点	日期	作战的军队	阵亡人数	英军或联军伤亡人数
无锡周围和常州府之役	1862年11月、12月	清军	4000	5000人
攻占无锡（屠杀平民）	1862年12月12日	分遣队和清军	6000	无
攻占宜兴	1864年3月3日或4日	英军分遣队	500	伤亡约12人
戈登军在金坛战败	1864年3月20日	英军分遣队	600	约150人
戈登军在华墅战败	1864年3月30日	英军分遣队	100	约207人
攻打浙江省城杭州攻占富阳和同区其他城市	1864年1月，2月，3月2日、29日，4月，5月	英法分遣队和几支清军大军	5000	分遣队损失600人，清军损失3000人
攻陷嘉兴府后屠杀非战斗人员	1864年3月底	清军和英军分遣军一队	7000	清军和贝莱上校分遣队在围攻时损失1000人
华墅村庄太平军战败，俘虏被杀	1864年4月11日	清军和戈登所率分遣队	8000	联军损失100人
清军攻打常州府被击退	1864年4月24日、25日	清军和戈登所率分遣队	3500	分遣队427人，清军1500人
攻占常州、屠杀守军和居民	1864年5月11日	清军和戈登所率分遣队	约20000	分遣队7人，清军300人
攻占常州府后，继续攻占丹阳、金坛、溧阳和其他太平天国城镇	1864年5月至9月	清军为主力，除戈登军外其他所有外国分遣队助战	约10000	2000人或3000人
围攻南京	1864年5月至9月	清军由戈登献策，由法军军官助战	约70000	无
围攻时期阵亡	1864年5月至9月	清军由戈登献策，由法军军官助战	10000	5000—10000人

续表

阵亡地点	日期	作战的军队	阵亡人数	英军或联军伤亡人数
攻陷南京后的屠杀	1864年7月18日,19日及其以后数日	清军	30000	甚少
围攻并攻陷湖州府时阵亡	1864年1月至9月	清军和法军分遣队	15000	9000—10000人
在没有记录的所有战役中,许多村庄被攻占时,及小规模战役中,阵亡者无数,大略估计数	1860年8月至1864年9月	清军、英法军	50000	极少
除上述死亡外,至少有200万—300万人于1863年和1864年联军参加作战时,死于可怕的饥饿;同时,太平军则被驱出他们自己的领土,荒凉的大地上布满饿死的尸体与奄奄待毙的人们	……	……	25000	
英国的干涉所杀害和毁灭的太平军总数……………………2872550				
合计			397550	37888—48883人

注：合计数是引者合计。

资料来源：呤唎：《太平天国革命亲历记》上、下册,王维周译,上海古籍出版社1985年版,第699—702页。

表4-3表明：1860年至1864年，不包括因小规模战役死亡的5万人和2.5万人，太平军的阵亡人数共322550人，其中属于江苏布政使司的达165550人，占太平军死亡人数的51.3%；将因小规模战役死亡的5万人和2.5万人按照51.3%的比例分配到江苏布政使司则为3.85万，加之16.56万，则英军对太平军作战时期江苏布政使司所辖区域太平军阵亡数共约20.41万人，与本书根据《清政府镇压太平天国档案史料》统计出来的数据相差较远。造成这一差别的主要原因是：第一，呤唎仅统计外国

军队参与的战争，对由清军独自作战地区的太平军伤亡情况并没有完全统计。第二，对没有记录的战役及小规模的战役对太平军造成的伤亡，呤唎是以 5 万人进行估计的，也可能存在低估。第三，本书的统计包括了太平军攻取苏南时的伤亡人数，呤唎的统计未包括。第四，其他我们所不知道的原因。所以，呤唎对太平军阵亡数的统计是低于太平军实际伤亡数的。当然，清方奏报也存在夸大其词的可能性，但从表 4-1 记载的情况和后文对战争规模的考察看，没有证据表明清方的记载令人怀疑。所以太平天国战争期间江苏布政使司阵亡及被清军屠杀的太平军人数为 20.41 万—45.3 万人。本书和呤唎的统计都表明若干非作战人员或者太平军的家属在战争中时常被清军当作太平军加以杀害。如 1862 年 5 月 13 日在《印度泰晤士报》上发表的一篇一个英国军人亲眼看见的一幕酷刑的信上说：

> 我跟一大群人去看清军屠杀俘虏的太平军，这批俘虏是英、法两国军事当局交给清朝方面处死的。英、法的军队既然帮助清朝俘虏太平军，自然他们也赞同清方这样残暴地屠杀俘虏。……
>
> 这批俘虏……有男有女，有老有少，从刚出世的婴孩，到八十岁蹒跚而行的老翁，从怀孕的妇人，到十至十八岁的姑娘，无所不有。清军把这些妇女和姑娘交给一批流氓……强奸，……再拖回来把她们处死。有些少女……刽子手将她们翻转来面朝天，撕去衣服，然后用刀直剖到胸口。……这批刽子手……做剖腹工作，能不伤五脏，并且伸手进胸膛，把一颗冒热气的心掏出来。被害的人直瞪着眼，看他们干这样惨无人道的事。……还有很多吃奶的婴儿，也从母亲怀里夺去剖腹。很多少壮的男俘虏，不但被剖腹，而且还受凌迟非刑。刽子手们割下他们一块一块的肉，有时塞到他们的嘴里，有时则抛向喧哗的观众之中。
>
> ……上帝纵使宽恕英国参加镇压太平天国的战争，但如何能饶恕它参与对无防御力的妇女和柔弱无知的孩子们的疯狂屠杀呢！……我们从贫苦的英国人群压榨来的金钱，拿来帮助两手染着鲜血的恶徒们在中国作战，这是为了甚么！难道是为从中国得到黄金的买卖吗？
>
> 是的，正是为了从中国得到黄金的买卖，为了奴役和剥削中国劳动人民，外国侵略者才协同着他的走狗——中国反动派干下这种骇人

听闻、惨无人道的疯狂屠杀。①

除了战争，其他因素也是造成太平军损失的重要原因。随着战争的持续、战争强度的加大，生产资料破坏也愈加严重；而清军坚壁清野的政策更加重了这种局面。结果，饥饿对太平军构成了严重的威胁。据呤唎所估计，在1863年和1864年联军参加作战时，苏南和浙江部分地区至少有200万和300万太平军死于可怕的饥饿②。应当注意的是，这些被饿死的太平军应包括了一部分民众在内，因资料缺乏无法将饿死的太平军和民众分开。如果按照51.3%的比例，与洋枪队和淮军对峙期间江苏布政使司的太平天国军民死于饥饿的则为102.6万—153.9万人，是呤唎所统计太平天国军民死亡数字的5.1—7.5倍，是本书根据《清政府镇压太平天国档案史料》统计出来数据的2.3—3.4倍。

以上所述表明，在1860—1864年的战争中，太平军死于战争的至少为20.41万—45.3万人，死于饥荒的太平天国军民人口至少102.6万—153.9万人。与此同时，战争的另一方清军亦遭到损失。

太平军攻占苏南期间，对手主要是绿营兵；保卫苏南过程中，除镇江城外其他地区和太平军对峙的主要是洋枪队和淮军。绿营兵的伤亡情况据《清政府镇压太平天国档案史料》统计共1969人（如表4-4所示），其中官员的伤亡数分别为75人和69人，兵勇的伤亡数为918人和907人。显然这是低于实际伤亡人数的。

表4-4 《清政府镇压太平天国档案史料》江苏省清方死亡可查人数

地区	时间	死亡数		受伤数	
		官员	兵勇	官员	兵勇
镇江	咸丰三年六月二十三日	1	10		
镇江	九月二十五日		7		67
镇江	咸丰四年正月初六日	1	5		50

---

① 转引自牟安世《太平天国》，上海人民出版社1979年版，第479—484页。
② [英]呤唎：《太平天国革命亲历记》上、下册，王维周译，上海古籍出版社1985年版，第702页。

第四章 战时江苏布政使司(不含上海城)人口损失 / 197

续表

地区	时间	死亡数		受伤数	
		官员	兵勇	官员	兵勇
镇江	三月十三日	1		4	7
镇江	四月初二日	2	14	3	83
镇江	七月初五日		3		10
瓜镇	十四日	26			
镇江	咸丰五年正月二十六日		4		10
镇江	八月二十八日	1		3	
镇江	十月十六日		5		
九华山	咸丰六年初五日	3			
镇江	十二日	5			150
丹阳	六月十一日		7		58
丹阳	二十四日	1	3		10
丹阳	七月初三日		9		200
金坛	二十四日	3			
金坛	八月初七日	2			
金坛	十一日	1			
镇江	咸丰七年四月初七日	2	4	19	59
镇江	六月二十日	1	5	4	30
镇江	七月二十三日	5	11	8	20
镇江	十一月初一日		4	6	40
镇江	二十五日	2	30		
镇江	咸丰十年四月初八日	1	36		23
松江府	六月初三日		4		23
常昭	二十二日	4	500		
丹阳、金坛	七月二十日	1	94	1	
太仓	八月十九日	3			
镇江	咸丰十一年五月初一日	1			
章练塘	十五日	1		1	50
镇江	初三日			1	
镇江	同治元年闰八月二十二日			2	4
上游	二十二日				15
镇江	同治二年二月十一日			9	7
镇江	三月初十日				6

续表

地区	时间	死亡数		受伤数	
		官员	兵勇	官员	兵勇
镇江	五月初六日			1	
镇江	七月二十七日	1	50	9	
镇江	同治三年二月二十四日		100	2	
合计数字		323	15633	523	8267

淮军和洋枪队伤亡数据呤唎的统计至少37888—48883人。其具体情况如下。

1862年3月4日，李鸿章组建的淮军正式成立，共13营，其中8营是由湘军调拨过来的，5营是纯粹的淮军。在淮军将领的乡土成分中，皖籍人占大多数：432人中，安徽籍有279人，占64%；湖南籍居次，计41人，占10%；其余如四川、江苏、直隶、贵州、江西、湖北、河南和法国籍等共29人，占7%；另外，籍贯不明者80人，占18%[①]。显然，徽籍军官占了多数。与湘军一样，乡土色彩和个人连带关系是淮军的基本特点及其维系军队制度的基本纽带，所以，淮军的士兵也多是安徽人。到达上海后，李鸿章采用多种方式进行扩军。第一，改变原地驻防军。上海当地有4万防军，李鸿章入沪后选留了万余人重新加以编组。第二，招降皖籍太平军将士，这是李鸿章入沪后最重要的兵力来源。例如，1862年5月28日南汇太平军万人投降李鸿章，经过裁汰，留下的多是皖北人。第三，到安徽募兵。李鸿章派人到安徽后，一面招纳新兵，一面召集皖北团练旧部，收编淮上原有团练，且采取借将带兵（招收淮人）等方式来扩充淮军。第四，借用湘军兵力，如湘军程学启部。经过扩军，到1863年5月止，淮军水陆营有4万人[②]。淮军扩军的过程表明：将士主要是安徽人。由于淮军亦是随缺随补，呤唎在统计清军死亡人口时是将淮军和洋枪队混合在一起，所以其具体死亡人数无法统计。

---

① 田玄：《淮军》，山西人民出版社2000年版，第40页。
② 同上书，第43—47页。罗尔纲的《晚清兵志》（第一卷：《淮军志》，中华书局1997年版）中记载为7万人。

洋枪队是第一支由西方军官统率、运用现代西方武器和战术的新式中国军队，是当时名声最响、战斗力最强的军队。从1860年组建至1863年5月攻占昆山为止，洋枪队士兵主要由江苏人、浙江人组成；攻占昆山后，主要利用被俘的太平军来补充缺额①；兵力总数曾先后变动（3000名增到5000名）。洋枪队在对太平军造成重大损失之时，自身也遭到一定程度的伤亡。除了呤唎的记载外，其他外国人记载常胜军参与的主要战役和损失状况如表4-5：

表4-5　　　　　　　　　历次战役中常胜军的伤亡情况

时间	地点	洋枪队人数		
		投入总人数	死亡人数	受伤人数
1860年6月	广富林	300	90	100多
1860年7月16日	松江	200	62	101
1860年8月1日	青浦	450	150	?
1860年12月	青浦	450	150	?
1862年1月	广富林	1000	18	42
1862年2月24日	高桥	1600	8	35
1862年3月	萧塘	2100	10	44
1862年4月	王家寺	3300	7	119
1862年4月17日	七宝	?	?	损失惨重
1862年5月1日	梵王渡	4600	?	?
1862年5月12日	青浦	4613	?	?
1862年5月17日	南桥	?	36	49
1862年5月18日	柘林	?	?	?
1862年6月3日	松江	1500	1130	
1862年8月1日	青浦		200	500
?	福山		0	0
1863年5月2日	太仓	2800	20	142
1863年5月3日	昆山	2900	7	?

---

① 《"常胜军"：戈登在华战绩和镇压太平天国叛乱史》，北京太平天国历史研究会编：《太平天国史译丛》第3辑，中华书局1985年版，第222页。

续表

时间	地点	洋枪队人数		
		投入总人数	死亡人数	受伤人数
1863年7月27日	吴县	2200	?	?
11月	苏州	3100	50	130
1864年3月16日	金坛	?	100	200
1864年3月27日	溧阳	?	?	?
1864年4月25日	常州	3000	损失惨重	

注：问号表示史料对这些情况缺载。

资料来源：《华尔传：有神自西方来》《"常胜军"：戈登在华战绩和镇压太平天国叛乱史》，北京太平天国历史研究会编：《太平天国史译丛》第3辑，中华书局1985年版。

表4-5表明，常胜军的伤亡人数可统计的达2038人，受伤的达1563人。由于常胜军兵力本不是太多，即使包括那些没有记载的，总损失人数也不会太多。

根据上面的分析可知：在1860—1864年的战争中，太平军死于战争的至少有20.41万—45.3万人，死于饥荒的太平军军民至少102.6万—153.9万人，其死亡时段主要集中在太平军保卫苏南期间；而与太平军的伤亡情况相比，后期清方的伤亡较轻，淮军和洋枪队死亡共3.8万—4.9万人。

第二节　平民人口损失

上节我们对江苏布政使司太平军的死亡人数进行了初步的估算，显示了战争中太平军损失的严重性。但是，与太平军的伤亡相比，平民的损失更为惨重，其原因也较复杂。

太平天国战争结束后，为了褒扬所谓的"贞节忠孝"者，清政府下令地方官清查死于战争期间的人数。江苏布政使司所属各县的死亡人数据方志的记载如表4-6：

表4-6　地方志中江苏布政使司所属三级政区人口死亡统计数　　单位：人

地区	男子				女子	资料来源
	阵亡、抗拒	不屈	自杀	合计		
丹阳				5204	3125	光绪《重修丹阳县志》
金坛				10603		民国《金坛县志》
溧阳				7234	3980	光绪《溧阳县志》
丹徒	1434	572	550	2556	1781	光绪《丹徒县志》
吴县				4414	2771	吴江、震泽的男子数来源于光绪《苏州府志》，其他数字转引自谢世诚等《太平天国苏福省人口初探》
长洲				1287	1214	
元和				1336	1218	
常熟				990	858	
昭文				880	546	
吴江				1079	285	
震泽				870	156	
昆山				2576	1020	
新阳				2054	260	
无锡、金匮				4926	2795	光绪《无锡金匮县志》
宜兴、荆溪				7944	3800	光绪《宜兴荆溪县志》
江阴				52750		谢世诚等《太平天国苏福省人口初探》
武进、阳湖				48770		光绪《武进阳湖县志》
镇洋				缺	缺	
华亭	349	599	100	1048	420	光绪《松江府续志》
奉贤	114	293	21	428	206	
娄县	236	615	128	979	301	
上海	1092	615	28	1735	344	
南汇	609	1082	217	1908	1321	
青浦	480	811	95	1386	498	
川沙抚民厅	55	270	16	341	401	
金山	315	173	44	532	381	
总计				163830	27681	

表4-6中，江苏布政使司所属各县死于战乱的人口总数为191511人，但远低于实际的人口死亡数。例如，南汇县在战后陆续掩埋的尸体达

58975 具，其中无主尸棺共 6767 具，有主尸棺为 52208 具①，尚不包括 1862 年（同治元年）埋葬的。表 4-6 中所载南汇的死亡人数仅是掩埋尸体的 5.3%。吴县在被太平军占领后，民团多次与太平军交战，其中一次战役民团死亡人数达 700 人，但留下姓名的仅 15 人而已②。其他地方的情况也类似南汇县，所以方志中所记的死亡人数仅是极少的一部分。本部分将利用其他资料对战争期间江苏布政使司平民的损失人数进行估算。

一　1860 年江苏布政使司各城市人口损失③

城市是国家政治权力的象征，地位非常重要。犹如《人口与历史——中国传统人口结构研究》一书所说的那样：

> 历代王朝，从皇帝与中央政府所在的京城，经由州郡、道路、行省之类中央派出机构或地方一级行政机构所在的城市，直到县级基层政权所在的县城，大大小小的城市组成了严密的城市网络，有效地控制和管理着广大的乡村腹地。④

可以说，控制了城市即控制了广大的乡村地区，因而各级城市遂成为战争双方争夺的主要目标。江苏布政使司各城市被太平军依次占领的顺序为丹徒、溧阳、丹阳、武进、阳湖、无锡、金匮、宜兴、荆溪、江阴、长洲、吴县、元和、吴江、震泽、昆山、新阳、金坛县、常熟、昭文、嘉定、青浦、华亭、娄县、太仓、镇洋、太湖厅，被清军最终重新占领的顺序依次为丹徒、长洲、吴县、元和、昆山、新阳、吴江、震泽、太湖厅、江阴、无锡、金匮、宜兴、荆溪、溧阳、金坛、武进、阳湖、丹阳。这些城市在战争中遭受的人口损失并不相同。

---

① 金福会等修，张文虎等纂：《光绪南汇县志》卷三，民国十六年重印本。同治二年埋暴露棺柩抛弃骸骨 1888 具；五年埋 2000 具；六年据册报计全县有主有力停棺 44464 具，内已经葬者 25911 具，未葬者 18553 具，有主无力停棺共 3400 具，已由董保代为埋葬，其掩埋无主尸棺共 6767 具；同治十年共埋大小尸棺 299 具；十一年共埋大小尸棺 114 具；十二年共埋大小尸棺 43 具。
② 吴秀之等修，曹允源等纂：民国《吴县志》卷六十九，民国二十二年铅印本。
③ 1862—1864 年江苏布政使司城市人口损失在《战争中军人死亡数》一节中已有探讨。
④ 姜涛：《人口与历史——中国传统人口结构研究》，人民出版社 1998 年版，第 147 页。

与南京、扬州民众滞留在城中相反，镇江民众得知太平军东下的消息后，纷纷迁出，"数日而城空"①（《中兴苏浙表忠录》记载民众迁移的时间共10日②）。城中剩余民众不多。《粤氛纪事诗》记载："镇江郡城，郑成功扰后，道光壬寅被英夷残破，甫逾十年，又遭兵燹，城内市民惩于前辙，跳免十之八九"③，剩下十分之一的人口，多数人逃离了镇江城。如果按照外国人对该城市战前人口30万的记载，那么太平军到达镇江后城中仅3万人，且主要是那些无力搬迁者。由于太平军军纪严明，入城后，又有"放生"的举措④，所以进城前后民众死亡的也不多。留下来的民众，如南京一样，被太平军按照馆衙制度组织起来。但是不久，"（三月初一日）孰知入局后逃走者，已十有三四，惟妇女没法想"，城中尚有民众至多18000人，此时仅为太平军（二月二十二日占领）占领镇江的第9天⑤。《时闻丛录》则记载太平军占领一个月后城中仅有难民两三千人，潮广人数百人，看来当时被放出的和逃出的人确实不少，最终留在城中的人并不多。咸丰七年，镇江被清军占领，何桂清向清廷奏报当时的情况时说：

  查镇江府城自被贼占踞以来已将五载，城内坛庙、衙署、民房百不存一，本地居民几至靡有孑遗，所有救出难民数千，俱由两湖、江皖、金陵、扬州等处裹胁而来，绝粒业已数日，鸠形鹄面，衣不蔽体，经乔松年专派委员督饬府县劝谕绅董设厂收养，始觉稍有人色，有亲戚可依者随时遣散，无家可归者仍行留养，迁避居民数日后始有归来者。据询房屋何以尽成瓦砾之故，则因该逆拆取砖石筑砌贼垒，又将砖块锤碎煮硝，其木料或拆盖贼垒中房屋，或作薪烧毁，所致城之西南一带数十里间为历年战争之地，并无寸椽片瓦。其东北二面成

---

① 《镇江剿平粤匪记》，太平天国历史博物馆编：《太平天国史料丛编简辑》第1册，中华书局1962年版，第169页。

② 《镇江府城失陷纪略》，《中兴苏浙表忠录》。

③ 《粤氛纪事诗》，太平天国历史博物馆编：《太平天国史料丛刊简辑》第6册，中华书局1963年版，第376页。

④ 《时闻丛录》，太平天国历史博物馆编：《太平天国史料丛刊简辑》第5册，中华书局1962年版，第72页。

⑤ 《咸同广陵史稿》，《扬州地方文献丛刊》，佚名广陵书社2004年版，第82页。

为焦土者亦有数里，城内外白骨蔽野，残骸遍地，收埋累日，始克完竣。臣目击情形，愤恨之余，不禁堕泪。城垣尚不致十分损坏，城外自十三门至北固山，由南而北复折而西，近西门马头沿江一带，该逆筑有炮堤一道，长约十里，高似城墙，上砖下石，极其坚固，金山亦周围筑堤，与镇江城外情形相同。①

该史料固然说明了战争对镇江城造成了毁灭性的打击，但也可以看出，居民是不断回迁的。结合太平军占领镇江前民众的行为，可以肯定地说，在太平军占领镇江期间，留在镇江城内的民众损失惨重，几乎是全民覆灭。但对于那些迁徙出去者，如果逃离了战区，战争导致的损失应不会太严重，如有损失，更多的可能是其他因素造成的，但损失人数尚不清楚。

咸丰十年（1860年），江南大营溃，苏南地区遭到兵燹，各城市人口呈现不同程度的损失。

句容和金坛。两城市在咸丰六年（1856年）曾受到战争影响，但人口几无损失。一破江南大营后，太平军于咸丰六年八月攻破金坛城，城中"军民战死者八十五人，伤者二百余人"②。两城市再燃战火是太平军二破江南大营的前后。咸丰十年闰三月初三日（1860年4月23日），太平军到句容，但城中清军毫无防备，太平军"遂解旗直入，杀掠较轻，大股皆屯城中……"③，城中人口遭受的损失并不大。与句容相反的是金坛。金坛城中户口逾七万④，几全部死亡。据载："（咸丰十年七月）十六日，戊申夜，城破，贼下令屠城，被杀者七万余人，无一降者。同治三年提督鲍超率兵复金坛，编邑中孑黎，合城乡仅三万有奇。"⑤ 该则史料载城中

---

① 《何桂清奏报镇江瓜洲设防及善后事宜折》咸丰七年十一月三十日，中国第一历史档案馆编：《清政府镇压太平天国档案史料》第20册，社会科学文献出版社1995年版，第85页。

② 《金坛见闻记》，中国史学会编：《太平天国》第5册，上海人民出版社1962年版，第200页。

③ 《能静居士日记》，太平天国历史博物馆编：《太平天国史料丛刊简辑》第3册，中华书局1962年版，第135页。

④ 《镇江剿平粤匪记》，太平天国历史博物馆编：《太平天国史料丛刊简辑》第1册，中华书局1961年版，第193页。

⑤ 《中兴苏浙表忠录》卷七，《又士民事略》。

死亡民众 7 万人是真实的，但把责任归结到太平军头上，带有很大的污蔑成分。实际上，冷兵器时代，在很短的时间内杀数万人有点困难，主要是城破后民众的自杀。溧阳的一名士子比较真实地记载道：

>……贼久攻未得志，乃悉纠丹阳、常州、溧阳之贼，合十余万人，号称五十万，分番更代，日夜来攻。掠民舟运苏常之米以供食，胁所掠苏常人绕呼曰：苏常皆没矣，尔曹出力死守，谁来援者？……贼自丙辰之役，已仇金坛，及是攻城百余日，其精锐死者殆万，愤甚，誓破城之日，必屠之。城中士民约六七万人，自六月以后，知事急，多预为死计；且有先自杀者。及城陷，争先就死。有自城中最后出者，言方巷战时，士女投河中及诸池皆满，后至者不复得入，自死者殆过半。余皆为贼所害，城中血流有声……士民缒城走者千余人，其坠城下死，渡河溺死，及逾贼围被害者，又去其半。贼党分踞四乡，虑城中有逸出者，逻伺甚急，得辄杀之。众四散避匿，昼伏夜行，间道得达江滨者仅四五百人，遂渡江而北。①

据此分析，城中民众遭到太平军报复的是少半，大半人则是自杀。太平军占领金坛后，周围 30 里的地方遭到焚掠，"死者不可复记"②。可以说，金坛地区不管是城市人口还是乡村人口损失均很严重。

常州。常州为苏浙门户，因位置重要，清军在此聚集了大量兵力。为了一己之利，两江总督何桂清在出逃前禁止民众迁出，仅在太平军攻占常州前的五日——四月初一日（5 月 21 日），"幸城（常州城——笔者按）尚未闭，居民出者甚众。城守兵勇，夹持白刃，难民出者不得持一裹，进者不禁，故得脱者皆孑身无物"③，大部分人被留在了常州城。由于受到忠孝思想的影响，常州百姓"无分老幼，尽登陴，婴城固守"④，以致太

---

① 《金坛见闻记》，中国史学会编：《太平天国》第 5 册，上海人民出版社 1962 年版，第 209、212—213 页。
② 同上书，第 200 页。
③ 《能静居士日记》，太平天国历史博物馆编：《太平天国史料丛刊简辑》第 3 册，中华书局 1962 年版，第 141 页。
④ 佚名氏：《庚申常州城守日记》。

平军虽肃清城外清军,却无法立即破城。太平军入城后,"怨吾常杀其人多,大肆屠戮,婴孺不免,皆曳至北门外吊桥,受刃死者数万,血凝桥面,厚几尺。周城数十里内,焚燹殆尽"①。史料所载同样带有很大的污蔑成分,大部分民众仍多是自杀。光绪《武阳志馀》记载:

> 初六日贼自东门入,短兵接巷战,死锋镝者二万余人,而老弱妇女饮刃自缢赴河池者又二三万人,盖六日亡五万人,而城外义民不与焉。……忠义姓名可考者男女四万八千七百七十余人。②

实际上,在太平军攻下常州的前一天,城内民众"日夜望救不至,城中妇女,投缳溺井者三日夜无虑数万人"③,如果所载的"数万"以5万人计,则太平军破城前后,城内及近郊民众死亡近10万人。但这些死亡人数并不仅是城内人口,而且包括了城外的部分人。为了防止太平军利用城外民房作掩护物,张玉良在太平军到来之前,下令毁城根民房,火延烧五里,"居民争入城觅栖止,其后俱陷危城中"④。1864年,因苏州、无锡、溧阳和宜兴的陷落,撤退的太平军纷纷聚集常州,城内兵力达10万,如包括随军家属,人数当更多。淮军攻占常州时,太平军死伤惨重,七八千人被清军杀死,男女老幼降者六七万⑤。可见,在战争期间,常州城的人口损失是巨大的。

无锡、金匮。清军将领张玉良、马得昭从常州逃至无锡后立即布置城防。太平军到达时,清军已做了较为充分的准备。经过3天的恶战,太平

---

① 《能静居士日记》,太平天国历史博物馆编:《太平天国史料丛刊简辑》第3册,中华书局1962年版,第150页。

② 莊毓鋐、陸鼎翰纂修:《武阳团练记》,《光绪武阳志馀》,光绪十四年版,第712—713页。

③ 《能静居士日记》,太平天国历史博物馆编:《太平天国史料丛刊简辑》第3册,中华书局1962年版,第154页。

④ 《东南纪略》,中国史学会编:《太平天国》第5册,上海人民出版社1962年版,第235页。

⑤ 《李鸿章奏报督饬各军四面围攻克复常州府城折》同治三年四月初七日,中国第一历史档案馆编:《清政府镇压太平天国档案史料》第25册,社会科学文献出版社2001年版,第572页。

军攻克锡金。锡金城死亡的人数据《纪无锡县城失守克复本末》载：

> 五月，守贼黄和锦上表于洪逆，其略云："狗官叨天父天兄天王恩庇，打破无锡金匮，计城厢内外离城五里之地，共杀男妇老幼妖民十九万八百余口，请天恩降敕封刀，"云云。按黄逆云如此，计城破时，自经、自沉、自焚，或合门殉难者，尚不在此数也，哀哉。①

对此记载，简又文认为是无稽之谈，其缘由是忠王的军队军纪严明，不会发生这种事情②。但考虑到太平军不成文的规定，上述记载可能是真实的。一般而言，不管是清军还是太平军，占领后对抵抗者都会施行报复，无辜者常因此受到牵连。太平军攻破锡金城的时间是咸丰十年四月初十日，而黄和锦向洪秀全奏报的时间为五月。在此期间，清军与乡兵打着"恢复锡城，同心杀贼"的口号，联合反攻，结果引起太平军的报复。例如，咸丰十年四月廿日（1860年6月9日），太平军大队过境（一日内过六七千人），纪律严明，"一路并无烽烟"，廿一日（10日），在新塘桥遭到乡勇的袭击，致使"方近村庄布满贼踪，芦苇中亦遭搜杀"③。这是无锡人口损失较为惨重的原因。且无锡之战是相当激烈的，太平军"连战一日一夜"尚未攻下此城④。加之，民众的自杀，锡金城及其附近地区损失近20万的人口是可能的。所以，《纪无锡县城失守克复本末》记载黄文金上报的数字并非不可信。

江阴。江阴城厢居民我们可进行推测。太平军占领南京后，江阴士绅曾计划每户各出壮丁一人，协助清兵，当时城厢计算可得2万人，以每户5—5.5人计算，则应有10万—11万人⑤。江阴被占领之前，清丹阳大营

---

① 《纪无锡县城失守克复本末》，中国史学会编：《太平天国》第5册，上海人民出版社1962年版，第252页。

② 简又文：《太平天国全史》（下），简氏猛进书屋，1962年版，第1755页。

③ 《如梦录》，太平天国历史博物馆编：《太平天国史料丛刊简辑》第4册，中华书局1963年版，第606—607页。

④ 《李秀成自述》，中国史学会编：《太平天国》第2册，上海人民出版社1962年版，第811页。

⑤ 太平天国历史博物馆编：《太平天国史料丛刊简辑》第5册，中华书局1962年版，第143页。

溃兵奔江阴者十之三，所过村庄辄肆淫掠①。太平军到达江阴后，民团数万，誓不投降，多次击败太平军，且诈太平军进城，围杀甚多。太平军于1860年6月2日占领江阴，但因兵力有限，6月8日被常熟知县周沐润率团练逐走；7月4日，太平军从常州派出大股兵力，再次攻克江阴。此后江阴太平军与候选都司王元昌部清军以及梁国泰部民团在城东江面反复争夺，致使这些地方的人死伤惨重。8月21日，杨舍被占领后，"贼恨其地拒斗最久，故杀戮最甚"②，化为灰烬。咸丰十一年五月（1861年6月），寿兴沙遭到太平军焚掠，几为赤地。因而江阴也是人口损失惨重的城市之一。关于江阴各乡镇民团与太平军对峙详情如表4-7：

表4-7　　江阴各乡镇民团与太平军对峙期间双方伤亡状况

交战主动方	时间	地点	太平军情况	民团情况
长寿、陆桥乡勇	咸丰十年四月十九日	祝塘	死亡300人	
常熟、张家港乡勇	二十二日	江阴城	未交战退	
乡勇	二十六日	回龙桥、小桥		
杨厍乡勇	五月十七日	大桥西三官殿		
杨厍乡勇	十八日	大桥		阵亡者甚多
太平军	十九日	祝塘	溃，太平军被杀几尽	
杨厍乡勇	二十一日、二十二日	七里庙、大桥、仓里桥等	死无数	数十人死半
太平军	二十四	长寿	屡次败	
乡勇	六月初二日	攻城		陆桥乡勇不振
太平军	初三日	长寿	败，回城	败至祝塘
	初六日			败

---

① 《东南纪略》，中国史学会编：《太平天国》第5册，上海人民出版社1962年版，第235页。

② 《鳅闻日记》，罗尔纲、王庆成主编：《太平天国》第6册，广西师范大学出版社2004年版，第303页。

续表

交战主动方	时间	地点	太平军情况	民团情况
太平军	初七日			阵亡甚众
	初八日	陆桥		数万纷纷散归。太平军进华墅、掠周庄
	十三日	华墅	太平军退	退守郁桥
	六月中旬		全殒命	
	七月初	陆桥		合村被难
	七月初五日	华墅	占领杨库	
	初六日	阚庄		败
	初七日、初八日	塘墅难、顾山、长径、塘墅、张墅	占领这些地方	溃败
	初九日	鹿苑北路		死者甚众
	初十日	栏杆桥		败
杨库太平军	二十四日	栏杆桥	被杀无算，退回杨库	
	八月初一日			败，太平军攻打常熟
羊尖乡勇	初三日	南门外枫落桥、小东门外	常熟太平军与昆山太平军联合	败

资料来源：《庚申江阴东南常熟西北乡日记》，中国史学会编：《太平天国》第5册，上海人民出版社1962年版。

双方在短短的半年中，交战达24次，涉及地点近30处。这亦表明，江阴城乡人口遭到严重的损失。

苏州府城。苏州城既是府城所在，又是长洲县、吴县和元和县三个附郭县县治所在。其在太平军战前的人口可借助前人的研究成果。据傅崇兰研究，苏州城比杭州城规模大一些，但"如果考虑人口密度，因为杭州、苏州地理位置极为接近，城、乡条件基本相同，城乡的功能和性质也基本相同，其人口密度十分接近。总之，除了苏、杭二城规模略有差别之外，其他一切条件都基本相同。因此，按照杭州城市人口与杭州附郭县人口之比，估计苏州城市人口与苏州附郭县人口之比，进而估算出苏州城市人口数量来，可能与实际比较接近"。他按照清代杭州城内市民占附郭县人口总数的 16.98% 的比例，推算出嘉庆二十五年苏州城内人口至多也只有 50 万多一点①。道光十年（1830 年），吴县、长洲县、元和县三县人丁总数为 1970468 人，以嘉庆十五年（1810 年）至道光十年（1830 年）三县男丁的年均增长率 8.7‰ 计算（而苏州府仅为 3.3‰）②，则咸丰二年（1852 年）三县的人丁为 2452673 人。三县的性别比为 144，除了妇女人口漏报外，也可能与城市发达程度有关，姑且以苏州府的性别比 134 为准，则咸丰二年三县的人口约为 428.3 万人，按照杭州府城的人口百分率计算，则咸丰二年苏州城的人口应为 72.7 万人。乾隆四十九年（1784 年）规定："各州县编查保甲，即注明每户口数。每年造册所臬司查核。至外来雇工杂项人等姓名，各胪列本户之下……"户口统计包括了土著、寄籍，所以本书的推算数是苏州城的全部人口。由于工商业的发展，苏州城外也成为人口和商业的集聚地。明嘉靖时，据载："公署宦室以逮商贾多于西，故东旷西狭，俗亦西文于东也……在城之图，以南北为号，各分元亨利贞，以统部居民。南号差不及北，以地有间隙，稍远市廛。"③ 但是到了清代中叶，不仅城内已"人满为患"，城外也无空地。城西的阊门内外、葑门、娄门的东部近郊，均很繁华④（从阊门至枫桥就有连绵二十余里的商业闹市及纺织品加工业）。如果包括城外商业区的人口，苏州城百万人口是应该有的。但是赵烈文在《能静居士日记》载：

  常州先查保甲时，合城内外有户一万三千，计户不计灶，分析言之，一户中一、二户，三、四、五、六户不等，实在四万户。每户牵算五口，即二十余万口。每口每日米半升，一日即须米千余石，每岁四十余万石。苏州七八年分查户口时，城内外土著寄籍共五十余万户。⑤

---

① 傅崇兰：《中国运河城市发展史》，四川人民出版社 1985 年版，第 219—220 页。
② 李铭皖等修，冯桂芬等纂：《苏州府志》卷十三，光绪九年刊本。
③ 曹自守：《吴县城图说》。
④ 孙嘉淦：《南游记》。
⑤ 《能静居士日记》，太平天国历史博物馆编：《太平天国史料丛刊简辑》第 3 册，中华书局 1962 年版，第 217 页。

赵氏所载的七八年当是咸丰年间。50余万户，以每户3口算，有人口150多万人；每户5口算，达250万人。太平天国定都南京之后，苏常震动，为了防止奸细，各地纷纷清查户口，所以赵对苏州人口的记载不像是编造，但与本书苏州城百万人的估计相差太多。这种特殊现象与苏州人口的地域构成及战争环境有关。明清两代，苏州城市人口中占数量优势的是工商业人口，而在这些人口中，相当部分是外来人口。据洪焕椿统计：苏州会馆和公所达90多处，其中90%以上的会馆是外地商人所建①。所以一旦家乡遭灾，这些人就成为遭受灾难的亲朋好友、门生故旧的投靠地。而江南地区发达的经济亦吸引着流民不断聚集到苏州。赵烈文所载的人口，应当是苏州被占领前大量难民东下的结果。这种因难民增加导致城市人口增多的另一个显明的例子是浙江省湖州，咸丰十一年（1861年）冬，该县编查户口，"数逾常时数倍"②。所以咸丰七八年苏州人口激增是可能的。

无锡清军溃败后，张玉良、和春败兵趋苏州，为了防止太平军利用城外民房攻城，"迨夜则德昭自发令箭，沿城纵火，无何，远近亦纵火，绵延十里外，火中四面劫掠，民死伤无算。盖玉良兵及长洲、元和两县所募广勇为之"③。因事先没有通知民众，民众死亡不少。在太平军未到之前，苏州城本地民众逃亡的不多，据载：

> 苏州在城士民商贾尚有十分之七。因其无真实信息，徒有谣言纷杂，败兵土匪而已。故疑惑不定，未肯遽搬。又见守城兵丁尚多，军威振肃。不知贼已埋伏在内，一到十三日黎明，皆变红头。遍城长毛骤起，大喊"杀妖"。而城之内外贼匪广徒，相应夹攻。官军措手不及，奔逃无路，被戮其半。百姓死者尸横道路，血流街衢。各城门河

---

① 《论明清苏州地区会馆的性质及其作用》，《中国史研究》1980年第2期。
② 《中兴别记》，太平天国历史博物馆编：《太平天国资料汇编》第2册（上），中华书局1979年版，第921页。
③ 《上海纪事》，太平天国历史博物馆编：《太平天国史料丛刊简辑》第2册，中华书局1962年版，第231页。

内浮尸蔽塞，合城鼎沸，烟焰四起。①

不过，客商在太平军到来之前已大部迁出，据载"传苏城紧急，而苏州故有广匪患，于是客商皆他徙，街上生意皆清谈，人亦少来往……"②可见，在太平军到来之前苏州城中人数已大为减少（关于苏州外来人口迁出的具体情况可参见前文《太平天国攻占南京至第一次人口统计前民众的逃亡数》部分）。由于苏州文武官员忙于逃命，防务空虚，太平军轻而易举地占领苏州，即"自李文炳、何信义等献苏城而降，我即引兵入城，收其部众五六万人"③。民众不会因抗拒太平军遭到太大伤亡。太平军攻破苏州城二十天后，李秀成在城内设七局，清查人口，当时平民人口为八万三千余口许④，这不包括被吸纳到太平军馆中的民众。但是城内民众自杀的也不少。长洲士子潘钟瑞的记载：

> 或云发逆屠杀之惨，于苏独轻，破城第一夜，凡陈尸十字路口者，以骇民而阻其逃，此外无多。虽士民之巷战、骂贼、不屈被害者，诚不可以数计；至于骈首接踵，相与枕藉而亡，河为之不流，井为之湮塞，实皆自尽以殉，而妇女尤多；于此见苏人之抵死不受辱，具有同心，而非贼之宽仁也。⑤

《花兰芷牧师的一封信》中也记载道："在苏州城内和近郊，可以看见数以百计的被遗弃的尸体，一部分是被杀死的士兵，大部分（或许更

---

① 《鳅闻日记》，罗尔纲、王庆成主编：《太平天国》第6册，广西师范大学出版社2004年版，第297—298页。
② 《避寇日记》，太平天国历史博物馆编：《太平天国史料丛刊简辑》第4册，中华书局1963年版，第26页。
③ 《李秀成自述》，中国史学会编：《太平天国》第2册，上海人民出版社1962年版，第811页。
④ 《苏台麋鹿记》，中国史学会编：《太平天国》，第5册，上海人民出版社1962年版，第275页。
⑤ 同上书，第276页。

大部分）是自溺而死，中国人在惊慌失措时往往这么做。"① 民众死亡情况据《自怡日记》载，苏州城内人"遇害者十之一二，自尽者十之二三"②，即当时城内人口损失过半，但根据前三种史料的记载，《自怡日记》的记载有所夸大。太平军进城后，一个月内掩埋的尸体为45000有余③，尚未掩埋完，外国人记载当时苏州至少有8万居民自尽④。本书取外国人的记载，即8万人。

常昭。咸丰十年四月初三日（1860年5月11日），常昭之民闻常州失陷、太平军攻打无锡，便"迁徙纷纷，有航海至通州、崇明、海门、宁波者，各处难民来虞，络绎不绝"⑤。初五日（13日）何桂清败军自常州逃至常熟，更是引起一场大迁徙，"城中不论贫富，仍望各乡迁避，舟载肩挑，连络不绝，城门几不可闭……初九日后，本城搬移将尽。仍有苏州人装载眷属器用，大小船只每日来者不断……其初八日至十二日，吾常、昭城内之民，约已搬出其七分，仅留男子看屋"⑥。但是从五月到七月（6月至8月），虽谣言不断，"其实无所见"，加上"城中大小百家，居乡不惯"，因而"每日陆续回城，店铺渐各开张。茶室酒馆，街巷往来人烟凑集，太平气象，剥而又复。至到八月初二日，城中男女老幼搬回十有八九。避居乡间者少数"⑦。由于乡民的引导，太平军兵不血刃地占领了该城，所以该城人口损失较轻。太平军入城后，即把各家财物归公；并按照年龄把民众分到各馆，承担不同的任务。拒绝或反抗者，多被杀，也

---

① 《花兰芷牧师的一封信》，罗尔纲、王庆成主编：《太平天国》第9册，广西师范大学出版社2004年版，第220页。

② 《自怡日记》，罗尔纲、王庆成主编：《太平天国》第6册，广西师范大学出版社2004年版，第37页。

③ 《苏台麋鹿记》，中国史学会编：《太平天国》第5册，上海人民出版社1962年版，第284页。

④ 《太平军纪事》，中国史学会编：《太平天国》第6册，上海人民出版社1962年版，第939页。

⑤ 《自怡日记》，太平天国历史博物馆编：《太平天国史料丛刊简辑》第4册，中华书局1963年版，第346页。

⑥ 《鳅闻日记》，罗尔纲、王庆成主编：《太平天国》第6册，广西师范大学出版社2004年版，第296—298页。

⑦ 同上书，第305页。

有部分人自尽。龚又村记载"城内死者满万"①。但城内人大部逃了出去。《鳅闻日记》记载："数日后，四门不闭，亦无防守。"②经过死亡和逃亡，"各家房屋俱空"，城中留下的居民亦不多③。除此之外，有部分人加入了太平军。在黄文金率军离开常熟时，共带走百姓三五万人，其中十分之三逃回④，即被掳者共35000人，伤亡不大。

吴江。在太平军占领苏州后，吴江城内便迁徙一空⑤。太平军到后，"城内外杀数百人，掳千余人，焚民房十几处。土匪肆掠"⑥。人口损失不大。

松江府城。太平军未到之前，巡抚徐有壬烧毁阊胥两门外市房数万⑦，给民众造成一定的伤亡。咸丰十年四月六日（1860年5月14日），倾城男女扶老携幼连夜出城。五月十三（6月20日），松江府失守，"凡闻风而先遁者，皆不及难"⑧。二十八日（7月3日），松江府城即被华尔的洋枪队收复。同善堂在城内收尸，除百姓自行收埋，及已焚毁者无骨可捡外，共收了2400余具尸体，投河及被杀者不在其数，松江府城的人口损失较轻。六月二十四日（7月29日），松江府城再次被太平军占领，七月初二日（8月7日）太平军撤走。由于松江府城居民"预将食锅尽行搬出，而贼无煮炊之具，即退出"⑨。虽记载得不甚确切，但也反映出太平军入城后城中居民不多的事实。这说明太平军二次占领松江府城时城中人口损失亦不多。太平军攻占松江城，城中遭受的主要是物质损失。

---

① 《自怡日记》，太平天国历史博物馆编：《太平天国史料丛刊简辑》第4册，中华书局1963年版，第363页。

② 《鳅闻日记》，罗尔纲、王庆成主编：《太平天国》第6册，广西师范大学出版社2004年版，第310页。

③ 同上。

④ 同上书，第322页。

⑤ 《吴清卿太史日记》，中国史学会编：《太平天国》第5册，上海人民出版社1962年版，第332页。

⑥ 《庚癸纪略》，罗尔纲、王庆成主编：《太平天国》第5册，广西师范大学出版社2004年版，第311页。

⑦ 《小沧桑记》，中国史学会编：《太平天国》第6册，上海人民出版社1962年版，第445页。

⑧ 同上书，第446页。

⑨ 柯悟迟：《漏网喁鱼集》，中华书局1985年版，第44页。

第四章 战时江苏布政使司（不含上海城）人口损失 / 215

虽然物质损失会对人口损失造成影响，但并不等同于人口损失。例如，九江于1853年被太平军占领，1858年被清军攻取，但到1861年8月为止，"民尚居乡。问（闻）土人云，居民十成死一，民居十成存一，大乱仅此，已厚幸矣"①。其他城市的情况可能类似松江府城：在太平军到来之前，民众大都逃亡。《难情杂记》的作者薛凤九是上海人，他在太平军占领青浦之前，曾到青浦，发现"（咸丰十年四月十三日）人烟寥落，居民迁避一空"②。不过，青浦五次易手，交战比较残酷，常胜军最后攻陷青浦时，俘虏了太平军12000多名，"凡见清官兵，不准自取一物，大小男女任其带尽，清官兵不敢与言"③。以此看来，松江府各城市的遭遇不完全一样，但总体人口损失较少。

根据现存资料，太平军在占领常州府、苏州府、太仓州等所属州县时的人口损失，仅查到上述几个城市。但考虑到太平军在攻占各城市的过程中，除了在金坛、常州和锡金遭到强烈的抵抗外，其他城市中的清军和百姓的抗拒并不强烈，损失比例不会超过这几个城市。就府而言，在江苏布政使司所属各府中，苏州府和松江府受到太平军的影响最小。在松江府所属各州县中，除了青浦县太平军占领的时间较长外，其他城市太平军占领的时间不长。而且，居民因得到消息较早，在太平军到来之前大部逃了出去，仅就太平军占领时的情况来看，松江府的人口损失应是最少的。后人记载这次兵难时亦说："以苏浙论，前时常镇之兵荒，重于苏属；杭湖之兵荒，重于嘉属"④，即是明证。

总之，江苏布政使司所属受到战争袭击的共有31个州县，其中金坛、常州府城（阳湖）、无锡、苏州（吴长元地区）、常昭等地有较为明确的记载，其城市人口损失合计近50万人。如果包括其他地区的城市死亡人数当远远超过该数字。不过，在其他地区城市人口的损失中，除了江阴

---

① 《能静居士日记》，太平天国历史博物馆编：《太平天国史料丛刊简辑》第3册，中华书局1962年版，第179页。

② 《难情杂记》，罗尔纲、王庆成主编：《太平天国》第5册，广西师范大学出版社2004年版，第273页。

③ 《李秀成自述》，中国史学会编：《太平天国》第2册，上海人民出版社1962年版，第822页。

④ 《皇朝经世文统编》卷二十五，《地舆部·屯垦》。

外，在咸丰十年所遭受的人口损失并不太严重，因而不能用50万作为参照数字来估计江苏布政使司整个的城市人口损失。那么，江苏布政使司城市人口损失是多少？赵烈文曾上曾国藩书曰："今之贼，自三年以来，俨然有自王之志，杀戮未极，所至城守，受贡责赋，城民四散居乡，迄今安全者尚十七。斯近古所罕有，盗之异者也。"[①] 此时是1861年，也就是说太平军攻占城市时，自杀的、被杀的、被掳的，共占城市总人口的30%，得到保全的则占到70%。1852年，江苏布政使司总人口为1761.7万人，除崇明和上海的人口数为65.1万人、54.4万人外[②]，其他各县的人口约1642.2万人，按照城市人口占总人口的18%计算，则城市人口近295.6万。在太平天国攻占苏南的过程中，如果以城市人口损失占城市总人口的30%计算，那么太平天国攻占苏南期间，江苏布政使司的城市人口损失达88.7万人。鉴于9县的城市人口损失已近50万人，所以说本书88.7万人的估计是较保守的。1862—1864年的战争对城市人口影响更大。但在战争来临之前，城中人大部出逃，其中逃往乡下的人口损失严重；在清军攻陷各城池后，太平军的家属或留在城内之人，或自杀，或被杀，或饿死，几乎死亡殆尽。虽资料不足导致这段时间内江苏布政使司的城市人口损失数无从得知，但是本书在《战争中军人的死亡数》一节中对太平军死亡人数探讨时已经包括了这部分城市人口。本部分的结论（江苏布政使司的城市人口损失达88.7万人）仅是对咸丰十年江苏布政使司城市人口损失的总体估计。

二 战时乡镇人口损失

在传统中国，乡村人口约占总人口的90%。太平军占领各城市后，出于城防的需要，城中居民部分被释放出去，这些居民多散布于四乡。可以说，太平军对占领区的统治，其实就是对乡镇的统治。太平天国战争对涉战之区的城市人口产生了严重影响，对乡镇人口的影响又如何呢？法国

---

① 《能静居士日记》，太平天国历史博物馆编：《太平天国史料丛刊简辑》第3册，中华书局1962年版，第196页。

② 1852年海门厅和崇明县的人口数系第一章第二节的估计数；上海县的数据来源于同治《上海县志》（应宝时修，俞樾纂，同治十一年刊本）。

巴黎高等社会科学院研究院博士熊彬彬在用战争烈度进行综合分析的方法对太平天国战争时期江西的人口损失进行研究时，曾把太平军统治时间的长短作为衡量一个地区人口损失严重与否的标准。事实是否如此呢？本部分将对战争期间江苏布政使司涉战区的情况进行考察，冀对此问题的解决有所帮助。

太平军占领镇江后不久，清军余万清便驻扎京岘山，江苏巡抚吉尔杭阿驻扎南门外九华山，互相接应。自此，镇江郊区硝烟不断，但镇江府的其他地区并没受到战争的影响。以军纪败坏的清军为例。在清军屯扎之区，"然军民杂处，不轨之徒，勾引游勇，肆行抢劫，故咸丰四五六年间，典铺与富户，抢劫几遍，报官置若罔闻"①。这表明，驻扎军队对人口损失影响不大，即使是军纪败坏的清军在该地区所引起的也仅是治安问题。镇江被清军攻取后，该地区"……并蒙恩诏，将邑条漕缓至三年后起征，故八九年间，有田无税，力农之家，尚可苟完"②。可以说，在咸丰十年之前，除了镇江郊区受到战争的影响外，镇江府所属其他地区比较平静。

咸丰十年，清军合围天京，天京局势危急。为了解天京之围，太平军各主帅于1860年4月召开了建平会议，制定了联军作战的策略：东路军，由李秀成兄弟组成，以溧阳至天京一线为主攻方向，其中李秀成兵团为左翼，李世贤兵团为右翼；中路军，由杨辅清兵团和陈坤书等部组成，前者为左翼，后者为右翼，负责高淳至天京一带的军事任务；西路军，由陈玉成兵团组成，以攻击江南大营西路侧翼防线为目标。而清军为了保全苏南，在常州、镇江、丹阳、金坛集聚了大量的兵力（为此忽视了天京外围大营的增兵固防）。按照作战计划，李世贤的东路军队主要在宜兴、金坛、常州一带活动以配合杨辅清中路进军，所以，在未破江南大营前，镇江地区因过兵曾受到影响。但是不久李世贤兵团即从这些地区撤退转入了天京战场，所以镇江府区受到的影响不大。江南大营溃灭后，钦差大臣和春和张国梁即着手准备丹阳会战。经过激烈的战斗，1860年5月19日，太平军歼灭清军10000人，攻克了丹阳。此间，太平军对镇江也展开了进

---

① 《遭乱纪略》，中国史学会编：《太平天国》第5册，上海人民出版社1962年版，第83页。

② 同上书，第84页。

攻。太平军分别于5月21—26日（从丹阳出发）、9月6—10日（太平军从金坛、丹阳、句容出发）、10月10—16日对镇江发动了三次大规模的进攻，投入兵力达数万人，但均因清军的顽抗而失败。与此同时，因清军的抗拒，太平军花费了3个月的时间才将金坛攻克。在此期间，激烈的战争、频繁的过兵、清溃兵散勇的焚掠等使镇江府的乡村遭受到一定的损失。其人口损失的程度可借助时人的记载进行推测。解涟是住在润东葛村（镇江东乡的一个村庄）的一位生意人，他记载了丹阳大营破后，家乡及其附近地区的遭遇：

> 丹阳既陷（闰三月二十九日），午后兵勇溃散，由我村向北行，不下数万，是夜黄墟被烧……初八日辰刻，东乡数十里，四面火起，各镇各村贼匪一时俱到，旗帜枪炮遍地皆然。……少壮者多被虏去，老弱者逃至江边，人众船稀，难以尽渡……此日四更，匪有七八万由西路来，前皆示弱，以稳人心，至此大举，恣意虏掠，被杀者、投水自尽者，尸骸不可悉数，东乡一带被虏者，约数万人。我村自初三后各家逃徙，是日杀伤者数十人，被虏者七八十人。①

此次过兵使该村人口损失多少呢？在未乱之前，该村有牛百余头。能买起耕牛的，一般为自耕农及其以上者。葛村"向来贸易者多，力田者少，耕田凿井，全仗丹阳农夫作雇工……"② 中农以上才有能力雇工，1933年广西省立师范专科学校对该省22县48村2614农家进行了调查，以占有土地5亩以下的为贫农③；而在一个纯农业经济的社会，人们如只以土地为唯一生产和生活来源，按照洪亮吉的说法则人均需4亩（3.69市亩）方可生存（10清亩是温饱水平）④。而冯和法《中国农村经济资料》中关于江苏的乡村占有6亩以上土地的家庭占了69.7%⑤，葛村多是

---

① 《遭乱纪略》，中国史学会编：《太平天国》第5册，上海人民出版社1962年版，第84、84页。
② 同上。
③ 转引自姜涛《中国近代人口史》，浙江人民出版社1993年版，第332页。
④ 《洪亮吉集，卷施阁文甲集》卷第一，《意言，治平篇》，第14页。
⑤ 冯和法：《中国农村经济资料》，上海黎明书局1933年版，第18页。

贸易之家，它的情况显然高于平均数，如 70% 的家庭拥有牛，假设一家拥有一头牛，而该村有牛百余头，那么该村应有 130 多家，以每户 5 人算，全村有 700 余口人。被掳者如按照 50% 的死亡率计算，则该村有 40 人死亡，加上是日间杀伤的数十人，数十代表 10—90 人，那么在动乱时期一次大规模的过兵可导致 50—130 人死亡，伤亡人数占该村总人数的 7.1%—18.1%，取平均数则伤亡率为 12.5%。如果再加上自杀的人，则人口的死亡数占总人口的比例更高。该推论可以得到西方人记载的印证。1860 年富礼赐到南京访问，途中曾关注过镇江乡村的人口损失状况[1]：

> 出了丹阳，河流迂回曲折地流往宝堰……在前往宝堰的路上，我们进入了乡村民众的社会……来自附近农舍的一群村民聚集在我们周围，我们向其中的一人提问，开始了交谈……
> ——在这一带，每 100 人当中失去了多少人？
> ——15 人或 20 人被杀，30—40 人被掳去参加了叛军。
> ——这些被征入伍的人去了什么地方？
> ——很远的地方，苏州或嘉兴，或别的省份。
> ——你们的女子是不是也被掳走了？
> ——是的。年纪大的和相貌平平的被送了回来，但年轻貌美的并没有回来。

从上述对话的情景看，被掳的人应指的是男子，但被杀的人则不清楚，如果也按男子算，被掳的人则按 50% 的损失比率计算，则男子损失数占整个男子人口的 30%—40%、整个人口的 16.0%—21.3%，如加上女子的损失以及其他自杀的人口，则死亡率可能更高。而时人记载青浦的情况为"青浦未克时，淀湖滨虬泽诸村当贼冲，民居焚过半，遇害被掳者什二三"[2]。与西方人的调查相近。这就意味着那些处于交通要道及其附近地区的人口，如果过兵频繁，直接的人口损失是比较严重的，达

---

[1] 《杨笃信牧师的一封信》，罗尔纲、王庆成编：《太平天国》第 9 册，广西师范大学出版社 2004 年版，第 276 页。

[2] 张仁静修，钱崇威纂：《青浦县续志》卷十八，民国二十三年刊本。

16%—30%，取中间数为23%。此结论是建立在时人和西方人记载的基础上的。

那么上述记载是否是子虚乌有呢？这涉及如何看待太平军掳掠人口的行为。太平军的军纪规定："凡军中兄弟行路，不准强扯外小挑抬。"① 但现实中，太平天国中却有一条不成文的规定：能吸纳"新兄弟"者将受到升迁的奖励，而外小则是新兄弟的预备军。按照太平天国体制，是否为官和官职大小直接决定着每个人社会地位的高低，决定着是否拥有特权和特权的大小。这必然会在客观上刺激人民削尖脑袋地谋求当官和升迁，在现实利益的刺激下，军纪便显得苍白无力。1853年，春官正丞相胡以晃率军攻克庐州，即着人手执令箭，鸣锣传示："合肥新兄弟们听着！士农工商各执其业，愿拜降就拜降，不愿拜降就叫本馆大人放回，倘不放就到丞相衙门去告。"尽管如此，开米店的耆行商家周邦福却经历了一场艰苦的抗争后才被放回：起初周邦福苦求主管者放其回家，不允，并受到不从即被处死的恫吓；最后周邦福坚决不从命并极力哀求才被放还②。对军纪要求甚严的石达开军队尚且如此，在后期官场风气恶化、军纪日益败坏的情况下被掳者被释放回去的机会更小。1860年，江南大营第二次溃败，太平军长驱直入，中途招收了大量人员。李圭被掳后，随太平军向丹阳、金坛一线推进，沿途对此有所观察，据他描述，太平军吸纳四五十人，"或结辫发，或以长索贯发辫根，先后随行，甲贼谓他贼曰'兄弟们今日发财，又得了多少新家伙，今日回馆子，头子必有赏。'该贼答曰'恐为王爷知道，转怪我们劫夺百姓财物耳'，甲亦不置答"③。1860年正是太平天国军事再次高潮之时，军令不严，统领对部下约束不力，甚至鼓励部下裹胁百姓（这成为兵源补充的重要途径）。而这些被掳者因不从、不顺上级之意被杀或者逃跑未遂被杀的情况并不少，这也是平民死亡的重要原因。如果考虑到这些情况，上述记载的真实性是很大的。但不能由此而夸大1860年的战争对人口的影响，因为人口遭到严重损失的主要是那些处

---

① 凌善清：《太平天国野史》卷七，上海文明书局印行，中华民国廿五年。
② 《蒙难述钞》，中国史学会编：《太平天国》第5册，上海人民出版社1962年版，第70—78页。
③ 《思痛记》，中国史学会编：《太平天国》第4册，上海人民出版社1962年版，第469页。

第四章 战时江苏布政使司(不含上海城)人口损失 / 221

于交通要道和抗拒激烈之地。与镇江府所属不同,1860年江苏布政使司所属其他地区受战火的影响要小得多,人口损失应不大。《避寇日记》记载太平天国占领后"苏属乡镇未遭烽火者十之七八"即是明证①。

战争是双方的行为,清军对人口的影响又如何呢?江南大营二次溃散,清军焚掠过苏州城,继之"奔无锡而下者十之七,奔江阴者十之三,所过村庄,辄肆淫掠。惟江阴之申港民团齐心协力,拒杀甚众……"② 清军军纪的腐败远超过太平军,但此时清军作为败退者,主要是掳掠财物,如果民众任其所为,对民众生命尚未构成很大威胁。而太平军吸纳民众的主要目的是补充兵源,因而清军虽有数万人,但对人口造成的影响并不如太平军。不过,总体而言,在太平军攻占苏南的过程中,不管是太平军还是清军,对乡村人口的影响都是较有限的。

太平军在攻占各城市的过程中,对乡村人口的影响不大。在占领各城市后,为了建立稳定的统治,太平军首要解决的是苏南地区的团练③问题。团练是地方武装,以保护本地区为主要责任。太平天国占领南京后,在当地绅士的主持下,苏南各县纷纷建立团练。江南大营溃败后,团练主要以抵抗太平军为主,但也对付清溃兵的掠夺。与正规军相比,苏南地区的团练有其不足,一位士子曾对团练评价道:

> 乡团不可恃又不可少,承平久均不知兵,一闻贼至,望风逃匿。其豪富及稍有财产者,早已空室远徙。所剩力田农民与市井无赖恋土难迁,局中强之御贼,户出一丁以为团勇,其中军装不备,器械不齐,技艺不习,部伍不整,号令不听,统领者又不操生杀之权,不严约束之条……④

---

① 《避寇日记》,太平天国历史博物馆编:《太平天国史料丛刊简辑》第4册,中华书局1963年版,第191页。
② 《东南纪略》,中国史学会编:《太平天国》第5册,上海人民出版社1962年版,第235页。
③ 江南团练情况较复杂,其中相当一部分是危害地方的枪匪,太平军统治时期对枪匪进行了剿杀,从人口损失的角度本书不做区分。
④ 《庚申江阴东南常熟西北乡日记》,中国史学会编:《太平天国》第5册,上海人民出版社1962年版,第436页。

但是团练遍布了整个苏南地区，人数众多，不容忽视。如常州附郭两邑共有 35 乡，隶武进者 17、阳湖者 18。其中阳湖的迎春乡因比较偏僻战争未涉及外，其他 34 乡都是战区，因而这 34 乡都存在团练。这些团练不仅阻挡太平军的进军，即使在太平军攻占城池后，仍威胁着太平天国对这些地区的统治。对于团练问题，太平天国主要采取以下几种政策。

一、镇压。对阻挠太平军进军和统治的团练给予一定的打击。例如，江阴东南和常熟西北的团练连成一片，极力阻挠太平军的军事进攻；在太平军攻陷城池后，团练不断地与太平军对抗，仅咸丰十年六月初八日（1860 年 7 月 14 日）陆桥之战中清方团练即达数万人①。常熟地区的木渎镇，"贼初至时，木渎结团与抗，贼大队往，民团破败，纵火焚民居，灵岩梵刹俱尽。贼首忠王怒，以为不当毁名胜，贼往者骈斩四十余人"②。王有龄在咸丰十年七月（1860 年 8 月）向清廷奏报：

> ……其余无锡、金匮、武进、阳湖、江阴各乡亦行团练，杀贼甚众，贼甚畏之，所有出力绅民节经奉旨查明请奖。惟自江阴再陷，西北各团已多星散，传闻七月初间逆匪数万，力扑无锡乡村，大肆荼毒，而礼社一处数千家被害最惨，几于鸡犬不留。甚至今尚自支持者，亦皆筋疲力尽，深恐大兵迟到，亦难久存。③

太平军对这些势力强大的团练大多都在攻占城池前后进行了围剿。以武阳为例。笔者据光绪《武阳志馀》的记载对团练和太平军的交战情况做了如下统计（见表 4－8）：

---

① 《庚申江阴东南常熟西北乡日记》，中国史学会编：《太平天国》第 5 册，上海人民出版社 1962 年版，第 429 页。

② 《能静居士日记》，太平天国历史博物馆编：《太平天国史料丛编简辑》第 3 册，中华书局 1962 年版，第 161—162 页。

③ 《王有龄奏报嘉兴吃紧苏常团练望兵请敕大员会剿折》，咸丰十年七月二十五日，中国第一历史档案馆编：《清政府镇压太平天国档案史料》第 22 册，社会科学文献出版社 1996 年版，第 497 页。

表4-8　1860年武进、阳湖地区团练和太平军交战大事记

地域	时间	太平军死亡人数	团练死亡人数
武进怀南	六月二十六日	80余	400余
怀北	六月二十六日		97余
安东	四月十一日、十三日	20余	300余
安西			30
鸣凤乡	五月四日		200余
钦风			2805
栖鸾			517
旌孝			193，老弱得脱者万余人
尚宜			3
德泽			数千人多伤亡
孝东			118
孝西	四月三日、初七日、初八日		老幼数千人，全军覆没
依东、依西		100	252
循理、通江	三月二十六日、四月三日、初五日		数百人、129
通江			数百人
阳湖大宁	四月十八日		108
丰北、丰南	四月七日、十八日；同治二年三月、五月五日、十二日	颇有斩获	数千人、数十人、4人、数百人、数十人
丰东	四月六日		64
丰西			490
政成			60
孝仁	四月七日		38
安尚		70余	
升东			45
升西	四月十六日		败
定东	四月三日、六日		260
定西			数百人
惠化			乡团练事迹不可得
廷政			太平军至，团练散，4人
从政			39

续表

地域	时间	太平军死亡人数	团练死亡人数
太平			团练散，55人死。该乡遭到报复
新塘	四月初七日、二十三日、五月十二日		数百人、24人
迎春			2

表4-8中团练的具体死亡人数已达6233人，加上其他不定数，估计有3万人（表4-8所载只是方志根据忠表录摘抄下来一县的数字，就整个江苏而言，实际死亡的人数不容忽视），表明团练在当时是非常普遍的，且人数众多。由于这些团练聚则为兵，散则为农，实际上参加者多为农民，代表着广大的草根社会，因而太平天国在对其打击的同时，还采取另一种政策——安抚。

二、安抚。以民为本是统治者存在的基础。对此，太平天国各级将领并非没有认识。黄文金的队伍军纪松弛，因而黄文金素被时人称为"黄老虎"。但黄文金在占领常熟后，乡勇前来攻击，黄文金在瞭望台上望见，"叹曰'来者非真妖，农民耳，若杀尽耕作无人'，大声'罢了'，把号炮放起"①。正是基于这样的认识，太平军对团练采取的更多是安抚政策。《李秀成自述》中记载道：

> 复城之后，当即招民，苏民蛮恶，不服抚恤，每日每夜抢掳到我城边。我将欲出兵杀尽，我万不从，出示招抚，民俱不归，连乱十余日，后见势不得已，克复未得安民，我亲身带数十舟只直入民间。乡内四处之民，手执器械，将我一人困在於内，随往文武人人失色。我舍死一命来抚苏民，矛枪指我杀命，我并不回手，将理说明，民心顺服，各方息手，收其器械。三日将元和之民先抚，七日将元和、吴县、长洲，安清平服，以近及远，县县皆从，不战自抚，是以苏常之

---

① 《海虞贼乱志》，中国史学会编：《太平天国》第5册，上海人民出版社1962年版，第358页。

民归顺。①

李秀成的话代表了太平军处理苏南团练的主要方针。

三、妥协。随着太平天国在苏南的统治逐渐稳定，一些团练失去了支撑下去的信念，逐渐归附了太平军②。还有一些团练则暂时与太平天国达成妥协。而一些地区的太平军将领鉴于地方上强大的团练势力，为了保持地方的稳定，也与团练签订和约。苏州太平军守将熊某与各路乡镇白头团勇相约，"各不打仗，仍各自团练，并亲至面订要约，实欲预留地步，而后来官兵之近，亦藉民团未散之力，窃谓为贼而未丧天良如万荃者，亦绝无仅有耳"③。锡金，"贼和民团和，两不相犯，彼此便宜，于是商贾繁盛，百货堆积，似有升平景象"④。这种妥协政策虽然暂时为这些地区带来了安宁，但也埋下了祸根。

团练问题基本解决后，太平天国在苏南的统治进入了新的时期。对于太平天国在苏南的统治，学者有着不同的看法，80年代之前的研究对太平天国美化较多，80年代后的研究则强调其腐败的一面。那么如何看待这个问题？

不可否认，太平天国运动后期，太平军军纪腐败是事实。当时，军队的人员构成有了很大变化。活跃于江浙战场的各主力部队中，绝大多数是1860年后经略苏杭地区以来的新入伍者。据夏春涛研究，陈坤书部残存名册中，75%以上的官兵系1860—1863年参军的，内以安徽、苏南人居多。而这些"新入营者主要由倒戈或被俘的清军、各式各样的游民等组

---

① 《李秀成自述》，中国史学会编：《太平天国》第2册，上海人民出版社1962年版，第812、813、821页。

② 王有龄记载："臣闻苏常失陷以来，不见官兵已逾三月，万民盼望，甚于云霓。臣近接代理吴县沈锡华续禀，该县各镇举办民团，均尚安静，惟局费高匮，无从设法，早稻将成，难防抢割。且附郭一带逆匪遍帖伪示，贸易交通日久，更多附和。民团相持数月，心力已竭，迨闻曾国藩须八月方能进剿，人心更觉惶惶，并有绅董来浙具呈，请即飞咨赐援。等语。"（中国第一历史档案馆编：《清政府镇压太平天国档案史料》第22册，社会科学文献出版社1996年版，第497页）

③ 《苏台麋鹿记》，中国史学会编：《太平天国》第5册，上海人民出版社1962年版，第301页。

④ 《平贼纪略》，太平天国历史博物馆编：《太平天国史料丛刊简辑》第1册，中华书局1961年版，第273页。

成,桀骜不驯,散漫成性……而一些统兵将领又疏于改造军队的工作,对部下约束不力,甚至本身就以身试法,遂导致军纪松弛,局面失控"①。而且,太平天国后期,洪秀全为了防止各将领功高盖主,便滥施爵赏、大加封王,以期采用制衡方式驾驭各将领。但结果是,各将领间失去了隶属关系,拥兵自重、互争雄长、山头主义横行,各自为政,形成了各自独立的王国。一些将领骄奢淫逸、缺乏远虑,不懂得唇亡齿寒的道理,在自己的领域内,还比较体恤百姓,一旦进入清军或其他太平军将领的领地,则视为大发横财的机会。例如,浙江嘉定安民后,"有苏州贼回碜石,欲掳烧,嘉贼因以贡封,苏贼言,我独不可贡,嘉贼及市人共与二千银,忽晚,守住四栅,被掳百余人,烧房屋无算,全镇几尽瓦砾矣"②。这无疑是自掘坟墓。另外,在后期,太平军中普遍存在以大压小的不良风气。金山驻军中一名太平军劝阻被掳人顾保时曾说过这样一番话:

> 长毛规矩,以大压小,如麻天安所安之民,倘狼天义过境,则仍欲掳掠;狼天义所安之民,倘将王等过境,则亦欲掳掠,倘遇爵位相埒者则或然或否,无一定之理,惟位卑者则不敢也。③

这种见怪不怪的口气令人瞠目结舌。所以,出现太平军扰民的事情绝不是无中生有,但不能夸大太平军扰民的严重度。因为太平军守将对部下约束的严厉与否在各统治区是不一样的。苏南的太平军守将(附表2)大部是李秀成所属。占领之初,太平军军纪总体较好,其统治也较为温和。例如,李秀成的部下陶姓驻扎在昭文县的芝塘,一位逃离太平军队伍的人曾形容道:

> (芝塘)比别处尚好……其余人家亦未甚难为,不过鸡猪柴米之类略为折损。掳掠烧淫,皆属平常,不似沈市珍门庙杀者几许,纵火

---

① 夏春涛:《太平军中的婚姻状况与两性关系探析》,《近代史研究》2003年第1期。
② 《花溪日记》,中国史学会编:《太平天国》第6册,上海人民出版社1962年版,第673页。
③ 《虎穴生还记》,中国史学会编:《太平天国》第6册,上海人民出版社1962年版,第739页。

几处，甚至开膛剖肚，缚夫淫妻，缚父淫女，种种恶毒。而梅里打馆之头目，系黄老虎统下福山长毛也，更为凶恶，移文来约吵状；我们大人皆不依允，彼处人家犹幸忠王知觉，发令提回，不然踏为平地。是何一样长毛，好歹不一，盖梅里所到之毛，系黄李二逆手下惯杀惯烧之辈，且杂常州无锡他处无赖，扮作长毛，跟来掳掠，故尤觉不堪至之。①

作者记载的时间是太平军占领几天后的情况。该县芝塘的太平军守将是李秀成的部下，而其他地区则是由占领常昭的黄文金的部下主持。按照会战前的协定，苏南地区属于李秀成的辖地，黄文金只是代管，因而在其暂时管理期间出现了对部下约束不严而残害百姓的事（从黄文金对团练态度看，黄本人并非鱼肉百姓之人）。但这种状况随着黄文金部的撤离即结束。所以，黄文金驻扎期间的扰民情况也不应被夸大。因为太平军军纪的腐败远不如清军。有史载："民间畏兵如虎，不堪其扰也。主将虽严，耳目有所不及，故云'兵不畏官而畏贼，民不畏贼而畏兵'之语。"② 李圭在咸丰十年被太平军掳走，目睹了清军的军纪："至官军一面，即溃败后之掳掠，或战胜后之焚杀，尤属耳不忍闻，目不忍睹，其惨毒实较贼又有过之无不及，余不欲言，余亦不敢言也。"③ 而清军在镇江驻扎时对民众的扰乱并不是很严重。所以，客观地说，太平军在占领苏南之后，在短暂的时间内，发生过扰民的事情，但除了肃清残敌和安定秩序时对民众造成较严重的扰乱外，安民后对民众造成的影响不应被夸大。因为按照太平军军纪的规定，安民之地是不能被"打先锋"的。对于那些在非驻扎区进行扰民的太平军，李秀成下达了遇到野长毛即可就地正法的命令，在当时颇起到了威慑作用。

除了太平军自身腐化外，当时其统治下的一些地方政权，被一些投机

---

① 《海虞贼乱志》，中国史学会编：《太平天国》第5册，上海人民出版社1962年版，第366页。
② 《劫余灰录》，太平天国历史博物馆编：《太平天国史料丛刊简辑》第2册，中华书局1962年版，第158页。
③ 《思痛记》，中国史学会编：《太平天国》第4册，上海人民出版社1962年版，第481页。

者所把持。中国历代政府机构通常到县级为止，国家的政策如要在草根社会得以实施，必须借助当地士绅的力量。太平天国虽在县以下建立了乡村基层政权，分设从军帅到伍长的各级官员，但一般由太平军指派或乡绅幕后操纵本地人出任。而太平军在遴选乡官时倾向于有威望的士绅。这就导致了各地方总体上以乡绅胥吏为骨干，地方政权既有被士绅直接把持的，如常熟，也有士绅辅助的。其中的一些人便利用职权，假公济私、鱼肉人民，这对当时民众有一定的影响，但与人口的逃亡没有绝对的关系。因为这些人对百姓的盘剥并不比太平军占领前地主对农民的盘剥更严重。太平天国在苏南刚刚建立起统治后，对苏南地区原有的赋税制度并不了解，收取的赋税非常轻。例如，常熟在1860年之冬，"花田每亩六七百文，稻田每亩三四斗，业户不得收租"①。而战前该地区的租税每亩达一石。因此一些基层收租者便利用熟悉乡情的便利条件，私自提高田租，以便肥己。但是私收田租一般以太平天国战前苏南地区田租最高额为限，否则，不堪负担的民众便会逃亡，而这会引起李秀成的注意，肇事者最终难以逃脱责任。陈坤书在苏州极短的统治就是一例。因此，为了自己的身家性命，这些投机者对民众的盘剥一般不会超过民众的最大承受度。所以，投机者对民众的盘剥会使太平天国失去民心，但与人口损失没有直接关系（随着军事形势的严峻，苏南地区负担加重则是另一回事）。

而在太平天国安民后，军事形势恶化之前，苏南民众安闲的生活也说明了太平天国统治的可取性。

常昭地区。1860年11月，"乡农田家，市侩负贩，获稻纺织，服贾获利，尽可度日"②。生活受到影响的据时人载主要是些"收租度日者及城中难民无业无资者"③，这些人甚至"流离乡村，乞食无门，呼庚枵腹，饿病道途。多有养尊处优，身无长物，坐吃山空，竟至冻馁，死无棺木，

---

① 《避难日记》，罗尔纲、王庆成主编：《太平天国》第5册，广西师范大学出版社2004年版，第341页。

② 《鳅闻日记》，罗尔纲、王庆成主编：《太平天国》第6册，广西师范大学出版社2004年版，第330页。

③ 《海虞贼乱志》，中国史学会编：《太平天国》第5册，上海人民出版社1962年版，第371页。

草装席卷"，能保全者，不过"百中一二而已"①（对那些贫苦无依者，太平军曾设立难民局，进行救济，也发挥了一时之效）。显然，多数民众的生活并未受到影响。1861年3月之时，"城外亦有店铺。于是百姓长毛，渐渐混同不忌"②。1862年，"常、昭城乡四民，幸叨天佑，安静偷闲，照常过活"③。而《庚申（甲）避难日记》一文更是给我们提供了太平天国统治期间该区民众生活的全部画面：太平天国统治期间，直至叛变发生前，该地区民众并未逃亡，生活较安定④。

在江苏布政使司的其他地区，情况与此类同。吴县、长洲的治理者，"俱系他省宦族，被胁为之，尚能恤民"。由于太平军忙于浙江战事，苏南尚平静，居民也乐得自在，"贼据城后，陆续驱民出城，散居各乡，故乡镇之买卖转盛"；"贼既设乡官以收粮，又立卡以收税，而民尚不甚病者，五谷丰而百货萃也"。即使遇到灾害之年，民间的积蓄也可应付，"吾里本水乡，农人恃家家有船，平居则耕种，闻警则全家登船，各撑篙摇橹，星飞雨散。且熟于港之通塞，途之曲折，故三时之务不废也。壬戌之夏，米贵至斗值千文，疑将断米矣，乃新谷未登场，而价旋减。盖民间积粟尚多，始知古人藏富于民，真良策也"⑤。类似的记载还有《避寇日记》，据载：

> 又遇钱吟樵者，言苏属乡镇未遭烽火者十之七八，且迁徙者多，人烟转盛，城市富民往来贸易，货财充斥，增设市廛，贼但抽租增税而已，初不知其为乱世也。彼常以事至荡口镇，目见其然也。⑥

甚至一些行业畸形繁荣，"苏属虽经长毛，未遭焚毁，户口尚殷实，

---

① 《鳅闻日记》，罗尔纲、王庆成主编：《太平天国》第6册，广西师范大学出版社2004年版，第330页。
② 同上书，第343页。
③ 同上书，第352页。
④ 《庚申避难日记》，罗尔纲、王庆成主编：《太平天国》第6册，广西师范大学出版社2004年版。
⑤ 《野烟录》，太平天国历史博物馆编：《太平天国史料丛刊简辑》第2册，中华书局1962年版，第175、175、177、178页。
⑥ 《避寇日记》，太平天国历史博物馆编：《太平天国史料丛刊简辑》第4册，中华书局1963年版，第191页。

赌场日盛，各赌豪争趋之"①。民众生活之安定不亚于战前。

锡金在安民之后，管理锡金的黄和锦、李恺运"尚称循良之贼"②，安民后"不常出扰害，人民以次归农"，并在离城十里的地方寺头设立难民局③。宜荆"刘氏性尤驯，严纪律，约束部下，不令出城"④。沈梓记载昆山的情况："又有用泽（直）人从桐乡逃来，言及蟇、用泽（直）、杨朱、居庄等处皆昆山地界，长毛初到苏即修贡完粮，颇称盛美。"⑤ 显然，民众生活无忧。

并且，对于那些在1860年被掳的，只要是在江苏境内，安民后有亲人在者即可回家。被掳的金山人顾保听到安民的消息便打算与家人团聚⑥。常熟：

> 各家被掳之人，父母妻子，倚闾悬望，屡托乡官入城查探。贼中勒索银钱取赎。伪军帅邵、伪师帅金两人苛派，每名输洋钱三五十元，视其家产，不论贫穷。吝者，嘱贼勿放。至贿满贪壑，方得回家。如邵心慎子，贼中勒揩菜油八十担，番饼一百元，才得放还。乡官染指不少。延至两月有余，贫人无资被拘者，遇伪主将钱，苦求释放，钱亦心知良民无罪，每召乡官领归。⑦

虽在执行过程中存在一定的弊端，但民众返回家中也是事实。

上文仅是对各地情况的粗略探讨，为了进一步探究太平天国统治苏南

---

① 《避寇日记》，太平天国历史博物馆编：《太平天国史料丛刊简辑》第4册，中华书局1963年版，第150页。
② 《平贼纪略》，太平天国历史博物馆编：《太平天国史料丛刊简辑》第1册，中华书局1961年版，第282页。
③ 《如梦录》，太平天国历史博物馆编：《太平天国史料丛刊简辑》第4册，中华书局1963年版，第609页。
④ 施惠、钱志澄修，吴景墙等纂：《宜兴荆溪县新志》卷五，光绪八年刻本。
⑤ 《避寇日记》，太平天国历史博物馆编：《太平天国史料丛刊简辑》第4册，中华书局1963年版，第201页。
⑥ 《虎穴生还记》，中国史学会编：《太平天国》第6册，上海人民出版社1962年版，第739页。
⑦ 《鳅闻日记》，罗尔纲、王庆成主编：《太平天国》第6册，广西师范大学出版社2004年版，第336页。

时民众的生活状况，我们以吴江为例。吴江县同里镇人王氏对太平天国统治期间周围地区发生的大事进行了详细的记载，兹摘录如表4-9所示：

表4-9　　　　　　　　太平天国统治时期吴江大事记

时间	事件	事件
咸丰十年五月十二日	太平军瑞姓掌管吴江事	
十六日	太平军至王家木桥焚掠	练勇战，败
十九日	王家桥焚掠	勇战，杀太平军数名
二十一日、二十六日	平望，陷落	
二十八日	有叶姓进贡降太平军	
二十九日	太平军和枪船战	太平军入镇，乡间稍清
六月初一日	镇上太平军退	
初二日	作者回到镇上，发现街上杀数十人；泰源、恒源、永和三典被土匪抢掠，放火烧尽，焚漆字圩范氏屋数十楹	
初五日	梅堰、震泽、乌镇、南浔失守	
初八	黎里失守，南望火光不绝	
初九	作者镇往苏州进贡	
十二日	吴江太平军至镇杀掳，较前相似	
二十一日	往吴江进贡	
七月初三日	进贡四人充乡官，造户口册	
初九日	棟花塘一带遭掠掳	
十七日	镇人回甚多，作者也回家去	因金泽朱家阁东路各镇被掠
八月初一日	给门牌	
二十七日	太平军酋赖姓往青浦，沿途劫掠	
十月二十二日	枪船在镇滋事，居民或下船逃避，太平军侦知，押4人到局	
十一月二十六日	枪船抢劫军帅，太平军大伙来镇。是日居民逃避，店铺尽闭，路无行人	
二十五日	太平军众自西路劫掠回，掠资无算	
咸丰十一年五月十六日	清军到西塘、池墓、金泽等处，令民剃发捐军饷，两日即退。太平军旋至焚掠，民遭其害	

续表

时间	事件	事件
六月初八日	苏城太平军和吴江太平军争夹浦关,但没有骚扰百姓	
九月十八日	溧阳太平军数百过境,抢劫食物	
十月初旬	自去年秋间,里中设施粥局	
十月二十七日—二十九日	大雪,人民冻死	
同治元年正月十四日	监军令董事十人督理修塘	
三月十五日	城外扎太平军营	
二十四日	官军到池墓,令民剃发	
二十七日	太平军至池墓掳掠,清军在荡中开炮	
五月初八日	苏城太平军500余至镇,初到南埭,尽贴封条,占民房住宿	
十一日	太平军众往南,沿乡掳掠	
十四日	庞村被掳	
六月十四日	西塘被嘉兴太平军掳,居民遍被其害	
七月初六日	时疫流行,日死数十人,名吊脚痧,无方可治,不过周时	
八月十四日	南沙枪船掳掠	
闰八月初六日	清军炮船至芦墟打太平军卡,焚泗洲寺,至黎里三里相近	
九月初四日	各店铺报本抽厘,加五六倍	
十月初八日	太平军开钱庄被劫	
十二月	楝花塘农民百余入租息局	
同治二年二月	清军到周庄	
三月初一日	芦墟,太平军与清军遇,掳掠北厍而回	
二十一日	周庄民惊惶欲逃避被阻	
二十七日	南新湖有清军炮船几十号,居民惶惶。连日枪船搜寻乡官家属	
四月初二日	太平军至南乡掳掠	
十五日	同里湖炮声,冲字圩、新填地打落铅弹七八处。居民走乡逃避者甚多	
二十三日	太平军往黎里掳掠	

第四章 战时江苏布政使司(不含上海城)人口损失 / 233

续表

时间	事件	事件
五月初二日	清军到镇	
二十九日	同里湖，官军至，烧监军家，延及两岸居民数十楹。互有杀伤	
六月初三	程姓被扬王替代	
十一日	清军宣告：明日三路进兵，收复同里，即回打吴江，尔等居民宜避其锋	
十二日	居民潜逃	
十三日	清军复同里。然自午至晚，入人家搜逼财物者不绝	
十四日	收复吴江	
十七日	平望太平军冲七星桥	
二十一日	方尖一带太平军盘踞焚掠	
二十二日	太平军冲长生桥	
二十三日	太平军焚掠镇南乡村，冲过长生桥，居民逃避	
二十四日	太平军大伙居王家木桥，居民十逃八九	
二十五日	太平军至汤家桥放火，西半镇掳掠	
二十六日	太平军大伙至镇，恣行掳掠，遇人非杀即掳	
二十七日	太平军至镇，冲过镇北三四里焚掠	
七月初七日	洞庭东山布守，旋被太平军蹂躏。太湖沿边村落掳掠十余日，民死无算	
初八日	夹浦大营及吴江城外俱有太平军冲，清军杀太平军甚多	
十二日	太平军冲八坼下塘，被打退	
八月初六日	人家亦渐迁回。各处时疫流行，死者甚多	
初十日	八坼塘太平军出没，孙家兵屡战	
二十八日	下塘有太平军冲至，南沙亦被太平军冲	
二十九日	方尖一带乡民避太平军，牵牛背包者纷纷	

续表

时间	事件	事件
三十日	叶泽湖南乡村几十处，太平军众盘踞焚掠，烟焰四起，割稻打谷，装载入船	
九月初一日	湖中炮船鏖战，然太平军军势大蔓延，已至长生桥。居民逃避者十去八九	
初三日	清军旱队捉民夫，筑土城于长生桥	
初四日	太平军冲长生桥，南路烟头四五处	初五、初九、初十，时疫；二十、十四、十五、十六日，战争
二十六日	五龙桥兵捉民夫增筑土城，开壕沟直至庞山湖边	
十月初三日	禁止捉船，乡船渐有至镇	
十五日	南沙、施家尖、牛毛墩俱被太平军冲	
十一月初三日	打退横扇、杞港等处太平军，获太平军数百	
十二月初三日	横扇、杞港仍有太平军冲	
同治三年		

注：表中内容主要是根据时人日记所载，除了将"贼"改为"太平军"、"官军"改为"清军"外，其他内容几无变动。

资料来源：《庚癸纪略》，罗尔纲、王庆成主编：《太平天国》第5册，广西师范大学出版社2004年版。

表4-9中，从咸丰十年六月各地区归顺太平天国后至同治元年末为止，共发生太平军掳掠事件9起，枪船危害百姓事件3起，因清军而使百姓遭到损失的事件3起，过境太平军掳掠事件2起（不包括自然灾害、瘟疫对人口的影响）。直接与同里镇相关的4件，其中可能对人口造成损失的仅1件。这表明太平天国统治期间吴县还是比较稳定的。因而，太平天国的统治给民众留下"自庚申五月，贼来镇焚掠后，至壬戌五月，岁凡二週。虽稍有虚惊，并无实祸"[①]的印象并不为过。结合前面的史料可以

---

① 《野烟录》，太平天国历史博物馆编：《太平天国史料丛刊简辑》第2册，中华书局1962年版，第177页。

看出，在同治二年之前，江苏十分之八的乡镇地区并未受到战争的影响，太平天国对这些地区的统治也是值得肯定的。

这种情况在 1863 年即发生了变化。

苏福省是李秀成的封地，是太平天国后期粮源财赋所在地，也是首都天京的东线屏障。而清方也意识到天京久攻不下，其中一个原因是粮食接济不断。双方对苏南均给予了关注。上海战役结束后，清军便把目光转向苏南，而太平军则全力防御，这就使这场战争更加残酷，从战争持续的时间上看，太平军守卫苏南的时间远长于太平军攻占时期（见表 4-10）。

表 4-10　　　　　太平军攻占、保卫苏南时战争情况

太平军攻取持续时间	地域	清军攻取持续时间
1860/5/22—26、8/3—16 太平军进攻	镇江	
1862/1/13—16，攻克	奉贤	
1862/1/17，攻克	南汇	
1862/1/18，攻克	川沙	
1860/7/22，攻克	嘉定	
1860/6/30，攻克 1860/8/1，清军攻击，不胜	青浦	
1860/7/1，攻克 7/16—17，华尔攻陷 8/10—12，太平军重新攻克	松江府城	
1860/9/22，攻克	常昭	1863/1/17—18，骆国忠叛降。 1/20—4/6，苏州、无锡、无锡太平军反攻常熟，昼夜激战 2/12—4/4，福山之战，江阴、杨厍太平军。清军陆军 3000，常胜军 2070 名，水军 5000 人（一）
1860/9/18，攻克	镇洋	
1860/6/16，攻克 9/27—28，攻克	太仓	1863/2/14—5/2，太仓之战，陷落
1860/6/15，攻克	昆山	1863/5/4—5/31，昆山之战，陷落。清方 23900 人，太平军 35000 人
	江阴杨厍	1863/6/1—8，杨厍之战，陷落

续表

太平军攻取持续时间	地域	清军攻取持续时间
	江阴、无锡	1863/6/29—7/24，两县援军失败，淮军控制了常熟及江阴、无锡交界地区
1860/6/11—12，攻克	吴江、震泽	1863/7/27—28，外围战 29 日，开门投降 1863/7/31，太平军反攻 8/5—8/21，太平军反攻
1860/6/2，攻克 6/8 被清军重新攻陷	江阴	1863/8/18—31，首次被围 1863/9/8—13，陷落
1860/5/28—30，攻克	无锡	1863/10/2—24，援锡解围 11/15—22。 11/26—12/11，陷落，太平军六七万人
1860/6/1—6/2，攻克	苏州	1863/10/1—11/30，城外战 12/4，献城
1860/5/21—26，攻克	常州	1863/12/19—1864/1/22，战 1864/3/4—4/11，第二次援常州 4/19—5/10，陷落
1860/6/1，攻克	宜兴、荆溪	1864/2/26—3/2，陷落
	溧阳	1864/3/9，守将投降
1860/5/21—9/1，金坛陷落	金坛	1864/3/11—4/25，陷落
1860/5/18—19，攻克 8/27—9/1，清军力攻，不下	丹阳	1864/4/20—5/13，陷落

注：时间根据《太平天国战争全史》（崔之清等主编，南京大学出版社 2002 年版）统计。交战双方的人数则根据《太平天国全史》（简又文，简氏猛进书屋 1962 年版）统计，双方人数以最多计算。㈠太平军人数根据《清政府镇压太平天国史料》第 25 册，第 13、68 页统计。

这些战役除了持续时间长外，规模也很大。常昭投诚后，太平军围攻的兵力达十数万人。吴江、昆山战役中，太平军先后投入十多万兵力，清军亦投入万余的兵力。为了保护重要据点杨舍，太平军投入的兵力达数万人[①]。清军攻打无锡、金匮时，"攻剿八十日，转战七八十里，大小数十

[①] 中国第一历史档案馆编：《清政府镇压太平天国档案史料》第 25 册，社会科学文献出版社 2001 年版，第 92、192、158、159 页。

阵，贼死于战者千余人，降散约共万人，官军死伤三百余人。民之被掳被戕及病故饿死者无算"①。江苏布政使司涉战之区除常昭外都经过了战争残酷的洗礼。在镇江地区，虽然太平军始终没有再攻占镇江城，但城外战争规模并不小。冯子才向清政府报告："宁国率党数万，麇集镇城西南，联村打馆，掳人掠粮，分踞上塘、塔山庙一带，延蔓十余里。"② 残酷的战争造成人员大量的伤亡，需要充足的兵源来补充缺额，同时亦需要大量的物资来支撑这场战争。但是1862年后，随着整个战局的急转直下，太平天国的版图日渐缩小，面临着兵源枯竭、物资匮乏的难题，而清军的力量不断增长。为了征收钱粮以保障军政系统的供应，太平军不得不加大对现有地区的征求或者对清统治区的骚扰，采取了一种近乎竭泽而渔的方式，除了摊派征收各种名目的捐税外，甚至出现了夺杀耕畜、抓丁抓夫等行为，不少乡官也趁机巧取豪夺，搜刮民财，对人口的影响极大。如苏州附近的乡村，据《平贼纪略》记载："逆中割稻忠逆筑石营于张公桥，防埭山营出击，从鸿山、嵩山、白丹山至洪生里、新安桥一带割谷，运至苏城；侍逆筑石营于西胶山，防芙蓉山、张泾桥等营出击，从高桥之上下塘青城、富安两乡割谷，运至溧阳；护逆由天授、万安两乡割谷，运至常州；潮逆在塘头、严埭及近城一带割谷，以及近城一带割谷，运入锡城。其时西南沿惠山一带，已成白地，民多饿死，只有野兽饿殍而已。故逆众专意于东北，纵横连营七八十里，据险设立土木石营卡数十处，攻营掠物无虚日。"③

而军纪败坏的清军则把掳掠太平军占领区作为发财的良机。因而在清军攻陷苏南各城市的过程中，在各种因素相互作用下，人口急剧减少。据载："苏城之东，被贼至惨昆山耳，西则江阴耳，房屋十焚八九，人民十存一二。据目睹者云，常州、丹阳人相食者不少。"④《避寇日记》有类似

---

① 《平贼纪略》，太平天国历史博物馆编：《太平天国史料丛刊简辑》第1册，中华书局1961年版，第303页。
② 《冯子才等奏报官军连日堵剿各路股众情形折》，同治二年三月十八日，中国第一历史档案馆编：《清政府镇压太平天国档案史料》第25册，社会科学文献出版社2001年版，第95页。
③ 《平贼纪略》，太平天国历史博物馆编：《太平天国史料丛刊简辑》第1册，中华书局1961年版，第300页。
④ 《劫余灰录》，太平天国历史博物馆编：《太平天国史料丛刊简辑》第2册，中华书局1962年版，第160页。

的记载：

>（同治二年六月十二日）自常至无锡数百里，人烟皆断。有宜兴人贩买酱者言常州去年今日，田地价甚贵，市面经商亦得利，至今年累次被杀、被焚、被掳以来，种田之人仅百存其一，人丁稀少，田地荒墟矣。富家大族挈眷远避，其存者皆寒俭之人，仅于乡下聚一二小市，然负贩路绝，百物昂贵，颇难聊生。有常州人言常州百姓所剩不及十分之一，人少兽多，频出虎豹食人。①

1863年（同治二年），时任江苏巡抚的李鸿章在向清廷汇报江苏情形时亦说：

>查苏省民稠地密，大都半里一村，三里一镇，炊烟相望，鸡犬相闻。今则一望平芜，荆榛塞路，有数里无居民者，有二三十里无居民者。有破壁颓垣，孤嫠弱息，百存一二，皆面无人色，呻吟垂毙……②

上述记载表明了太平天国战争期间苏南地区人口损失惨重，但并不十分全面。因为记载的时间是太平天国战争刚结束之时，而在太平天国战争期间，特别是清军收复苏南各城市的过程中，各地区人口大量迁徙。对此，常熟人曾含章描写当时的情景为：

>凡渡江避难者，在城未陷时，富家间有之。至投诚被围后，平常人家亦皆去，盖明知此番劫数不小也。及同治二年二、三月中，各乡镇日夜不安，居民刻不可留，渡江者不可胜数。如常熟之鹿苑、西洋、福山，昭文之先生桥、浒浦、徐陆泾、白茆，太仓之星泾、钱泾、荡茜泾、浏河各海口及沿海白水滩，无日不满载而去。船钱甚昂，独自雇者，每只须数十千文。搭船者，每人数百文至数千文，有

---

① 《避寇日记》，太平天国历史博物馆编：《太平天国史料丛刊简辑》第4册，中华书局1963年版，第259、264页。
② 李鸿章：《筹赈收复地方并酌情调免漕银片》，见《李文忠公全书·奏稿》卷三。

行李者另算。常有付去船钱而上岸后之食用全无，又有遇风暴而倾覆江中者，困苦之情，不可尽述。①

《避寇日记》记载吴江"中下家产者亦挈家而去"②。虽然这些迁移者未必都能生还，但迁移的人并不少。所以关于苏南仅剩十分之一二的人口记载是在人口未返回时的情况，只能说明人口损失的严重性，并不能证明人口死亡即达十分之八九。在清军攻城战即将结束之时，关于乡镇损失的情况在赵烈文写给曾国藩的求救信中有所反映：

> 自今春（同治二年，即1863年——引者按）已来，城逆及各路过往贼徒，四面掠胁良民，为之助力，而各民先因该逆止占城池，乡下尚不十分蹂躏，贫苦之人，贪婪本乡微产，恐一离故土，即成饿殍，是以未能早为移徙，及至势逼，不得不逃，十分之中已被害及半……③

这就说明当时留在乡村的多为中农及其以下者。清代以迄民国，中国乡村人口的阶级结构始终是十分稳定的，所以太平天国战争时期江苏乡村人数可以借助后人的研究成果进行推算。20世纪30年代有人对江苏乡村的阶级构成做过调查分析：拥有50亩以上家庭的人口占所调查家庭人口数的4%（家庭平均人口7.2人），26—50亩的占8.7%（家庭平均人口7.5人），11—25亩的占24.8%（家庭平均人口5.6人），6—11亩的占到30.3%（家庭平均人口5.0人）④。占有26亩以上土地的属于富农和地主，占总人口的12.7%，那么中下等家庭人口占总人口的87.3%，以被害一半计之，则乡村有43.7%的人口在战争中死亡。太平天国战前，江

---

① 《避难纪略》，罗尔纲、王庆成主编：《太平天国》第5册，广西师范大学出版社2004年版，第348页。

② 《避寇日记》，太平天国历史博物馆编：《太平天国史料丛刊简辑》第4册，中华书局1963年版，第287页。

③ 《能静居士日记》，太平天国历史博物馆编：《太平天国史料丛编简辑》第3册，中华书局1962年版，第291页。

④ 冯和法编：《中国农村经济资料》，上海黎明书局1933年版，第18页。转引自姜涛《中国近代人口史》，浙江人民出版社1993年版，第338页。姜涛的研究表明，从清代至民国，中国乡村人口的阶级结构始终是十分稳定的，第336页。

苏布政使司除上海、崇明外共1642.2万人，其城市人口近295.6万，则乡村人口为1346.6万。太平天国攻占苏南期间，20%的乡村遭到战火，按照23%的人口死亡率计算，则乡村损失人口为61.9万，在太平天国统治苏南时，苏南乡村人口尚剩1339.7万；1860年城市人口死亡数最保守估计为88.7万，在太平天国统治苏南时尚余206.9万人；在太平天国保卫苏南期间，按照43.7%的人口损失比例计算，则乡村损失人口585.4万，城市损失人口90.4万（城市人多分布于乡下，所以以乡村人口损失比率计算）。合而计之，在太平天国战争期间，江苏布政使司由各种因素所导致的乡村人口损失达647.3万，城市人口损失为179.1万，城乡人口合计共损失826.4万。实际上，各地区的人口损失是不平衡的，镇江府、常州府人口损失比较严重，松江府则较轻；而且，这些人口损失中包括了一部分被掳者和一部分太平军。但鉴于资料的局限，并不能对其进行更详细的研究，本书仅是一种粗略估计。

综上所述，江苏布政使司所属乡镇人口损失状况大致如下：人口损失与太平天国的统治没有绝对的关系；1860年战争时，城乡人口损失不大；1862年以后，太平天国的军事形势日益严峻，战火重新在苏属地区燃起，此时虽然苏属仍属于太平天国的统治区，实际上是双方的争夺区，这段时间内，战争、瘟疫、饥荒交织在一起，使人口遭到严重的损失。

第三节 自然灾害和人口损失

在农业社会，自然灾害（天灾和生物灾害）① 会对农业生产产生强烈的破坏作用，亦会给民众的生命财产造成严重影响。在战争状态下，因战争占用和消耗了过多的人力、物力，从而相当程度上削弱了人们抵御自然灾害的能力以及灾后的救助能力，致使灾害的破坏性比正常状态下要严重得多。所以，考察当时灾害的情况有利于我们了解太平天国战争时期的人口损失状况。

江苏以通扬为界，运河以南属于长江中下游地区，以北属于淮河流域，两大区域气候不同。该省常出现的天灾有以下几类。

水灾和旱灾、蝗灾。水灾和旱灾发生的原因是复杂的，它与降水量、

---

① 自然灾害包括水旱灾害、气象灾害、地震灾害、地质灾害、海洋灾害、生物灾害等。

地理、地形、水文、河道情况、水利设施等都有密切关系，其中降水量是造成两种自然灾害的主要原因：由于季风影响，降水的季节分配不均和年季变化较大，降水多时易形成洪涝，降水稀少时，又易形成干旱。干旱可分为六种，夏旱（5—7月）、伏旱（7—8月）、秋旱（8—10月）、夏伏连旱、伏秋连旱、夏秋连旱①。蝗灾往往在旱灾之后发生。水灾和旱灾对人口死亡的影响是有区别的。水灾所引起的人口死亡比较集中，时间短，死亡人数与灾情有很大关系，死亡以淹死以及病死为主。如1931年长江、淮河大水导致的非正常死亡人口中，据金陵大学调查淹死的占24%，病死和饿死的高达71%（主要死于战后的传染病），其他原因的占5%②。而旱灾导致的人口死亡比较分散、缓慢，且多以饿死、渴死为主。陕西武功县1928—1929年的旱灾死因调查表明：饿死人口占死亡人口的60.3%，病死的占23.1%，因其他原因而死亡的占16.6%③。

就风灾而言，凡风速达十米以上的，通称为暴风，在温带最常见。我国大部位于温带，常遭到四种暴风的袭击：即西伯利亚暴风、满蒙暴风、黄河流域暴风和长江流域暴风。暴风到达之时，不仅对农业造成损害，也常"拔木发屋"，造成人口大量的死亡。除受到温带寻常风暴的损害之外，沿海地区，更受到台风的袭击，其势猛而骤，为害之烈，不下于普通的风暴。台风导致的海水倒灌也是沿海地区的重要灾害之一。

除此之外，还有霜雹之灾。最大的冰雹重量可达一百克以上，其为害重则杀牲畜毁庐舍；轻则伤折禾黍树木。冰雹主要发生在夏天。严霜主要降于早春、晚秋，对禾稼、瓜果会造成一定的伤害。但相对于其他灾害而言，霜雹之灾的影响要轻些。

上述几种自然灾害中，对人类威胁最大的是水灾和旱灾（蝗灾）。

自然灾害的影响与灾害的级别及人们的抗灾能力有关。由于对自然灾害的定义及其划分级别的不同，学术界对自然灾害的认识也不同。其中比较权

---

① 蒋德隆主编：《长江中下游气候》，气象出版社1991年版，第174—178页。
② 这次调查是民国时投入人力、财力、技术力量等最多的一次。金陵大学农学院农业经济学编：《中华民国20年水灾区域之经济调查》，《金陵学报》第二卷第1期。
③ 蒋杰：《关中农村人口问题》，国立西北农林专科学校1938年版，第202页。

威的是中央气象局科学研究院对旱涝的划分方法，分为五个等级①。即：

1级：涝。持续时间长而强度大的降水和大范围的降水、沿海特大的台风雨灾等。如"春夏霖雨""夏大雨浃旬，江水溢""春夏大水，溺死人畜无算""夏秋大水禾苗涌流""大雨连日，陆地行舟""数县大水""飓风大雨，漂没田庐"等。

2级：偏涝。春、秋单季成灾不重的持续降水、局部地区大水、成灾稍轻的飓风大雨。如"春霖雨伤禾""秋霖雨害稼""四月大水，饥""八月大水"、某县"山水陡发，坏田亩"等。

3级：正常。年成丰稔，大有年，或无水旱可记载。如"大稔""有秋""大有年"等。

4级：偏旱。单季、单月成灾较轻的旱灾，局部地区旱灾。如"春旱""秋旱""旱"、某月"旱"、"晚造雨泽稀少""旱蝗"等。

5级：旱。持续数日干旱或跨季度的旱灾，大范围严重干旱。如"春夏旱，赤地千里，人食草根树皮""夏秋旱，禾尽槁""夏亢旱，饥""四至八月不雨，百谷不登""河涸""塘干""井泉竭""江南大旱""湖广大旱"等。

上述对灾害的划分标准带有很大的局限性，它不包括其他天灾，如突如其来的大雪、大风等②，本书将根据风雪等灾害所造成的实际后果将其归入以上五种级别中。为了便于比较战前和战争期间自然灾害的情况，战前起止时间为道光二十年（1840年）至咸丰二年（1852年），战争期间为咸丰三年（1853年）至同治四年（1865年）。根据方志的记载，江苏布政使司所属各府县的自然灾害情况如表4-11：

---

① 参见中央气象局气象科学研究院主编《中国近五百年旱涝分布图集》之说明（地图出版社1981年版）。中央气象局在定级时是按照站点来划分的，每一个站点相当于现在1—2个现代的地市级行政区划或历史时期1—2个府的范围。我们用此标准来衡量各州县的灾害情况，仅是为了比较同一地区战前和战争期间的自然灾害的情况。

② 地震也是天灾之一，但考虑到在太平天国战争期间地震的影响不大，所以本书不予考虑。

表4—11 道光二十年(1840年)至咸丰二年(1852年)和咸丰三年(1853年)至同治四年(1865年)江苏布政使司自然灾害状况

地区	1		2		3		4		5	
	次数（道光二十年—咸丰二年）	次数（咸丰三年—同治四年）	次数（道光二十年—咸丰二年）	次数（咸丰三年—同治四年）	次数（道光二十年—咸丰二年）	次数（咸丰三年—同治四年）	次数（道光二十年—咸丰二年）	次数（咸丰三年—同治四年）	次数（道光二十年—咸丰二年）	次数（咸丰三年—同治四年）
丹徒			6					2		1
丹阳	1							1		2
溧阳	2		2		1			2		1
金坛				3				2		3
吴长元	1		1	2				2		2
昆新				1			1	1		1
常昭	1		2		1					2
吴震										1
武阳	1			1						2
锡金			3					2		2
江阴	1		3	1	1			2		2
宜荆	1		3						1	
靖江			3					2		2

续表

地区	1		2		3		4		5	
	次数（道光二十年—咸丰二年）	次数（咸丰三年—同治四年）	次数（道光二十年—咸丰二年）	次数（咸丰三年—同治四年）	次数（道光二十年—咸丰二年）	次数（咸丰三年—同治四年）	次数（道光二十年—咸丰二年）	次数（咸丰三年—同治四年）	次数（道光二十年—咸丰二年）	次数（咸丰三年—同治四年）
太仓镇洋	1			3				2		2
崇明				2				2		1
宝山	1		3	3	2		1	2	1	2
川沙			1	3		3		3		3
奉贤			1			1				
金山									4	
上海	1		6	4				1		4
南汇				2	2			2	1	2
青浦			4	4					1	3
华亭、娄县	2									1

资料来源：各县地方志。大雪以四尺为界，以下划入4级中，以上划入5级中。大风造成的灾害划入2级中。大疫则划入5级中。

五等级别中，以1级涝、5级旱灾所体现的灾情最为严重。根据表4-11，除了瘟疫外，战争期间发生的灾害总体上与战前12年间发生的灾害相当。正常年代，一般的自然灾害对人口的影响可以不予考虑。但在战争年代，同样程度的灾害并不意味着所造成的损失相同。自然灾害对人口会产生两种消极后果，一是直接造成人口死亡，二是因灾害引起的瘟疫和饥荒所导致的人口死亡。人口死亡程度与社会的防灾、抗灾、救灾系统有很大关系。通常情况下，第一种情况多数是无法避免的，后一种情况却与救灾系统关系甚大。

传统社会的保障系统可分为官方和民间。灾害发生后，地方官会上报灾情，申请蠲赈的期限；平抑物价，稳定秩序；实施赈饥，进行救济。而民间，士绅的"义赈""厂赈"等措施可救活大量灾民，使灾害的影响大为减轻。明代以前，慈善机构由官府主办。但由于官立慈善机构经费窘迫，管理混乱，从明末开始，社区保障体系由官办逐渐向民办过渡。有清一代，民办占了主导，而士绅在其中扮演着重要的角色，发挥着主导作用。时人载："绅士倾资赈给，又募人浚城濠，以工代赈，多所全活。"士绅们的积极参与缓解了灾情、减少了损失。但在战争的打击下，官方因忙于应对战争，无力顾及救助；士绅或者逃亡，或者遭到打击而没落，自顾不暇。这样，传统的社会救济体系在战争中或失去作用，或成效大为减弱，从而使灾害的后果异常严重。"兵燹之后，公私空竭，不能遍济，遗民皆鹄面菜色，惨不可视"① 是对当时情况的真实写照。笔者在查阅常昭两县的方志时亦发现：在战争前，记载咸丰六年间义行的至少有4人，但该地区遭战火后，则仅有1人②。至于战争期间，救助力量更弱。太平天国战争时，江苏在咸丰六年和十年曾发生过两次大的天灾，但在涉战区和非涉战区却产生了不同的影响。

由于扬通运河以南大部地区地势比较平坦开阔，没有东西走向的高大山脉横贯阻挡，在一定的大气环流条件下，冷暖空气均能长驱直入。虽然在局部地理条件的影响下，又有某些不同程度的改变，但各地的气候均有

---

① 《金坛见闻记》，中国史学会编：《太平天国》第5册，上海人民出版社1962年版，第201页。

② 郑钟祥等修，庞鸿文等纂：光绪《重修常昭合志》卷三十一，光绪三十年刊本。

一定的相似性和特殊性，所以易出现普遍性的灾害①。1856年，江苏大部发生了严重性旱灾。如，无锡，河港全枯，桥梁失去作用；南汇，两个月不雨，飞蝗蔽天；江宁府，旱虫，江北大饥；苏州府的情况同样如此②。可以说，灾情蔓延了大江南北，但是影响不一样。对于未受到战争影响的地区，由于政府和地方士绅在这场救灾中发挥了比较积极的作用，损失相对较轻。如嘉定县，清政府采取以工代赈的方式，动用了义仓本、息银两，对水利工程进行修葺，共费去挑工筑坝和戽水钱18978000，杂费1777000③。太仓县政府设厂收捕蝗子④。与政府相比，民间在救助中发挥的作用更大。方志中关于地方士绅救助行为的记载屡见不鲜。宜兴的潘承基，在1856年大旱、蝗灾发生时期，倡导义赈，亲定仓储谷数千石，并储备麦子，作为后备补充物资，缓解了当地灾情，他亦赢得了民众的好评⑤。常昭的陈煌祖孙三代、周浩父子均以义行被乡人称"为善"⑥。正是由于这些士绅的积极救济，民众全活者甚多。灾后，在政府和社会力量的扶持下，民众及时进行了补种。结果，受灾者在较短的时间内便渡过了危机，出现严重饥荒的局面较少。但在战火蔓延的地区，则是另一番情景。江南大营第一次溃败后，江宁府和镇江府所属州县大部受到军事压力，因而1856年的灾害对这些地区的破坏较为严重。如金坛，"是岁，大旱，禾尽枯，及贼退，飞蝗蔽天，啮草木皆尽，民既被兵，又大饥，死者相枕藉"⑦。1860年，战争扩展到苏南大部，该年灾荒的后果更为严重。常熟是苏州府受到战争影响较小的地区，也是该府人口损失最少的地区，该地区在1856年和1860年均遭灾，对于两次灾害的后果，时人曾加以对比：

---

① 蒋德隆主编：《长江中下游气候》，气象出版社1991年版，第2页。
② （清）郑光祖：《一斑录杂述》之二，"大旱"条，中国书店1990年影印本；金福会等修，张文虎等纂：《南汇县志》卷二十二，民国十六年重印本；蒋启勋等修，汪士铎等纂：光绪《续纂江宁府志》卷六，光绪六年刊本；李铭皖等修，冯桂芬等纂：光绪《苏州府志》卷一百四十三，光绪九年刊本。
③ 《勘灾事宜》，王凤生：《荒政备览》卷上，道光三年婺源王氏刊本。
④ 王祖畲等纂：民国《太仓州志》卷三十六，民国八年刊本。
⑤ 陈山谟等修，徐保庆等纂：民国《光宣宜荆续志》卷九，民国九年刊本。
⑥ 郑钟祥等修，庞鸿文等纂：光绪《重修常昭合志》卷三十一，光绪三十年刊本。
⑦ 《金坛见闻记》，中国史学会编：《太平天国》第5册，上海人民出版社1962年版，第201页。

第四章 战时江苏布政使司(不含上海城)人口损失

（1856 年）如高区有甚于廿九年大水为灾。是年办全灾，下忙亦缓，冬有官赈一次，民赈相辅而行，木棉亦有二三十斤，其价尚大，补种杂粮，每亩亦得石许，米价虽贵，尽可敷衍，以今岁（1860 年——引者按）较之，不啻天壤。况北沙江北一路，寸草无生，流乞来南者如蚁，贩运南粮者连樯，累示不许出境，亦难阻遏。①

救助系统的破坏加重了灾害的后果，而战争亦直接导致了灾害的发生。

战争是综合实力的较量，粮饷在战争中扮演着极其重要的地位。李秀成在自述中有 40 多处提到粮饷问题。太平军获取粮饷有不同的方式。曾有一段时间太平军主要靠"打先锋"和"进贡"来补充物资（"打先锋"是太平天国奠都前后获取物资的主要方式之一，对象是富家大贾）。在奠都后不久即改为"着田收租"。但是，"打先锋"的做法并未废除，而是一直沿用到太平天国败亡，但在 1861 年前，主要局限在一些不愿、尚未臣服或者对太平军进行抵抗的地方，总体上对民众的生活影响不大。1862 年以后，随着战事的不断失利，太平军的统治区域愈加缩小，物资补充亦愈加困难。为了能够坚守城池，太平军不得不加大了对各统治区的征求。孙鼎烈记载无锡的情况时说："洎同治壬戌、癸亥间，长江上游贼势穷蹙，则大纵扰，耕者、居者，无旦夕之安，岁饥，斗米值千，道馑相望，杀伤死亡不可指数。"② 苏州，1863 年 4 月潮王黄子隆接任后：

凶残甚于他逆。民称潮白地，所欲不遂，即出掳掠，人心惶惶，居民迁避乡镇，市肆渐散，或由荡口至上海，或出江阴至靖江、泰州，或走常熟渡江至通州、海门等处，凡遇贼卡，亦无阻碍。③

太仓：

---

① 柯悟迟：《漏网喁鱼集》，中华书局 1959 年版，第 27—28 页。
② 《纪粤寇难》，太平天国历史博物馆编：《太平天国史料丛刊简辑》第 2 册，中华书局 1962 年版，第 170 页。
③ 《平贼纪略》，太平天国历史博物馆编：《太平天国史料丛刊简辑》第 1 册，中华书局 1961 年版，第 291 页。

>自庚申失城后，安民收粮，本属完善之区，自今春（同治元年，上海战役后，兵锋只指太仓地区，因而该地区受到影响比其他地区早——引者按）官兵、长毛往来焚劫，遂成荒墟，城外百里几无人踪。①

时人曾对太平军前后期的统治进行了比较：

>闻苏属自前年省城失守，各乡镇随即进贡办粮，故多完美之地，并未遭劫，至此刻官军进攻嘉定、昆山等处，城外设卡之长毛逃入苏城，于是日出掳掠，各乡村转被荼毒。盖长毛之狡者，固将以聚财积粟为守城计；其贪者则置舟太湖，凡所掳的财物皆运入舟中为西遁之计。而不欲以民间财物遗诸官兵也。②

无锡的太平军也于同治二年九月（1863年10月）割谷运入城中③。这些记载并非污蔑，而是当时实际情况的反映。洋枪队占领溧阳时，"城内储备着相当充足的稻谷"；常州府的粮食够城内人吃两年④。这些物资多是就地获取的。其直接后果就是民众的生活受到影响。常熟周鉴在写给其弟的信中对太平军统治期间他自己生活水平的变化有着具体详尽的描述：

>至兄之处境，两年来日非一日，两餐一点改而为一粥一饭（米六麦四，所谓饧糦饭也，虽长夏亦然。所恨者米贵总在天长时也，去夏米价六千，今夏贵至八千以外。道光二十九年大水，米价五千八

---

① 《避寇日记》，太平天国历史博物馆编：《太平天国史料丛刊简辑》第4册，中华书局1963年版，第200页。

② 同上书，第155页。

③ 《平贼纪略》，太平天国历史博物馆编：《太平天国史料丛刊简辑》第1册，中华书局1961年版，第300页。

④ 《"常胜军"，戈登在华战绩和镇压太平天国叛乱史》，北京太平天国历史研究会编：《太平天国史译丛》第3辑，中华书局1985年版，第287、301页。

百，咸丰六年大旱，米价六千，皆无如此之数也），早饭烹素菜一篮，晚间天暖，只烧开水以泡冷饭，天寒泡饭合粥，即以早间所剩之菜，不另烹菜也。前年六七十之荤间日尚买，去年二三十小荤尚可支，今春以来非遇祭先不买荤，平日小荤亦不买。

谈到生活变化的原因时他说："其实年岁并不荒歉，皆因租米充公，民无积蓄，稍有藏储，动辄抢诈，横征暴敛，菌集一时，多则贱粜而贵籴，三里五里设卡抽厘。"① 这封信的写作时间是同治元年闰八月十三日（1862年10月7日），信中所谈到的事情绝非夸大其词。太平军征收租税的变化亦可证明民众的生活在1862年之后受到影响。咸丰十年（1860年）冬，太平军每亩花田征六七百文，稻田每亩三四斗，到同治元年（1862年）花田每亩加至两千余，稻田每亩加至一石余，又两忙征钱加至五百余②。统治区域的缩小、民众的减少致使太平军的军需供给来源萎缩，而战事却要求太平军保持充足的物资供应，这导致了横征暴敛。尽管这种竭泽而渔的做法在当时似乎是无奈的选择，但结果是不堪负担的民众纷纷逃亡。

与太平天国相比，清朝控制的疆域要广大得多，它以全国为后盾支撑这场战争，一般通过协饷的方式来互通有无，但是，当双方争夺苏南时，这些地区亦须为清军提供粮食。《避寇日记》曾记载：

（同治元年十月二十七日）新胜亦起潮头，后知官军以贼方办粮，亦欲百姓纳粮，若为驱贼也者，自臧练塘进至黎里落乡而退去。噫，兵乱妨农久矣，田谷几何，欲以供两国之贼，不亦难乎？③

更为主要的是，清军的军纪极其腐败，上至将领，下至士兵，均把占领太平军统治区作为发财的大好时机。各战区的指挥官为清军军纪败坏行

---

① 《与胞弟子仁小崔书》，罗尔纲、王庆成主编：《太平天国》第8册，广西师范大学出版社2004年版，第343、344页。
② 《虎窟纪略》，汪德门等：《太平天国史料专辑》，上海古籍出版社1979年版，第61页。
③ 《避寇日记》，罗尔纲、王庆成主编：《太平天国》第8册，广西师范大学出版社2004年版，第155页。

为的辩护即是明证：

> 自十年以来，历大小百余战，迭解城围。而全浙糜烂，粮援俱绝，卒至守军饥变，罹后亡之惨，当军食垂罄，营将欲纵所部，搜刮民米，而民已无食，饿殍载道，有从而劝止者，即责铺团司事供米，有被迫而死者，兵且大索，民苦其虐，亦有自死者。归安巨人姚湛，以书抵景贤云：前次查米时，民间存米，不过半月。今虽逐户搜求，所得必更无几，无济于军，而徒敛怨于民。今各营尚不至绝食，铅弹火药，亦尚足用……①

民间盛行的"兵不畏官而畏贼，民不畏贼而畏兵"②歌谣亦是对当时情况的真实写照。清军的行为加剧了农村经济的残破，是人口大量逃亡的重要原因之一。

不仅如此，战争双方的掳掠和横征暴敛还破坏了生产正常进行的条件，致使大量田地荒芜。常熟的一位士子在战争刚结束后前去上海，途中观察到苏州至昆山的情况：

> ……大小五六熟未种，家亦破，人亦散，今虽安逸，恐廿年间不能尽熟矣。……由嘉定宝山界各乡村镇，问于路，皆曰：此处贼烧，彼处大兵拆，此贼踞营，彼大兵寨，在在皆然。田中更无菜麦，亦云四五熟未种。今不但农具俱无，且人皆掳去，万难耕凿。使勉力者，犹如开垦一般，三五年间，焉能一望青葱耶？③

而这种情况进一步导致并加剧了饥荒，尤以1863—1864年为著。《避难日记》对饥荒的严重性记载道：

---

① 《中兴别记》，太平天国历史博物馆编：《太平天国资料汇编》第2册（上），中华书局1979年版，第916—917页。

② 《劫余灰录》，太平天国历史博物馆编：《太平天国史料丛刊简辑》第2册，中华书局1962年版，第158页。

③ 柯悟迟：《漏网喁鱼集》，中华书局1959年版，第99页。

第四章 战时江苏布政使司（不含上海城）人口损失

（同治二年）贼所骚扰地方，吾方（常熟——引者按）似最为轻，夏秋两忙，尚未荒芜一熟，故人口流亡绝少。如常州以上，人无影踪，地断炊烟，新丧不敢出棺，出必倾尸而食。更有人云：父女二人垂毙，父曰，吾欲割汝股以啖。女曰，待吾气绝时任凭可也。父又曰，汝不绝，吾要先绝矣。竟生剐之。徽州人向出外谋生者多，因粤匪作乱，尽归家，而不知徽地素不产米，专赖江西、杭州两路连筹，今两口被贼踞，无有得入，又无别路搬运，家中虽积累金银，亦不得换升斗，饿死者十有七八。①

宜兴，在洋枪队攻打之前，饥荒也相当严重，洋枪队首领戈登观察到：

在城外东南角的村庄里看到苦难的平民百姓，死的活的，男女老少都有，真是惨不忍睹。那些苟延残喘的人，被迫吃人肉，从尚未掩埋的尸体看来，表明大量的人肉已被当作食品而消耗掉了。②

常州、丹阳则"人相食者不少"③。松江地区同样如此。据王萃元载同治二年二月（1863年3月）松江情况：

松城少卿黄师来述西乡居民之苦，有惨不忍道者。平日产业富有三千余亩，今不得食粥，攻高粱子调汤充饥。至于其他日得糠者为上等，而饿殍不知几何矣。④

可以说，这次饥荒范围之广，荒情之严重，均令人瞩目，对人口亦产生了极大的影响。那么饥荒造成多少人死亡呢？

---

① 柯悟迟：《漏网喁鱼集》，中华书局1959年版，第97页。
② 《"常胜军"：戈登在华战绩和镇压太平天国叛乱史》，北京太平天国历史研究会编：《太平天国译丛》第3辑，中华书局1985年版，第286页。
③ 《劫余灰录》，太平天国历史博物馆编：《太平天国史料丛刊简辑》第2册，中华书局1962年版，第160页。
④ 《星周纪事》，罗尔纲、王庆成主编：《太平天国》第5册，广西师范大学出版社2004年版，第267页。

呤唎曾认为太平军因饥荒而死的人数达 200 万—300 万人（主要是苏南和浙江的部分地区）。除去浙江饿死的人数，江苏布政使司饿死的人数为 102.6 万—153.9 万。在战争的最后 3 年内，清军常采用合围之法围困据点内或城市的太平军，因而出现了类似南京城的情况，即粮食匮乏导致被包围的军民颇多饿死。呤唎记载太平军饿死达 200 万—300 万可能属于这种情况。因为在战争进行时，出于防务的考虑，太平军对其据守的城市人口有翔实的统计，而对乡村则无能为力。不过，不能以城市太平军军民饿死的程度来推算乡间平民的死亡数，由于包围圈外的民众可以四处流动，获得粮食的机会比被围困的、乏粮的太平军的机会多，但不能忽视饥荒对平民死亡的影响。呤唎在《太平天国革命亲历记》中记载了他看到的一幕：

> 1863 年下半年至 1864 年年初，我在曾经是欢乐的太平天国地区漫游，一日之间往往经过了二三十个村庄，几乎在每一家的每一间房屋内全都见到了饿死、将要饿死或者依靠自己周围许多尸体的人肉活命的不幸人们，这种惨相简直使人不忍描叙。我曾经在一些没有城垣的包括有千百户人家的大镇市中看到了这种空前的可怕惨相，我常常在一幢房屋中发现十五至二十具尸体，其中大多是从那些被英、满军占领或受英、满军威胁的地方逃出来的难民。……我总是从少数尚能说话的难民那里听到了下面的意见：因为外国兵进攻太平（太平军），他们才遭到了这种灾难。有些人说：他们是从官兵（清军）所占领的地方逃来的，到了我看见他们的地方，找不到吃的，又不能再往前走，所以只有倒在地上等死。有时我来到饥荒不是最严重的村庄，总是见到母亲把自己的女儿白送给别人，可是竟没有人要！①

如果呤唎的记载为实，以一家饿死一人进行推测，则该地区至少有 20% 的人死于饥荒。各种史料互见，可见江苏布政使司所辖地区大都出现了饥荒。如果出现饥荒的地区按 20% 的人口损失率计算，江苏布政使司（除上海、崇明外共 1642.2 万人，再减去咸丰十年间死亡的 150.6 万人，

---

① [英] 呤唎：《太平天国革命亲历记》上下册，王维周译，上海古籍出版社 1985 年版，第 565—566 页。

还剩1491.6万人)则因饥荒而死的人数达298.3万。

除饥荒外,在正常年代,也会发生瘟疫,但咸同之际苏南地区发生的瘟疫,据余新忠研究:

> 所谓的同治初年大疫实始自咸丰十年,同治元年达到高潮,同治三年,随着战争的结束而渐趋平息。前后共波及32县次,疫区主要在江宁府、苏州府、松江府、嘉兴府、湖州府和杭州府等太平军和清军反复争夺的府县。其中上海县虽一直未被太平军攻占,但战争一直未断,而且,又有大量难民涌入,所以也是疫情多地区,而相对受战争影响较小的宁波府和争夺不甚激烈的镇江府疫情相对较轻……常镇地区,由于没有出现像在苏州、松江、嘉兴、湖州和杭州等地太平军和清军反复激烈争夺的局面,所以在前期疫情较少,但在后期清军的收复期间及其战后,也有较多的地区出现了疫情。由此可见,与嘉道之际大疫主要沿交通干线传播有所不同,这次瘟疫基本随着战场的出现和转移而引发、传播。①

余新忠的论述说明了这次瘟疫的诱因主要是战争,因而它所造成的人口损失应当是非正常死亡的。但是余新忠的研究仅反映了一部分情况。根据表4-1可知,镇江府城外围及其所属地区的战争并非不激烈。应该说,在普遍出现疫情的情况下,这些地区也很难幸免,但除了丹阳和金坛外,镇江府其他地区没有出现疫情的记载。而常熟是苏州府所属各县中受战争影响较轻的地区,但从史料反映的情况看,疫情却是最严重的地区。为什么战事激烈的镇江和战事较少的常熟会出现这种差异呢?其一,与史料的多少有关。反映地方大事的方志是在时人记载的基础上编纂而成的,而时人对苏常地区的记载远多于对镇江府的记载(这从我们所引用的资料即可知)。这将会导致镇江府志因资料不全而漏载了一些重大的事情,而常熟的地方志几不存在此问题。例如,咸丰六年(1856年)镇江府发生了大疫,但在方志中没有丝毫反映,而在一本私家著述中却有详细的记载。

---

① 余新忠:《咸同之际江南瘟疫探略——兼论战争与瘟疫之关系》,《近代史研究》2002年第5期。

其二，与民众的流动也有很大关系。与镇江府是战事最激烈的地区之一不同，常熟除了1862年李秀成率军围攻数十天外，其他时间并无战事，因而成为流民的避难地。流民集中地区也是瘟疫爆发的主要区域。时人描述流民集中地的疫情时说：

> 向荣退丹阳，上游难民纷纷南下，吾邑善士集资在北塘放生池每名给钱三十文，旬日发去钱五百余千，筹捐不接，遂废。又有以面饼每人给两枚者，半月始息。旋锡、金派养难民三千余人，分四门寺庙居之，时值亢旱酷热，臭秽不堪，疾病丛生，急为之医治，疫气传染，死者颇众。吾邑避乡之家，不过十之一二，盖缘天时酷暑故也。①

这些非同寻常的疫情引起了聚集在常熟的文人骚客的关注，他们便将自己的所见所闻记载下来，从而留下较丰富的文字资料，使我们能对常熟的瘟疫情况有较详细的了解。总而言之，同治年间江苏布政使司所属或染战火，或是流民集中地，因而普遍出现了瘟疫。本书根据时人所载和后人研究成果将各地区疫情列表如下：

表4-12　　太平天国战争期间江苏布政使司所属各地区疫情

地区	时间	情况
常熟	咸丰十年五月—八月	时疫兴起，死亡相继
	同治元年六月	时疫流行，名子午痧，朝发夕死，上海极重，渐延太境，吾方渐亦有之（1）
	同治元年夏秋以来	时疫流行，无家不病，病必数人，数人中必有一二莫救者。间有子午痧，朝发夕死
	同治二年六月	疫气大作，病者只半日不治
	同治二年四月	民间大疫，不及医药（1）
	同治三年四月	自长毛去后，常熟遍处起病，医者忙极，西南尤甚，死者亦多

---

① 《平贼纪略》，太平天国历史博物馆编：《太平天国史料丛刊简辑》第1册，中华书局1961年版，第235页。

续表

地区	时间	情况
吴县	咸丰十年秋冬之间	大瘟疫,死者甚多
	同治元年夏秋之间	大瘟疫
昆新	秋八月既望	淫雨十昼夜,河水暴涨,斗米千钱,道馑相望,疠疫大行,有全家病殁者,锁尾流离,至斯为极
吴江	同治元年	时疫流行,日死数十人,名吊脚痧,无方可治,不过周时
	同治二年八月	各处时疫流行,死者甚多
无锡	咸丰十年七月—八月	疫气盛行,死亡相继
宜荆	同治三年	粤寇初平,宜荆疠疫大作
江阴	同治三年正月至四月	大疫
靖江	同治三年春夏	大疫
娄县、上海、川沙、南汇、嘉定	同治元年夏五月	大疫
娄县、奉贤、上海、川沙、南汇	同治二年春二月	城乡鬼啸,大疫
青浦	同治元年夏	大疫
嘉定	同治二年夏	大疫,河水生五色虫
金山张堰	同治五月	大疫
宝山	同治三年	大疫流行
金山	同治元年夏秋之间	大疫
丹阳	同治	大疫,尸骸枕野
溧水	同治元年	大疫,时寇乱方剧,民皆乏食,死者无算
江浦	同治元年五月	大疫,城乡多狼,食人无算
江南	同治元年八月	江南大疫,南京军中尤甚,死者山积

注:(1)来源于柯悟迟:《漏网喁鱼集》,中华书局1959年版,第93页。

资料来源:余新忠:《咸同之际江南瘟疫探略——兼论战争与瘟疫之关系》,《近代史研究》2002年第5期。

太平天国战争时期江南瘟疫对人口造成的影响，据余新忠研究，"这次瘟疫的疫病死亡人口所占比例为8%—15%，一般不会超过20%"①。笔者认为他的估计是比较低的。

首先，从各个地区的疫情看。时人姚济记载同治元年松江府的疫情：

> 自七八月以来，城中时疫之外，兼以痢疾，十死八九，十室之中，仅一二家得免，甚至有一家连丧三四口者。余家老稚十五口，幸获平安，真天佑也。②

如果以姚济的记载，则平均每一家至少有1人死亡，死者占总人口的20%。常熟县除了在1862年遭到数十天的围攻外（且围攻期间太平军军纪较好，杀掳少），战事不多，秩序比较安定，成为流民的集中地，因而也成为瘟疫的高发区。表4-12显示，1860—1864年常熟先后爆发了4次瘟疫，其中同治元年（1862年）该镇因瘟疫而死的比例达20%，而同治二年（1863年）的瘟疫要比同治元年（1862年）严重，应超过20%。金陵地区据载："（同治元年）秋八月，江南大疫，军中尤甚，死者山积，营哨官无不病者，惟统帅曾国荃日夜拊循，独无恙。"③ 军中感染的人占整个队伍人数的80%。每营病故八九十名④，占该营人数近20%（曾国藩创建的湖南湘军以500人为一营⑤）。到清军攻克金陵为止，军中疾疫者万余人，死于战阵者八九千人⑥，死亡人数中病死的超过了50%。当时曾国荃的部队有5万人，也就是说死于瘟疫的人数超过了20%。军队是

---

① 余新忠：《咸同之际江南瘟疫探略——兼论战争与瘟疫之关系》，《近代史研究》2002年第5期。
② 《小沧桑记》，中国史学会编：《太平天国》第6册，上海人民出版社1962年版，第513页。
③ 陈作霖：《金陵通纪》（二），光绪三十三年刊本，第564页。
④ 《李鸿章奏报援敌金陵宁国请速饬多隆阿赴援折》，同治元年闰八月二十四日，中国第一历史档案馆编：《清政府镇压太平天国档案史料》第24册，社会科学文献出版社1999年版，第582页。
⑤ 《清史稿》十四，《志》卷一百三十二，第3932页。
⑥ 《官文等奏报攻克金陵详细情形折》，同治三年六月二十三日，中国第一历史档案馆编：《清政府镇压太平天国档案史料》第26册，社会科学文献出版社2001年版，第44页。

人口集中的地方，是瘟疫的多发区，一般情况下，由于军队中有较完善的医疗体系，因此，以军中死于瘟疫的比例来推算平民的死亡数是不太合适的。但是，1862年后，江苏布政使司的人口流亡比例是很高的，流亡在外的民众极易受到瘟疫的袭击，而普通百姓并不具备像军中那样良好的医疗条件，即使百姓感染疾病的比例不如军队高，但就相同数量的感染者而言，百姓的死亡概率要高于军人。如果考虑到这些因素，军中死于瘟疫的比例或许是可以用来推算平民死于瘟疫的人数的。而且其他大部地区受战争影响的程度超过了松江府城，因瘟疫而死的比例应不会低于松江府城。

其次，从各个家庭因病而死的人数看。常熟地区。一位不知名的士子曾记载这样的事情：家中8人，在太平天国战争时期，1人病死①，死亡率为12.5%。《自怡日记》的作者龚又村记载常熟地区发生的事：咸丰十年被掳的有26人，受伤死的2人，自杀的17人，被杀的19人，不屈死的3人，病死的37人（其中2个儿童，大于50岁的2人，21人因惊病故，12人无法分类），难产死的1人，不知原因死的共12人，病死的占总死亡人数的40.7%。咸丰十一年，病亡的共8人（2个儿童，2个40多岁的人，3人因愁闷死，1人得颈疽死），3人不知死亡原因，病死的占总死亡人数的72.7%。同治元年，病死的有12人（2个老人，4个小于50岁的人，4个儿童），不知死亡原因的有3人，病死的占总死亡人数的80%。可以看出，年龄超过60岁的死者寥寥无几，因病致死的则占了多数，特别是咸丰十一年和同治元年；而在因病致死者中，从咸丰十年到同治元年确切记载的有24人属于非正常死亡。在战争期间死亡率的升高可见一斑。而龚又村一家8口人，在3年期间，全部受到疾病的袭击，其中1人死亡②。不知名的士子是一个蒙馆老师，家人生病期间均得到及时治疗；而龚又村属于士绅阶层，在太平天国占领常熟期间，除了同治元年六月作者家因米价腾贵，籴了些麦和豆，生活水平略有下降外，其余时间生活并未受到影响；且侄儿是医生，医疗条件较好，一家8口均得病，死亡

---

① 《庚申避难日记》，罗尔纲、王庆成主编：《太平天国》第6册，广西师范大学出版社2004年版，第254—255页。

② 《自怡日记》，太平天国历史博物馆编：《太平天国史料丛编简辑》第4册，中华书局1963年版。

的只有1人。但同为士绅之属的上海人薛凤九,其一家人却没有如此幸运,据他在《难情杂记》中记载:一家16人,多人得病,虽然极力医治,但母亲于咸丰十一年六月十三日病死,三岁幼儿在同治元年四月初十日病故,同治元年闰八月父亲病死,岳父受伤死,九月弟弟病死①,病死的占死亡人数的80%,占总人数的25%。这些是具备了医疗条件的家庭,对于一般的人家,尤其是贫寒之家,在战争期间因病而死亡的概率比较高。《避寇日记》的作者沈梓出身寒士,在太平天国占领浙江秀水濮院期间一家人逃到乡下,因生活条件恶劣及病情得不到及时治疗,全家8口人即母亲、弟弟、四妹、姐姐、五妹、作者夫妇、一个在战争期间生下的女儿。在战争结束之时,除弟弟和四妹不在家外,最后只剩下母亲和作者2人,因病而亡达4人②,占死亡人数的75%,全家人数的50%。以上四家共40人,其中死于疾病者共10人,病死率是25%。四家中沈梓家最贫寒,但他毕竟有功名,还可以不时得到同僚的救济,至于那些更为贫困、流落在外的民众,情景会更悲惨,他们因病而死的概率亦不会低,但社会上绝大多数普通家庭的遭遇并没有被记录下来,他们死于疾病的比例应不会低于25%。但因资料缺乏,不敢贸然推断。所以,我们以25%的比率来推测民众死于疾疫的人数:江苏布政使司总人口为1761.7万人,减去咸丰十年间死亡的150.6万人则为1611.1万人,那么因病而死者达402.7万人。

太平天国战争期间,灾害所造成的人口损失主要是由战争引起的,并对人口的发展产生了深远的影响。总体而言,战争期间,江苏布政使司死于疾疫的人数达402.7万人,因饥荒而死的达298.3万人。因天灾死亡的共达701.0万人。

根据本章的研究,可以看出,从1860年至1864年,江苏布政使司所属受到战争袭击的共有31个州县,其中城市人口在1860年的战争中损失至少88.7万人。这些人口主要是因自杀、被杀而亡的。在1862—1864年的战争中,我们对城市人口损失的估计数字是90.4万人。乡村人口在太

---

① 《金陵兵事汇略》,罗尔纲、王庆成主编:《太平天国》第5册,广西师范大学出版社2004年版,第280—285页。
② 《避寇日记》,太平天国历史博物馆编:《太平天国史料丛编简辑》第4册,中华书局1963年版。

平天国战争期间共损失647.3万人，有的是在战争期间被杀害的，但占绝大多数的人是死于饥荒和疫疾。在战争期间城乡人口共损失826.4万人。本书对自然灾害和瘟疫与人口关系的研究进一步估计出了江苏布政使司在战争期间死于疾疫的人数达402.7万人，因饥荒而死的达298.3万人，合计死于天灾的达701.0万人，低于城乡的死亡人数826.4万。其原因是826.4万人的损失人口数中包括在战争中被杀、自杀的城市人口；此外，不管是乡村死亡人数还是因天灾而死亡的人数本书均是估计数字，出现误差也是难免的。所以本书采用两数之和的平均数763.7万人。由于701.0万人的估计数仅是与饥荒和瘟疫有关，尚未包括在战争被杀和自杀的人数，所以763.7万人的平均数是低于实际人口死亡数的。在战争期间太平军死于战争的达20.41万—45.3万人，死于饥荒的太平军军民人口至少102.6万—153.9万人，受到了重创，其死亡时段主要集中在太平军保卫苏南期间；而与太平军的伤亡情况相比，后期清方的伤亡较轻，淮军和洋枪队死亡3.8万—4.9万人。

第 五 章

战时上海人口状况

上海县原是松江府下属地区，鸦片战争后，成为当时的五口通商口岸之一，随着租界的建立，它拥有了其他城市所不具有的特殊地位。在太平天国战争期间，1853—1854 年的小刀会起义对上海城的人口影响不大；太平军东征苏南后，李秀成率军曾两次攻打上海，却因西方列强的介入均以失败告终，上海成为松江府唯一没有受到战争影响的地区，因而它的人口不仅没有受到损失，反而因吸纳了大量迁徙的民众而剧增。本部分将对战争期间上海人口变化的过程进行梳理。不过，在探讨上海人口状况之前，需要对太平天国战争期间江苏的人口流动情况进行简单的回顾。

1860 年之前，苏南大部分地区安全无恙，因而成为战争波及地区民众的避难地之一。1860 年苏南亦遭兵燹时，民众便纷纷向其他地区迁徙，除了富家大族逃往江北或上海外，多数人则逃往乡下。民众流动的力度在 1863 年、1864 年大为加强。关于民众迁徙的情况，常昭地区我们在第四章第二节中已有探讨，其他各地的情况可从曾国藩的重要谋士赵烈文的记载中得知：苏常郡民，"在四乡者，遭贼后恋产未徙者甚多。今年官军渐逼，逆贼聚众抗拒。先于各乡裹胁民众为之助力，各民纷纷徙避，俱赖度江一线生路，而水师复为搜刮勒索之事……""自今春以来（1863 年——引者按），城逆及各路过往贼徒，四面掠胁良民，为之助力，而各民先因该逆止占城池，乡下尚不十分蹂躏，贫苦之人，贪婪本乡微产，恐一离故土，即成饿殍，是以未能早为移徙，及至势逼，不得不逃，十分之中已被害及半"①。"时四面皆贼，（双林——引者按）镇人无力者不去，有资者

---

① 《能静居士日记》，太平天国历史博物馆编：《太平天国史料丛刊简辑》第 3 册，中华书局 1962 年版，第 290、291 页。

避于上海、盛泽、严墓、乌镇、东乡各处。"① 湖州，"城内富绅多徙上洋"②。这些史料反映了在清军攻占各城市之前，各地民众（包括一些有产者）迁徙的目的地主要是乡下，但在清军和太平军鏖战前夕，民众包括乡村民众开始大规模的逃亡。赵烈文的日记也反映出江苏的迁徙者主要在江苏境内流动。为了验证赵烈文记载的真实度，笔者根据方志的记载统计了战争期间江苏各地区迁徙的人数（表5-1），其结论与赵烈文的记载相同（当然，方志所载仅仅是极少的一部分人，但有代表性，基本可以反映当时民众迁徙的情况）。表5-1亦表明，战争期间迁徙到外省的人数非常少，那些在战争结束后没有返回家乡的构成了江苏的人口损失，但这些流失的人口占江苏总人口的比例极小，可以忽略不计。江苏各县的民众主要迁往附近地区、江北和上海，鉴于上海的特殊性，我们对其进行单独的探讨。

表5-1　江苏各县志中太平天国战争时期民众迁徙状况

地区	人数	民众逃往各地区的人数									百分比	资料来源
		上海	江北	附近地区	%	江西	浙江	湖湘	安徽	其他地方	%	
江阴	8	4	2		75		1	1			100	民国《江阴县续志》
宜荆	23	2	7	11	87.0	3					100	光绪《宜兴荆溪县志》、民国《光宣宜荆县续志》
昆新	14	1		13	100						100	光绪《昆新两县续修合志》、民国《昆新两县续补合志》
吴县	25		6	18	96		1				100	民国《吴县志》

---

① 蔡蓉升原纂，蔡蒙续纂：民国《双林镇志》卷三十二，民国六年。
② 宗源翰、郭式昌修，周学浚、汪日桢纂：同治《湖州府志》卷四十二，同治九年修，同治十三年刻。

续表

地区	人数	民众逃往各地区的人数									百分比	资料来源
		上海	江北	附近地区	%	江西	浙江	湖湘	安徽	其他地方	%	
江都	11		4	5	81.2				1	1	100	光绪《江都县续志》、民国《续修江都县志》
南汇	2	1		1	100						100	光绪《南汇县志》、民国《南汇县续志》
青浦	7	1	1	5	100						100	民国《青浦县志》
奉贤	4	1		3	100						100	光绪《重修奉贤县志》
金坛	7		2	5	100						100	光绪《金坛县志》、民国《重修金坛县志》
溧水	13		1	12	100						100	光绪《溧水县志》
丹徒	47		24	23	100						100	光绪《丹徒县志》、民国《丹徒县志摭余》
句容	23		12	11	100						100	光绪《续纂句容县志》
丹阳	5		4	1	100						100	民国《丹阳县续志》、光绪《重修丹阳县志》
常昭	6	1		5	100						100	光绪《重修常昭合志》
宜荆	9	1		8	100						100	光绪《宜荆县志》
青浦	2	1		1	100						100	民国《青浦县续志》

续表

地区	人数	上海	江北	附近地区	%	江西	浙江	湖湘	安徽	其他地方	百分比 %	资料来源
甘泉	7	1	4	2	100						100	民国《甘泉县续志》
苏州府	12	1	1	10	100						100	光绪《苏州府志》
武阳	4		1	3	100						100	光绪《武阳志馀》
吴江	2	1		1	100						100	光绪《南汇县续志》
六合	14		6	8	100						100	光绪《重修六合县志》

上海的特殊地位使它免于战火，成为民众的避难所。但上海地区的移民并非始于太平天国战争时期，在此之前，其已经存在大量移民。

上海立县始于元朝。清初，如明朝故事，隶属江南布政使司。随着人口的增加，康熙六年（1667），分析置青浦县；雍正二年（1724），又析县南境地，置南汇县；嘉庆十年（1805），又析县东南滨海地，隶川沙抚民厅；上海县所存者惟高昌乡十之九，长人乡十之三，共有十二保、二百一十四图，疆域不及立县时的三分之一①。但其地理位置优越。外国人曾评价道：

> 上海地位之所以提高，在于它的有利的地理位置，它处在一条大江边上，沿着大江，在它的上游有几个人口多、商业和工场手工业发达的城市，其中包括南京和苏州。②

---

① 应宝时修，俞樾纂：《上海县志》卷一，同治十一年刊本，第115—117页。
② 《三桅巡洋舰"帕拉达"号》，中国科学院上海历史研究所筹备委员会编：《上海小刀会起义史料汇编》，上海人民出版社1958年版，第717页。

凭借地理位置的优势，在开埠之前，上海的中转贸易已比较发达，当时：

> 闽广船……泊于此，北来之船有关东、辽东、天津和……山东。闽船年来约三百余艘，多发自海南、台湾；或来自舟山、宁波，亦有来自马尼拉、巴厘等口岸者。自广州……澳门、新加坡、槟榔屿、觉罗、苏门答腊、暹罗等地之来船年约四百艘。①

商品贸易的发展促使一些商人移民到上海。根据杜黎的研究，鸦片战争前上海至少有26个同乡的同业团体②。虽然上海的贸易有一定的发展，但鸦片战争前因对外贸易集中于广州，上海的贸易以国内为主，潜能并没有得到充分发挥，移民的数量亦非常有限。

1840年，上海城被英军占领。但英军仅占领上海五天，城内外除了空屋被烧之外，没有其他损失③。《南京条约》签订之后，上海作为通商口岸得以对外开放。随着对外贸易的发展，上海为外贸服务的人增多。而广东人因长期与外国人打交道，熟悉外国事宜，遂在上海的商业界占了优势（甚至一些外国商人也还使用原来的人马），代替了鸦片战前占主导地位的宁波人。小刀会起义前，粤人旅居上海者有8万，福建人（对外贸易的繁盛也促进了运输业的兴盛，福建人多从事此业）有5万④。而上海县城的总人口外国人认为为20万人或30万人⑤，笔者倾向于20万人口。因为，到1852年为止，上海县的总人口约为54万⑥。如果城内总人口为

---

① 《中国丛报》，1846年版，第467—469页。
② 杜黎：《鸦片战争前上海行会性质之嬗变——兼述资本家之形成》，1981年，油印，第146页。
③ 王韬：《瀛壖杂志》，上海古籍出版社1989年版，第45页。
④ 《上海史》，中国科学院上海历史研究所筹备委员会编：《上海小刀会起义史料汇编》，上海人民出版社1958年版，第759页。
⑤ 《北华捷报》1953年9月8日的时闻刊载上海的人口为20万人，第60页，兰宁、柯灵在《上海史》中也记载为20万人，第759页；沙俄批判现实主义作家在《三桅巡洋舰"帕拉达"号》一文中记载为30万人，第717页。选自中国科学院上海历史研究所筹备委员会编《上海小刀会起义史料汇编》，上海人民出版社1958年版。
⑥ 《上海县志》卷五，同治十一年刊本，第837页。王韬：《瀛壖杂志》，上海古籍出版社1989年版，第27页。

20万（其中本地人在7万人左右），则乡村人口为34万人。在开埠前上海城内本地人口约占总人口的17.1%，这比较符合当时的城乡人口结构比（广东人和福建人主要是开埠后迁徙到上海的）。外来人口的增加反映了上海商品经济的发展和发达，但也带来了不稳定因素。《三略汇编》曾对上海开埠后的情况描述道："洋商日盛，租地日广，所雇通事工人，大都闽、广流民，依势横行，当事无敢严诘。匪类日聚日多，致有私立小刀会名目。"① 1853年，太平军占领南京，这对上海的小刀会是个极大的鼓舞。9月7日，小刀会发动了起义，兵不血刃地占据了上海城。据载，"全役只死了一个人"②。从1853年9月7日至1855年2月17日小刀会占领上海城期间，城内人口有一定的变动。

小刀会在占领上海之初，军纪严明，秩序恢复后，便恢复了民众出入的自由，当时"……城门大开，货物任其出入，民间迁运者亦复不少……"③。此时是小刀会起义后的第八天。第十天，据外国人报道："上海城内有半数以上的居民业已迁出，仍有居民继续离城。"④ 这些居民部分逃往安全的英美租界。据载：

  自冲突开始，就有许多中国难民离开刘、李占领的县城，不断地如潮水般地涌入英美两租界。洋泾浜以北区域的中国居民，在县城占领前只有五百人，后来据第一届工部局的路提委员会正式报告，激增到两万人以上。这些避难者之中有几个富户是想把生命和一部分财产托庇于租界，但大多数难民都是下层社会的人，差不多无以为生。……在法租界这边呢，大部分居民都逃了。爱棠说（1854年9月7日呈上峰函）：法国区不断地受叛军骚扰，很久无武力保护，遂仿佛变成了"叛乱者的大市集"，原有的居民逃了，丢下的房子差不

---

① 毛祥麟：《三略汇编》，《汇编》，第982—983页。
② 《北华捷报》，1953年9月8日，中国科学院上海历史研究所筹备委员会编：《上海小刀会起义史料汇编》，上海人民出版社1958年版，第60页。
③ 《上海小刀会起事本末》，中国科学院上海历史研究所筹备委员会编：《上海小刀会起义史料汇编》，上海人民出版社1958年版，第44页。
④ 《北华捷报》，1853年9月17日，中国科学院上海历史研究所筹备委员会编：《上海小刀会起义史料汇编》，上海人民出版社1958年版，第61—62页。

多完全由叛军分子住着。①

这表明，小刀会占领上海不久城中居民已大部迁出。在清军与小刀会交战期间，城内人口损失亦不大。据外国人记载："围攻开始了，县城的各个方面都有许多局部的小接触，炮声隆隆，经久不息，这是清朝的舰队炮轰县城……实际上没有造成多大损失，只是声音很大……"② 由于怯懦无能的清军久攻不下上海县城，便采取了封锁的办法来围困小刀会。在此期间，不断有妇女和儿童逃出来。到1854年2月10日为止，城内居民仅有2万—3万人，且大多数是妇女和儿童③。清军的封锁使小刀会的处境日益艰难，为了使城内民众免予清军的屠杀，在英国人约翰·斯嘉兹的劝说下，小刀会 "对于所有想离城的妇女、儿童，一律准许他们自由出城。第二天早晨，难民成百成百地拥进租界，有的看起来身强力壮，这一事实驳倒了传闻中城内极端穷困的说法"④。此时离小刀会撤离上海仅隔两三天。不仅仅是平民离开了上海城，小刀会成员也在不断地逃亡，上海城中留居的民众进一步减少。在清军的围困下，城中确实出现了饥荒。据《北华捷报》记载，上海城在极端困苦的时期，饿死的居民大约有200名⑤。在小刀会撤离上海后，对于清军进城后民众的损失情况，美国记者亚鹏德在搜集史料的基础上于1947年写成的《华尔传：有神自西方来》一书中记载为：

  那年（1855年——引者按）法国海军和一支海军陆战队帮助清军把小刀会叛军驱逐出上海县城。那时人口由二十四万降到四万。在

---

① ［法］梅朋、弗莱台：《上海法租界史》，中国科学院上海历史研究所筹备委员会编：《上海小刀会起义史料汇编》，上海人民出版社1958年版，第829—830页。

② ［法］梅朋、傅立德：《上海法租界史》，倪静兰译，上海译文出版社1983年版，第85页。

③ 《北华捷报》，1855年2月17日，中国科学院上海历史研究所筹备委员会编：《上海小刀会起义史料汇编》，上海人民出版社1958年版，第114页。

④ 约翰·斯嘉兹：《在华十二年》，中国科学院上海历史研究所筹备委员会编：《上海小刀会起义史料汇编》，上海人民出版社1958年版，第566页。

⑤ 《北华捷报》，1855年2月24日，中国科学院上海历史研究所筹备委员会编《上海小刀会起义史料汇编》，上海人民出版社1958年版，第123页。

县城克服后，由于清军的暴行，城内无辜平民被屠杀的在两万人以上。①

但这与小刀会起义时外国人的记载有比较大的出入。据《北华捷报》记载：清军入城后主要是搜捕小刀会成员，当时被斩首的人在400名以内；《在华十二年》则记载为1500人被斩首；英国传教士雅魏林则估计被斩决的小刀会成员总计有2000人②。在上述不同的记载中，后三种比较类同，而亚鹏德的著作是在小刀会起义几十年后写成的，并非所见所闻。所以我们采用当时西方人的说法，尽管这些记载彼此间也有出入，但反映了这样一个事实：清军入城后上海城内的人口损失不大。其原因与法国的干涉有关："海军上将坚决认为，决不能因叛党曾盘踞这块地方而要不幸的平民受过，所以城内平民不应受到干扰。"③因而城内留下的平民没有被清军作为小刀会的同盟而加以杀害。清军"收复"上海城后，迁移出去的人口便返回城厢。据邹依仁研究，小刀会起义失败后，当年的人口没有增加，而是减少了1000多人④。这也表明小刀会起义对上海城人口数量的影响微不足道。其主要是对人口流动产生了影响。上海城中有20万人，在清军攻入前仅剩2万—3万人，其余的人均逃出了县城。这些人中有相当一部分流向了英美租界，这就打破了"华洋分居"的格局，也显出了"国中之国"——租界的特权，成为以后民众为躲避战乱大量迁入租界的前奏。

清朝巡抚薛焕进城后，颁发了防止小刀会的十条善后措施，对广东人和福建人进行了严惩：驱逐并监督安置的闽广游民，对外国人雇用的中国人（主要是广东人）进行缉查登记，禁止闽广船只驶入，船上游民不得

---

① 《华尔传：有神自西方来》，北京太平天国历史研究会编：《太平天国史译丛》第3辑，中华书局1983年版，第71页。

② 《北华捷报》，第125页；《在华十二年》，第568页；《在华医药传道记事》，第653页。均选自中国科学院上海历史研究所筹备委员会编：《上海小刀会起义史料汇编》，上海人民出版社1958年版。

③ 《在华医药传道记事》，中国科学院上海历史研究所筹备委员会编：《上海小刀会起义史料汇编》，上海人民出版社1958年版，第652页。

④ 邹依仁：《旧上海人口变迁的研究》，上海人民出版社1980年版，第4页。

离船上岸，对闽广会馆也进行严厉监督并加以限制①。结果，闽广两省的移民活动受到很大限制，至太平军攻打上海为止，上海城中闽广移民已较以前大为减少。

太平天国占领南京后至二破江南大营前，受到战争影响的地区已有民众逃往上海，但沿江民众主要逃往富庶的苏南地区。大规模的人口迁移是在太平军攻下苏南之后。1860年，李秀成攻破江南大营，然后挥师东进，迅速占领江南各属，江南民众和迁移到江南的民众便开始了大规模向上海迁移的历程。最先逃亡的是官员，据载："苏城失守，藩、臬各官俱奔上海，制台亦逃上海，预为浮海之计"②，甚至形成了"苏省新署官僚，皆集上海城内"的局面③。在封疆大吏的"模范"带领下，民众也纷纷聚集上海。《上海碑刻资料选集》中一块碑文记载道："'粤匪'陷金陵，其后豕突狐奔，蹂躏十余省，东南完善者，独上海一隅。其在江宁也约千里，乡人之昔懋迁于此者有之。""当是时，都人士流亡襁负而来者，络绎于道，顾地为华夷互市之区，五方杂处，重以流民，因而街市之间，肩摩趾接，居室则嚚杂湫隘，荒地亩辄百余金。"④ 这在太平天国自身文献中也有所反映，李秀成在所刊发的布告中说："天京以及各处子女大半移徙苏郡，又由苏郡移居上海"⑤。《癸丑纪闻录》中则载："搬移者始自关外，旋及苏州，十去其七，渐及上洋。"⑥ 学术界对民众大规模迁移到上海的情况一般也持这样的看法⑦。实际上，民众大规模迁移到上海是以对上海安全性的认识为前提的，有个渐进的过程。

上海是1842年《中英南京条约》开放的五个通商口岸之一，在不平

---

① 梁元生：《19世纪中叶上海的地区竞争，广东人和宁波人》，1982年版，第41页。
② 《蘋湖笔记》，南京大学编：《江浙豫皖太平天国史料选编》，江苏人民出版社1983年版，第113页。
③ 《见闻录》，汪德门等：《太平天国史料专辑》，上海古籍出版社1979年版，第546页。
④ 《创建上海江宁七邑公所碑》，上海博物馆图书资料室编：《上海碑刻资料选辑》，上海人民出版社1980年版，第397页。
⑤ 《忠王李秀成给上海百姓谕》，太平天国历史博物馆编：《太平天国文书汇编》，中华书局1979年版，第124页。
⑥ 《癸丑纪闻录》，汪德门等：《太平天国史料专辑》，上海古籍出版社1979年版，第482页。
⑦ 张仲礼主编：《近代上海城市研究》，上海人民出版社1990年版；葛庆华：《近代苏浙皖交界地区人口迁移研究（1853—1911）》，上海社会科学院出版社2002年版。

等条约所构建的特殊环境中，上海成为一个中西混合型的城市。这种特殊的地位决定了太平天国不能把上海与其他城市同等看待。1860年7月，太平军攻占松江，逼近上海外围，8月，攻克了泗泾、七宝、龙江桥、法华，18日，直逼上海西南二门。在战争逼近的情况下，上海及其附近城市的民众惊恐不安。对此，《北华捷报》有详细的报道："上海的老百姓恐慌万状。最近恢复出具庄票的上海钱庄重行关门，停止营业。百姓的眷属纷纷逃往他处，许多富户搭乘外轮，逃往南方各城市"，"侵袭清朝官员的恐怖，已经波及上海及其附近各城市的清朝官员，住在这些城市中的居民，由于不相信这些官有维持秩序的能力，已经成批地逃往乡村地区。这种情形在距离上海三十英里的松江府尤为显著。""上海城内已十室九空。稍有产业的人，对于1853年至1855年发生的事情，仍然不能忘怀；他们对当局请其回沪'安居乐业'的劝告，坚不听从。"① 可见，在上海处境尚未明朗、大批民众出逃的情况下，其他地区民众迁往上海的并不多。就在民众惶惶不安之时，上海的中外势力却勾结起来对抗太平军。而当时李秀成显然对上海通商口岸的地位有所顾忌，并没有以武力攻取上海的意向。8月20日，太平军攻打上海西、南二门，遭到英军炮火的猛烈轰击，太平军对英国发出谴责之后，23日，便悄然撤出上海外围，兵指嘉兴，第一次进军上海结束。太平军的撤退，使"老百姓迅速纷纷回到上海"，上海的安全保障因而名扬天下。当时西方报刊曾报道说："上海已成为安全的城市，这名声正广为传播。"② 上海的特殊地位和安全保障成为民众避难的主要选择地之一。太平军攻下杭州后，湖州士民"将家眷迁避于乡，或至上海，数日间迁去十之六七"③。但是这些迁移者多是有资产者，贫苦民众不多。本章第二段所引赵烈文的话即是明证。虽然赵烈文日记记载的是民人迁徙到江北的情况，但结合前面对各城市研究时所引用的史料可以看出，江苏布政使司除松江府外其他地区1862年之前远

---

① 《北华捷报》，第514期，1860年6月2日，第85页；《北华捷报》，第518期，1860年6月9日，第88页；《北华捷报》，第516期，1860年6月16日，第93页。上海社会科学院历史研究所编译：《太平军在上海——〈北华捷报〉选译》，上海人民出版社2002年版。

② 《北华捷报》，第536期，1860年11月3日，上海社会科学院历史研究所编译：《太平军在上海——〈北华捷报〉选译》，上海人民出版社2002年版，第168页。

③ 周庆云纂修：民国《南浔志》卷四十五，民国十一年刻本。

道前往上海的主要是那些资产雄厚者或知识界的名人（他们可以借广泛的社会关系在上海找到落脚点）；1863—1864年，除松江府外其他地区迁徙到上海的人数大为增加，并且以中下层为主。但此时迁徙到上海的人口数远远少于第二次上海战役时松江府民众迁徙到上海的人数。

上海不仅地理位置重要，是洋枪队和淮军攻打太平军的前沿阵地；还是清廷财政的重要来源，其收取的关税是清军的重要饷源。上海对太平军亦同样重要。因为攻克上海，将解除太平军在长江中下游的后顾之忧，且可切断清军的饷源，将出口税收转归太平军所有，所以李秀成亟欲攻克上海，以实现把长江三角洲纳入地盘、巩固苏福基地的总体目标①。1862年1月7日，太平军兵分五路再次进攻上海。北路军进军到离租界仅八九英里的吴淞、三英里的闸北；南路太平军攻占了浦东，进逼吴淞；其他各路也都发起全面攻势，对上海构成战略包围；3月6日，太平军逐渐进逼上海，占据法华、虹桥、徐家汇及浦东一带，距上海城只有10多里。清军方面则配置兵力四万多人进行防御。同时，列强出于自己的利益，也积极筹备，给予清军大力支持。战争双方在上海郊区、郊县展开了激烈的争夺。随着战争警报不断传来，附近民众便开始向上海迁徙。当时的外国人记载，太平军进攻老闸桥、苏州河桥等地方时：

> 你可以看到大批贫困的乡民，扶老携幼，他们带着少许的粮食与衣服离开自己的家园，再次遭到残酷无情太平军的火烧，并跋涉于途的情形，确系一种凄惨的景象。……这天夜里，几千名难民席地而卧，他们只有用老天作覆盖物。②

其他地方同样如此，法华镇与老闸桥地区：

> 单在旧跑马场一带，难民的人数就不会少于一万或一万一千名，

---

① 崔之清等主编：《太平天国战争全史》第四卷，南京大学出版社2004年版，第2266—2267页。
② 《北华捷报》，第620期，1862年6月14日，上海社会科学院历史研究所编译：《太平军在上海——〈北华捷报〉选译》，上海人民出版社2002年版，第351—352页。

其中主要为老人与妇孺，他们从自己的家宅被赶出后，带着少量的粮食、少数煮饭的什物与一点点铺盖，……在我们漫步所及的范围内，稍微计算一下所看到的难民，大约在四五万名之间。我们也要毫不犹豫地说，在内线防卫线约一英里的周围，昨天夜里大致有十万人睡在露天里。①

随着战争的持续，更多的民众涌进租界、上海城：

最初流入租界的大批难民，主要是从西南方面各村庄而来，但以后自上海各方面传来警报，老百姓从各个方向到达河的这一边，以致租界附近和界内的道路与空地上都挤满了一批批男妇老幼，他们还牵着水牛和黄牛……登上苏州河上老闸桥附近的瞭望台，我们能够看清楚差不多三英里外焚烧中的村镇，也看到大批乡民，在快要成熟的稻田和栽种其他谷物的田地里，转弯抹角地在走着。这些大都是住在靠近租界的老百姓，由于将近黄昏，他们当晚仍然设法回到自己的村镇，准备次晨再到租界这边来。他们大概知道，敌人当晚可能不致有所动静。②

这些民众主要是郊区的民众，是1862年迁徙到上海的主力军之一。除此之外，还有松江府其他各县的民众，结果上海城内人口激增。法国领事报告说上海的难民达到100多万人③。这种说法被于醒民在《上海，1862年》一书加以引用④。笔者也同意这种说法。主要出于以下三个理由。

其一，由于第二次上海战役规模巨大，涉及范围较广，到上海避难的

---

① 《北华捷报》，第631期，1862年8月30日，上海社会科学院历史研究所编译：《太平军在上海——〈北华捷报〉选译》，上海人民出版社2002年版，第356—358页。
② 《北华捷报》，第632期，1862年9月6日，上海社会科学院历史研究所编译：《太平军在上海——〈北华捷报〉选译》，上海人民出版社2002年版，第359、360页。
③ 《1860—1864年的太平军》，北京太平天国历史研究会编：《太平天国史译丛》第2辑，中华书局1985年版，第176页。
④ 于醒民：《上海，1862年》，上海人民出版社1991年版，第13页。

不仅仅是上海郊区的民众，还有松江府所属其他各地的民众。这构成1862年上海难民潮的主流。外国人观察到当战争距离某个城市"七十或一百英里的地方出现的时候，这个预兆便足使这个大城市的居民逃避一空，纷纷下乡，从而使城内知县处于无能为力的地位"①。外国人对当时城市逃难情况的观察适用于当时的整个城乡情况。实际上，不仅仅城市民众逃亡到乡下，乡下民众也在逃亡，目的地主要是有安全保障的上海。因此，在"长毛来啦"的恐慌中，大量民众迁徙到上海是极其可能的。

其二，据当时外国人希勒估计，仅在租界避难的难民就有70多万人②，如加上县城的难民，达到100多万人是完全可能的。

其三，第二次上海战役时，上海城内和租界都采取了一系列设防措施。除了防御设施的修建外，为了防止太平军奸细混入和出于税收的考虑（主要是对外来人口的管理），不管是当时的县城还是租界都有一套严密的人口稽查制度，所以法国领事的报告是真实的（应当注意的是，这个数字应是现存人数，不包括因瘟疫、饥饿而死者）。随着第二次上海战役的结束，上海城中人口骤减。

1863—1864年，法租界的中国人口大约是0万人，英租界是25万人③，合计33万人，远低于1862年租界的70万人口。其原因如下：1862年，太平军攻战的目标是上海。对于受到战争影响地区的松江府民众来说，西边、南边是太平天国所辖地，北边是大江，相比之下，上海是最便利、最安全的地方。与远距离逃亡的人不同，这些人不需要长途跋涉，即使在资力不足的情况下，也可以逃到上海。所以，迁徙到上海的民众以1862年最多，且以上海附近地区的中下层民众为主。1863—1864年，在清军攻占苏南各地的过程中，其他各府所属州县的中下层民众也开始大量逃亡，虽然上海也是逃亡地之一，但从表5-1看，民众主要迁往江北。而第二次上海战役结束后，迁徙到上海的松江府民众也及时地返回了家

---

① 《北华捷报》，第520期，1860年7月14日，上海社会科学院历史研究所编译：《太平军在上海——〈北华捷报〉选译》，上海人民出版社2002年版，第109页。

② 《北华捷报》，第600期，1862年1月25日，上海社会科学院历史研究所编译：《太平军在上海——〈北华捷报〉选译》，上海人民出版社2002年版，第234页。

③ [法]梅朋、傅立德：《上海法租界史》，倪静兰译，上海译文出版社1983年版，第375页。

乡。这在西方人的观察中可得到证明。1863年4月，英国军队在松江府进行了为期8天的巡逻：

> 出征部队巡逻的主要地点为：望仙桥、葛隆乡、陆渡桥与浏河，所有这些地方都在三十英里界限以内，我们相信葛隆乡距太仓城只有四英里。我们很高兴，因为看到乡村中的情形一般都有所改善，居民都已纷纷回到他们自己的村庄，庄稼也长得很茂盛。但嘉定城却是例外，它和各地情形不同，那里的人口尚未恢复，比较上仍旧很荒凉。①

所以，松江府民众大量返回家乡造成了1863年租界人口的急剧下降。1863年租界中的华人应多是其他地区迁徙过去的，松江府人不多。一个很显著的例子是在光绪《苏州府志》的《流寓》一章中，一共记载了22个经历过太平天国战争的人，其中2人多次迁徙，最终到达并留居上海；而光绪《松江府续志》关于人物的章节中，《古今人传》《艺术传》却没有类似的记载，《寓贤传》中所记载的一名迁徙到上海的却是昆山人②。这并不是松江府没有记载，而是在太平天国战争时期松江府民众逃难并留居到上海的不多。因为修撰方志的一个重要目的就是对当地有一定影响的重要事件、人物进行记载，对那些名声显赫者，修志者一般不会遗漏的。可见，与松江府相比，其他各府的民众逃亡到上海的不多，但那些迁徙到上海后的人中留居的比较多。1863年和1864年的战争主要在江宁府、苏州府、镇江府、常州府一带进行，这些地区离上海较远，而距离江北仅一江之隔，民众逃往江北的居多。所以，这段时间内，上海的迁徙人口主要来自交战区，但人数已不可与第二次上海战役时相比。

随着战争逐渐落下帷幕，上海城及租界人口进一步减少。1865年年初上海租界工部局的人口统计数据曾被董事会在1865年1月21日的会议

---

① 《北华捷报》，第664期，1863年4月18日，上海社会科学院历史研究所编译：《太平军在上海——〈北华捷报〉选译》，上海人民出版社2002年版，第417页。
② 李铭皖等修，冯桂芬等纂：光绪《苏州府志》卷一百二十，光绪九年刊本。博润等修，姚广发等纂：光绪《松江府续志》卷二十五—二十七，光绪九年刊本。

上看到。当时法租界内的人口如下：外国人总数是 460 人，其中男子 359 人，妇女 79 人，儿童 22 人；中国人的情况如下：男子 36155 人，男孩 2540，妇女 7165，女孩 1605 人，流动人口 8000 左右，共 55465 人，总数是 55925 人。外国人中有：法国人 259 人，英国人 19 人，德国人 42 人，美国人 64 人，土耳其人 14 人，荷兰人 12 人，比利时人 3 人，奥地利人 10 人，希腊人 16 人，葡萄牙人 14 人，意大利人 7 人；在中国人中有 16586 人是苦力和佣人，其中 879 个佣人是外国人雇用的。英租界也同时进行了人口统计，结果为：外国人 5129 人，中国人 59662 人，还要加上虹口区的中国人 17455 人，英国人 3996 人，美国人 407 人，德国人 240 人，丹麦人 131 人，西班牙人 118 人，法国人 38 人[①]。两个租界合起来共有人口 137771 人。虽然作者也认为该统计数字低于实际数字，因为仅流动人口这一项隔一天就会使数字发生变化[②]。但是从该记载可以看出，在战争结束后，一部分人迁回了家乡；也说明了在租界是有精确的人口统计数字的，而且包括了流动人口，这对 1862 年租界人口达 70 万这一说法的可靠性是个旁证。

总之，在太平天国战争期间，上海特殊的地位使其人口剧增。但小刀会起义对上海人口数量的影响并不大。上海人口的增加是在第二次上海战役之时，且以松江府民众为主；之前，迁徙到上海的主要是那些颇有家产者，人数有限；之后，迁徙到上海的主要是其他府的民众，不仅是上层人士，也包括中下层民众，但人数已远低于第二次上海战役时，原因与民众的财力、路程、社会关系等有关。在民众迁徙高潮之时，迁徙者的人数达 100 万。

---

① ［法］梅朋、傅立德：《上海法租界史》，倪静兰译，上海译文出版社 1983 年版，第 375—376 页。

② 同上书，第 375 页。

第 六 章

战时江苏人口损失之推计

在第一章我们已经求出了太平天国战前江苏的人口数以及人口年均增长率，根据这些，我们能推测出正常情况下1864年江苏的人口数。嘉庆二十五年（1820年）至咸丰二年（1852年）江苏的人口算术平均增长率为3.6‰，以嘉庆二十五年江苏的人口3996.8万人为基数，那么，同治三年（1864年）江苏的人口为4681.5万人。以咸丰二年各府州厅人口占江苏总人口的比重为参考，则同治三年江宁府、扬州府、徐州府、淮安府、海州直隶州、通州直隶州、海门厅、苏州府、松江府、太仓直隶州、镇江府、常州府等地区的人口分别为544.4万、743.5万、462.6万、460.4万、169.3万、248.3万、65.6万、692.6万、343.2万、233.5万、261.8万、456.3万。通过第二章至第五章的研究可知，太平天国战争时期江苏省的人口损失主要在苏南和苏北的六合、仪征、江都和甘泉，因而这一章我们将利用第一章的结论，并根据方志对战后江苏省人口的记载，对太平天国战争时期苏南和江北里下河以南地区的人口损失进行粗略的研究。

太平天国战后江苏的人口统计数有两种：首先，江苏总人口数。太平天国战争结束后，由于民众返回的时间不一，因而各地清查人口的时间亦不一致。直到1874年，户部清册中才有江苏的人口汇报数字，但只是江宁布政使司所辖府州厅的人口数，不包括江苏布政使司所属府州厅的人口数[1]。所以这些数据并不能直接利用。其次，江苏所属二级、三级政区的人口数。一般而言，为了战后的重建，各地方政府会认真清查人口以作为

---

[1] 姜涛：《中国近代人口史》，浙江人民出版社1993年版，第71—72页。

征收赋税、救济灾民等事宜的基础，但是受到战争影响的地区仅有部分二、三级政区留下了战后清查的人口数字，即使这些数字亦并不能代表该地区的实存人数，还需要考证是否包括迁徙在外的民众，是否包括了其他地区移进来的人口。金陵郊区的一位士子曾对战争结束后民众返回家乡的尴尬局面有所记载："江北江南，各安衽席，惟房屋毁之家，欲归不得，未免望故乡而怅怅而。涟流离数载，衰朽不文，谨载于篇……"① 而在涉战之区房屋毁于战火的比例极高，安徽九江即是最有代表的例子。所以本章对战后江苏省人口数进行估算时需借助1910年、1932年、1953年的人口数据。

此外，在估计江苏战后实际的人口数时需利用人口增长率。一般而论，经过战争地区的人口在战后会发生补偿性增长，这就意味着战前的人口增长率不适用于战后。战后人口的增长率学界的调查主要针对20世纪中叶的中国。陈达曾利用民国年间的调查于1934年提出中国人口的自然增长率为5‰左右。1959年，联合国在陈达研究的基础上对20世纪中叶的人口自然增长率进行研究，结论为3.6‰②。但是江苏的情况不能以此为参照。一是因为战后移民较多，二是因为近代苏南较高程度的现代化也吸引了大量移民。不过，民国年间江苏有多次人口统计，可资本书参考。其中民国二十一年（1932年）的数据因派员前往各县调查而被认为比其他年份的调查确实，因而常被学术界所采用。该年江苏总人口为3580.8万，而1953年该省的人口为4745.6万③，人口年均增长率为13.5‰。尽管1932年的数据为我们提供了江苏较系统的人口数据，但学术界仍普遍认为该数据低于实际人口数。所以13.5‰的人口年均增长率可能比较高。

---

① 《遭乱纪略》，中国史学会编：《太平天国》第5册，上海人民出版社1962年版，第87页。

② 陈达：《人口问题》，商务印书馆1934年版，第188页。联合国经济社会事务部：《1950—1980年亚洲及远东人口》，第81—86页。转引自姜涛《中国近代人口史》，浙江人民出版社1993年版，第126页。

③ 赵如珩编：《江苏省鉴》，民国二十四年铅印本，第24—27页。该方志所载与胡焕庸《论中国人口之分布》所引数据不同，主要是青浦、高淳、溧水、淮安四县不同，胡所载数字均比方志所载高，胡所合计数字为3217.0万，笔者根据胡所载数字合计为3582.5万，而曹树基根据胡焕庸所载数字合计则为3437.1万。由于方志有男女分数字，可以相互校对，所以本书采用方志所载。1953年的数据根据该年各县调查数据相加而成。

除了全省的人口统计外，民国时期还对许多特定地区进行的实际调查。其中江宁县在1933年9月被指定为自治试验县，并于11月开始举行精密人口调查，其人口为562063人。由于调查时省市界未定，1934年又划江宁县的21个乡镇入南京市，江宁县人口减少为442063人，1953年江宁县的人口为535717人，从1934年至1953年江宁县的人口年均增长率为9.7‰[1]。所以本章在使用人口年均增长率时以江宁县的人口年均增长率为参考。

江宁府

江宁府1910年的人口为177.0万，1932年为223.8万，1953年为304.5万[2]，1932—1953年该府的人口年均增长率达14.8‰，由于1932年的人口数较低，所以此增长率是比较高的。1910—1953年江宁府的人口年均增长率达12.7‰。南京作为国民政府的都城后，各地人口大量迁移，致使江宁府人口增加，因而1910—1953年该府的人口年均增长率较高是可能的（1927年南京人口仅36万，1933年已为72万，1953年则达109.1万[3]），但据此增长率回推1864年江宁府的人口并不合适，1927年南京人口数表明1864—1927年南京城的人口并没有剧增。江宁县1933—1953年的人口年均增长率为9.7‰，鉴于太平天国战后各战区人口补偿性的增长以及移民的涌入，在太平天国战争后各地区的人口年均增长率当高于民国时江宁县的人口年均增长率，如果以1910年的人口为基数，以10‰人口年均增长率进行回推，则1864年该府的实际人口为112.0万，1852年该府人口为521.4万，损失人口为409.4万，损失率为78.5%。在正常情况下该府1864年的人口应为544.4万，损失人口为432.4万，损失率达79.4%。

---

[1] 《江宁县之耕地与人口密度》，胡焕庸：《论中国人口之分布》，华东师范大学出版社1983年版，第15—16页。《中华人民共和国人口统计资料汇编》，中国财政经济出版社1988年版。

[2] 1910年的人口数转引姜涛《中国近代人口史》（浙江人民出版社1993年版，第185页）；1932年的人口数根据赵如珩《江苏省鉴》第三节各县人口数合计（民国二十四年铅印本）；1953的人口数据《中华人民共和国人口统计资料汇编》江苏省的人口数合计。

[3] 胡焕庸：《论中国人口之分布》，华东师范大学出版社1983年版，第19页。《中华人民共和国人口统计资料汇编》，中国财政经济出版社1988年版。

扬 州 府

扬州府所属受到太平天国战争影响的有仪征、江都和甘泉三县。第一章第二节中已求出扬州府嘉庆十三年的男子数为3407392人，江都、甘泉、仪征三县的男子数为488054人、469817人、366132人（合计1324003），分别占扬州府男子数的14.32%、13.79%、10.75%（合计占39.90%）。扬州府咸丰二年（1852年）和同治三年（1864年）的人口分别为700.7万和731.6万。以嘉庆十三年（1808年）的比重为准，则仪征、江都和甘泉三县在咸丰二年的人口分别为100.3万、96.6万、75.2万，同治三年三县的人口分别为104.8万、100.9万、78.6万。战后江都县光绪七年（1881年）丁口为657797，其中男369845丁，女287952口，性别比为128，甘泉县为239915丁口，两县人口共约89.8万，1953年两县的人口为138.5万[①]。从1881年至1953年两县的人口年均增长率为6.0‰。以光绪七年的人口为基数，以6.0‰的人口增长率回推，则1864年两县的人口为81.1万。太平天国战争时期两县绝对人口损失（相对1852年的人口）为115.8万（58.8%），相对人口损失（正常情况下1864年的人口）为124.6万（60.6%）。仪征县战后的人口数缺载，姑且以1953年仪征县的调查数字324887为基数，以江都、甘泉两县的人口年均增长率6.0‰进行回推，则1864年仪征县的人口数为19.0万，绝对损失人口为56.2万（74.7%），相对损失人口为59.6万（75.8%）。三县合计在太平天国战争时期绝对损失人口为172.0万，相对人口损失为184.2万。

镇 江 府

镇江府是遭受战争重创的地区之一，但缺乏府志，所属各县战后的人口记载亦不全面。丹徒县在同治四年（1865年）统计人丁为105560丁，

---

① 谢延庚等修，刘寿增纂：光绪《江都县续志》卷一，清光绪九年刊本；洪汝奎等修，徐成敳等纂：光绪《增修甘泉县志》卷四，光绪七年刊本；《中华人民共和国人口统计资料汇编》，中国财政经济出版社1988年版。

同治六年（1867年）为107611丁，光绪元年为123653丁①，同治四年（1865年）至六年（1867年）人丁年均增长率为9.7‰，同治六年至光绪元年（1875年）为17.5‰，同治四年至光绪元年为15.9‰。1932—1953年镇江府的人口分别为170.4万和197.9万②，人口年均增长率为7.1‰。同治四年至同治六年的高增长率与逃难的民众返回家乡有关。方志载："迨同治三年金陵克复，丹徒城乡户口大半流亡在外。寇平后，渐次回里，至同治六年始能编次户口……"③而同治六年至光绪八年高增长率则可能与地方官员采取措施鼓励人口迁入有关。如以同治六年的人丁为基数，以7.1‰的人口年均增长率进行回推，则同治四年的人丁约为10.6万（该年的返回人数为455，占人丁105560的4.3‰）。咸丰九年（1859年）该县人丁为33.2万④，损失人丁22.6万，损失率为68.0%。人丁在江苏布政使司所属各府中，在战前与人口是同义词，但是《丹徒县志》载咸丰九年该县人丁仅331713，而太平天国战前镇江府城的人口已达30万，以此看来，《丹徒县志》中的人丁不是全部人口。光绪三年（1877年）时，丹徒县人丁130176，征粮户共114500余户⑤，如果人丁为人口，一户平均仅2人多，所以丹徒县的人丁很可能是男子。姑且以男子的损失率为丹徒县人口的损失率。

溧阳县和金坛县。道光十四年（1834年）溧阳县实在男丁为346443，同治四年为39824⑥，损失男丁为306619，损失率为88.5%。以道光十四年的人数（道光十四年的人数到咸丰二年已经增长）为期初数推算出来的男丁损失数会低于实际男丁损失率，但是以同治四年的男丁为期末数（流亡在外的尚未完全返回家乡）将导致男丁损失率出现高估，但资料所限，姑且以此推算。金坛县因为遭到兵燹，从乾隆十五年（1750年）至同治三年（1864年）的人口数无法得知。《金坛县志》记载：

---

① 何绍章等修，杨履泰等纂：《丹徒县志》卷十三，光绪五年刊本。
② 1932年的人口数根据赵如珩《江苏省鉴》第三节各县人口数合计（民国二十四年铅印本）；1953的人口数据《中华人民共和国人口统计资料汇编》江苏省的人口数合计。
③ 何绍章等修，杨履泰等纂：《丹徒县志》卷十三，光绪五年刊本。
④ 同上。
⑤ 同上。
⑥ 杨家骏等修，冯煦等纂：《溧阳县续志》卷四，光绪二十三年刊本。

> 咸丰间粤匪窜扰坚守邻敌者，再其后卒以粮罄援绝而陷，贼逞忿肆毒殆靡孑遗大江之南以忠义显者莫如金坛，而被祸之烈亦几耳不忍闻，口不忍言矣。同治甲子始克恢复合境遗黎不及三万口，较全盛时仅百之二三耳。①

可见，金坛县的人口损失惨重。这与金坛抗拒太平军有关。但同治甲子的调查并不是全部人数。县志曾记载了战后几年人丁的增长情况，如下：同治四年丁21758；同治五年滋生1088丁；同治六年滋生259丁；同治七年滋生277丁；同治八年滋生114丁②。同治五年（1866年）的滋生人丁明显高于其他年份的滋生人丁，说明了同治四年的册报人丁低于实际人丁。随着流亡人口的逐渐归来，金坛的实际人口应比调查时高。其人口损失程度民国年间曾做过调查。据载："金坛一县，困守达三年之久，人口之死亡者，达十之七八，大局平后，当局以地广人稀，田园荒芜，乃前往苏北各县招抚良民，前来垦殖。"③ 人口损失达80%。丹阳县战前战后的人口情况缺乏记载。

相对战前人口而言，丹徒、金坛和溧阳三县的人丁平均损失率为78.8%。姑且以这样的死亡率来推算镇江府的人口死亡情况。1852年和1864年，该府人口分别为250.7万和261.8万，以78.8%的损失率推算，则太平天国战争时期镇江府的绝对人口损失为197.6万、相对人口损失为206.3万。

常州府

常州府缺乏府志，所属各县中仅江阴、宜荆和无锡金匮有战后的人口统计数字。

《江阴县志》载：

> 同治三年编查户三万二千五百二十八（32528），口十万一千六

---

① 季夏重修，王国凤总纂：《金坛县志》序，光绪乙酉。
② 季夏重修，王国凤总纂：《金坛县志》卷二，光绪乙酉。
③ 陈午生：《金坛溧阳雇农生活之调查》，《"国立中央大学"农学院旬刊》，第八十五期。

百四十九（101649）；四年增编人丁四万四千七百五十一（44751），五年增编人丁七万一千二百七十四（71274），六年增编人丁一万九千八百八十六（19886），七年增编人丁一万二千八百十九（12819），八年增编人丁七千五百七十三（7573），九年增编人丁一万八百零四（10804），十年增编人丁一万三千三百八十八（13388），十一年编审滋生人丁七千九百三十二（7932），十二年编审滋生人丁九百九十九（999），十三年编审滋生人丁一万一千四百七十一（11471），光绪元年编审滋生人丁三千二百十五（3215）；二年编审滋生人丁实在共三十万九千四百四十一（309441）口，男十七万六千六百零三（176603），妇女十三万二千八百三十八（132838）口。①

同治四年（1865 年）至光绪元年（1875 年）江阴县滋生人丁总数为 204112 人，加之同治三年的人口数，则光绪元年该县人口总数为 305761 人，与光绪二年（1876 年）所载人口数相近，说明了该县的人丁即是人口，与战前的统计口径相同。史料表明同治三年至同治末年，江阴县每年的人口增长较快，这与流亡民众大量返回以及其他地区民众不断迁入有关；同时也说明了同治三年的人口数应远低于实际人口数，大量流亡在外者尚未返回。1953 年该县人口为 837733 人，从 1876 年至 1953 年的人口年均增长率为 13.0‰。从文中的记载情况看，1876 年江阴尚在吸纳人口的过程中②，所以该年的人口数较低，这可能是 1876 年至 1953 年江阴人口年均增长率较高的原因，因而无法说明其 13.0‰ 人口年均增长率是不合适的。以光绪二年的人口数为基数，按 13.0‰ 的年均增长率进行回推，则同治三年该县人口约 26.5 万。道光十九年（1839 年）该县丁口为 97.8 万，损失人口至少 71.3 万，损失率为 72.9%。

光绪《宜兴荆溪县志》所载：

---

① 卢思诚等修，季念诒等纂：《江阴县志》卷四，光绪四年刊本。
② 句容县受战祸严重的南乡直到光绪十四年才被客民开辟殆尽，这也从侧面表明了苏南受战祸严重地区吸纳移民的历程（张绍棠修，萧穆纂：光绪《续纂句容县志》卷六，光绪三十年刊本）。

宜兴户四万七千二百六十八（47268），据册送局未分主客，内有内河渔户一百七十三（173）；口十七万八千九十一（178091），男大小十一万六千九百五十九（116959），女大小六万一千一百三十二（61132），内有内河渔户男大小三百九十二（392），女大小二百八十二（282）。荆溪户二万二千四百七十七（22477），内有楚豫客户六百零五（605），温台等处客户六百三十九（639），江北客户一千三百八十七（1387），内河渔户三百八十四（384）；口十万九千八百二十一（109821），男大小八万二百八十五（80285），女大小二万九千五百三十六（29536），内有楚豫客户男大小一千五百三十八（1538），女大小七百三十（730）；温台等处客户男大小四百二十七（427），女大小二百二十（220）；江北客户男大小八百零二（802），女大小六百（600），内河渔户男大小四百一十（410），女大小二百六十四（264）。①

此时为光绪六年，距离太平天国战争结束已经16年，战争期间迁徙出去的人应已返回家乡，战后补偿性的生育亦应结束；且迁入的人口并不多，但宜兴和荆溪的人口性别结构比分别为191和272，非常不正常。此外，该县人口年龄结构和户均人数也存在问题。方志作者亦说：

同治三年克服后，人数稀少，凡客户在地开垦者悉编入册，宜兴于光绪六年册报人丁十一万三千七百二十三（113723），荆溪册报人丁七万六千五百七十八（76578），钦遵康熙五十二年恩诏永不加赋。按宜兴通计大小男口十一万六千九百五十九（116959）丁，而丁数仍有十一万三千七百二十三（113723），老幼仅止三千二百三十六（3236）口，不足三十分之一。陆居之户共有四万七千零九十五（47095），而保甲所编只二万八千二百四十（28240）户。荆溪通计大小男口八万二百八十五（80285），而丁数亦有七万三百十一（70311），计老幼一万零七十四（10074）口，仅止八分之一而少强耳。渔户三百八十四（384），口数及六百七十四（674），通计一船

---

① 陈山谟等修，徐保庆等纂：《光宣宜荆续志》卷三，民国九年刊本。

不及二口，皆未可据信。因县册如此，姑仍之若贤令长不务虚文力行保甲履勘更编实事求是，是所望也。①

史料表明光绪年间两县人口数存在低估。宣统元年，荆溪人口为198318人（其中女子89372，性别比为122）；宜兴在该年为145106丁，缺女口，按照荆溪的性别比进行调整则为264045口②，两县合计人口为462363人，1953年两县的人口为665590人，从1910年至1953年两县的人口年均增长率为8.5‰。以宣统二年（1910年）的人口数为基数，以8.5‰的人口年均增长率回推，则1864年该地区实际人口为340918。战前"宜兴荆溪居民老幼丁壮百万有奇"③，暂且以105万计，那么损失人口约70.9万（67.5%）。

无锡、金匮。道光十年，无锡县实在通共男丁339549丁，金匮县实在通共男丁258934丁，两县共实在男丁598483人；同治四年奏报无锡县实在通共男丁72053丁，金匮县实在通共男丁138008丁④，两县共男丁210061人。损失男丁为388422人，人丁损失率为64.9%。江阴、无锡和金匮三县在战争期间的平均人口损失率为68.4%。

武阳地处交通要道，是常州府所属战事最激烈的地区，它的人口损失在常州府中亦应最为严重，但关于此地区战前战后的人口情况均缺乏记载。所以采用江阴、无锡、金匮三县的平均人口损失率来推算常州府的损失人口，因常州府所属靖江县没有遭受战乱，须除去该县人口。道光十八年（1838年）靖江县实在人丁为216346人；同治四年（1865年）册报节年滋生实在人丁244310人，加之原额当差人丁29751人⑤，共实在人丁274061人。1933年靖江县人口为347832人，1953年人口为403298人⑥，说明道光、同治年间的人丁即为人口。从1832年到1865年该县人口年均

---

① 陈山谟等修，徐保庆等纂：《光宣宜荆续志》卷三，民国九年刊本。
② 同上。
③ 陈山谟等修，徐保庆等纂：《光宣宜荆续志》卷五，民国九年刊本。
④ 斐大中等修，秦缃业等纂：《无锡金匮县志》卷九，清光绪七年刊本。
⑤ 叶滋森等修，褚翔等纂：《靖江县志》卷四，光绪五年刊本。
⑥ 赵如珩编：《江苏省鉴》第三节，民国二十四年铅印本；《中华人民共和国人口统计资料汇编》，中国财政经济出版社1988年版。

增长率为 9.1‰。以道光十八年的人口数 216346 为基数，以 9.1‰ 的人口年均增长率推算 1852 年该县的人口，则为 245600 人，约 24.6 万人；以 1865 年的人口数 29751 人为基数，以 9.1‰ 的人口年均增长率回推 1864 年该县的人口则为 271590 人，约 27.2 万人。常州府 1852 年的人口约 437.0 万，减去靖江县 1852 年的人口 24.6 万，其他县 1852 年的人口为 412.4 万。常州府 1864 年的人口为 456.3 万，减去 1864 年靖江县的人口 27.2 万，其他县 1864 年的人口为 429.1 万。以 68.4% 的人口损失率计算，则常州府的绝对人口损失为 282.1 万，相对人口损失为 293.5 万人。

松 江 府

《松江府续志》记载松江府同治三年实在男妇 2629786 人，其中男丁 1446195 丁，妇女 1183591 口①。由于松江府民众在战争期间主要逃往乡下和上海，第二次上海战役后即及时返回了家乡，所以同治三年（1864 年）的人口数是当时实际的人口数。正常情况下，松江府咸丰二年和同治三年的人口分别为 328.7 万和 343.2 万。太平天国战争期间松江府的绝对人口损失约 65.7 万（19.9%），相对人口损失约 80.2 万（23.4%）。

太 仓 直 隶 州

镇洋县同治八年（1869 年）人口为 103482②，太仓州同治八年的人口统计数字为户 22172、口 131542③，两州县同治八年共有人口 235024，1953 年两县人数为 319825，1869 年至 1953 年两县的人口年均增长率为 3.8‰。以同治八年两县的人口数为基数，以 3.8‰ 的人口年均增长率回推，则同治三年（1864 年）两县人口为 230609。嘉定县 1852 年的男丁为 256179；1864 年的人口为 385585 口，其中男丁 223131④，损失男丁为 33048，损失率为 12.9%。宝山县同治四年册报男丁 128348 丁⑤，以 114 的性别比换算成人口则为 240934。崇明县按同治四年《崇明县志》载通

---

① 博润等修，姚广发等纂：《松江府续志》卷十四，光绪九年刊本。
② 王祖畲等纂：《镇洋县志》卷四，民国八年刊本。
③ 王祖畲等纂：《太仓州志》卷七，民国八年刊本。
④ 上海市嘉定县县志编纂委员会编：《嘉定县志》卷三十一，上海人民出版社 1992 年版。
⑤ 梁蒲贵等修，朱延射等纂：《宝山县志》卷三，光绪八年刊本。

共男丁324848①，以114的性别比进行调整，则该县人口为609802。以上合计，太仓直隶州在太平天国战后的实际人口大约为146.7万②。1852年和1864年太仓直隶州的人口分别为223.6万和233.5万，绝对人口损失约76.9万（34.4%），相对人口损失约86.7万（37.1%）。

苏州府

苏州府同治四年（1865年）的人丁为1288145，从府志记载判断，人丁代表的是男子③，如以战前134的性别比换算成人口则为2249447，约224.9万。1852年和1864年该府人口分别为663.4万和692.6万，损失人口分别为438.5万和467.7万，损失率分别为66.1%和67.5%。府的人口是以各县的人口为基础的，而苏州府在战后有详细的男子统计数字，虽然缺乏战前1852年的人口数，但有战前1835年的男子数，将二者进行对比，可粗略得出苏州府的男子损失状况。表6-1表明，苏州府各县间的人口损失程度不同。其中，常昭和长元的男子损失较少，常昭地区战事不多且成为流民的集聚地，这是其人口损失较小的原因；其他地区的男子损失概过半，尤以吴县最重，这主要因为吴县人口在吴长元三县人口中所占比重最大，苏州城中吴县人口比重亦最高，战前大量的客商迁回家乡致使吴县人口严重减少，并且，太平军攻取苏州后，清太湖厅副将王之敬盘踞东山、吴县知县流窜在横泾一带，致使吴县地区地主团练十分猖獗，太平军对吴县地区地主武装的剿灭行动对这些地区的人口亦产生了影响。各县人口损失的不平衡性可与第四章我们对苏州府人口的研究结果相互佐证。而表6-1中苏州府总男子的损失率为62.3%，与本书的推测亦基本一致④。

---

① 王清穆修，曹炳麟纂：《崇明县志》卷六，民国十三年修，民国十九年刊本。
② 宝山和崇明是同治四年的人口数，其他地区是同治三年的人口数，计算总数时虽然时点相错一年，并不完全一致，但误差不会太大。
③ 李铭皖等修，冯桂芬等纂：《苏州府志》卷十三，光绪九年刊本。《苏州府志》中的人口数字非常鲜明的表明嘉庆十五年、道光三十年、同治四年的人口统计口径是男子，嘉庆二十五年的人口统计口径是丁口（并详细列出了男丁和女口）。
④ 表6-1中战前的数据是道光十年的男子数，如是咸丰二年的男子数，计算出的男子损失数将更多，损失率亦将更高，与本书的推测亦会更加接近。

表6-1　　　　　战争期间苏州府所属各县男丁损失情况　　　　单位：人

地区	道光十年（1830年）	同治四年（1865年）	损失人口	损失率
吴	1441753	86976	1354777	94.0%
长洲	296384	264722	31662	10.7%
元和	232331	260665	-28334	-12.2%
昆山	206384	28416	177968	86.2%
新阳	148565	29430	119135	80.2%
常熟	188037	213532	-25495	-13.6%
昭文	270562	185571	84991	31.4%
吴江	315363	118588	196775	62.4%
震泽	313215	100245	212970	68.0%
合计	3412594	1288145	2124449	62.3%

资料来源：李铭皖等修，冯桂芬等纂：《苏州府志》卷十三，光绪九年刊本。

总之，从上文的研究来看，太平天国战争时期，江宁府和镇江府人口损失最为严重，超过了各府总人口的70%；松江府和太仓直隶州人口损失最轻，低于各府总人口的40%；苏州府和常州府的人口损失程度几乎相当。但是《皇朝经世文统编》记载："以苏浙论，前时常镇之兵荒，重于苏属；杭湖之兵荒，重于嘉属"①，将常州府的损失程度与镇江府相提并论，这与我们对苏常损失人口大致相当的结论似乎矛盾。其主要原因是：第一，前文对常州府人口损失进行推算时，是以道光十年的男丁为期初数来推算无锡、金匮二县的男丁损失数的，这将比以咸丰二年的男丁为期初数推算出的男丁损失数低，从而会降低常州府的人口损失率。第二，武进、阳湖二县在1860年时是抗拒太平军最为激烈的地区之一，人口遭到严重损失；1864年时，二县是失去其他据点的太平军的集聚地，是抵抗清军最激烈的地区，人口同样遭到严重损失，所以武、阳二县的人口损失程度高于其他三县。但是因武、阳二县战前、战后人口数据的缺乏，我们在推测常州府的人口损失时是以江阴、无锡和金匮三县的平均人口损失率68.4%为根据的，从而会进一步低估常州府的人口损失。如果将这些

---

① 《皇朝经世文统编》卷二十五，《地舆部·屯垦》。

因素考虑进去,那么常州府的人口损失率应该在 70% 以上。将扬州府、江宁府、镇江府、常州府、苏州府、松江府、太仓直隶州等府的人口损失数合计,则这些地区绝对损失人口约 1641.2 万,相对损失人口约 1751.0 万。当然,因资料所限,本章仅是一种非常粗略的估计。

结　　论

　　近代中国有三个时期的人口损失极为严重，分别是：太平天国战争时期（1850—1878年）、抗日战争时期（1937—1945年）和中华人民共和国成立后的三年困难时期（1959—1961年）。这三次人口损失规模巨大，均达千万之众，对中国近代人口乃至近代历史的发展有重大的影响。学术界对后两次人口损失已有一些初步的研究，只有太平天国战争时期（1850—1878年）的人口损失由于种种原因，学界鲜有立足于较为严谨的基础之上的研究。对其进行研究是太平天国史和近代人口史研究深化的表征，对深入理解近代历史的变迁亦有很大的帮助。基于这样的目的，笔者以太平天国战争时期的江苏为视角，通过对太平天国战争时期江苏人口损失的相关数据资料和其他文献材料的搜集、梳理和分析，对战争期间江苏的人口损失问题予以了初步的研究。

　　本书对战争前后江苏人口情况的研究主要是基于以下文献资料和统计方法。通过对《嘉庆一统志》和方志中战前江苏省二级、三级政区人丁或人口数字的分析，我们发现：第一，原额人丁本是赋税单位，不是人口统计的组成部分，但清代中叶后，地方志中在记载各自地区的人口数时已从民数统计数字中扣除了"原额人丁"，这就造成了方志中所谓的"滋生人丁"或"滋生人口"这种现象。也就是说，大多数地区中的原额人丁实际上是人口统计数的一部分，所以在统计人口时应把原额人丁包括进去。此外，江宁布政使司所属二级、三级政区中的实有人丁多代表男子，并非成年男子。第二，总体上，江苏各府志和县志中的人口资料是较可靠的。因此，可以说建立在下一级册报基础上的《嘉庆一统志》中的江苏人口资料基本可信。但是对方志人口资料分析的结果也证明：《嘉庆一统志》中，江苏在嘉庆二十五年人口数过低的原因主要是江宁布政使司的人口统计口径是人丁，且是嘉庆中叶的数字；江苏布政使司所属太仓直隶州的人口数不是嘉庆末年的数字。为此，本书采用人口地理学和人口学两种方法对战前江宁布政使司所属各府的人口数进行了估算。江苏省所属各府州厅——江宁府、扬州府、徐州府、淮安府、海州直隶州、通州直隶州、海门厅、苏州府、松江府、太仓直隶州、镇江府、常州府等嘉庆二十五年的人口以及占江苏总人口（修订后的江宁布政使司和江苏布政使司人口之和约为3996.8万）的比重分别约为464.7万（11.6%）、634.8万（15.9%）、395.0万（9.9%）、393.1万（9.8%）、144.5万（3.6%）、212.0万（5.3%）、56.0万（1.4%）、591.3万（14.8%）、293.0万（7.3%）、199.3万（5.0%）、223.5万（5.6%）、389.6万（9.7%），本书也对道光三十年和咸丰二年各府州厅的人口数进行了估算。

太平天国战争结束后，由于民众返回的时间不一，因而各地清查人口的时间亦不一致。直到1874年，户部清册中才有江苏的人口汇报数字，但这些数字仅包括江宁布政使司所辖府州厅的人口数，不含江苏布政使司所属府州的人口数①。所以这些数据并不能被直接利用。就江苏所属府县的人口数而言，通常情况下，为了战后的重建，各地方政府会认真清查人口以作为征收赋税、救济灾民等事宜的基础。但是受到太平天国战争影响的地区仅少部分府县留下了战后清查的人口数据，且这些数据，并非均能代表该地区实存人数。这就需要考证，当该地区统计人口时，那些迁徙在外的民众是否全部或多数返回了家乡，以及该地区吸纳其他地区人口的数量。对此本书仅进行了初步的分析。根据战前战后的人口数据，笔者初步估计：太平军涉战之区扬州府三县、江宁府、镇江府、常州府、苏州府、松江府、太仓直隶州等地区的绝对损失人口约1641.2万，相对损失人口约1751.0万。

除此之外，本书结合笔者对战前江苏人口的估计数，并利用其他各种文献对江苏各地区人口情况的记载，估算出江苏省的人口损失状况如下：

在太平天国战争时期，江苏省太平军战死并有确切统计的共66.5万—91.4万人（取中间值为79.0万人）；南京战场太平军战死约24.0万人，江北战场约22.1万人，江苏布政使司20.41万—45.3万人。其中南

---

① 姜涛：《中国近代人口史》，浙江人民出版社1993年版，第71—72页。

京战场和江苏布政使司战场太平军战死人数远低于实际数字。死于饥荒和瘟疫的太平天国军民人数,江苏布政使司至少为102.6万—153.9万人,取平均值为128.25万人,是该地区太平军战死人数20.41万—45.3万人的6.3—2.8倍。以上合计,太平天国战争期间,江苏里下河以南地区太平天国军民死亡的人数共达207.25万人。

在洋枪队出现之前,清军的战斗力不如太平军。从太平军的死亡数量看,清军绿营兵和八旗兵死亡人数也应不少,其中江苏籍绿营兵和八旗兵死亡数约7万人,其他省籍的绿营和八旗在江苏的死亡数因资料匮乏无法统计。另外,湘军共死亡3.7万人,洋枪队和淮军死亡的人数达3.8万—4.9万,取中间数为4.35万人。

与军人相比,平民的死亡情况更为严重。太平天国战争时期,江苏里下河以南地区平民的死亡数达1204.0万人,其中,南京城中平民有确切统计的死亡数有20多万人;江宁布政使司太平军涉及的地区,除南京外,其他城市人口损失为93.0万,乡村人口损失为264.6万。江苏布政使司乡村人口因各种因素损失共达647.3万人,城市人口损失达179.1万人。

太平军、江苏籍清军和平民合计死亡数达1418.25万人,与本书根据方志估计出的绝对人口损失相差200多万人。其原因在于:第一,南京战场和江苏布政使司战场太平军的死亡数估计低于太平军的实际死亡数。第二,1418.25万中没有包括流失者。第三,两种估算方法存在误差。考虑到这些因素,两种方法计算出的结果不会相差太远。需要注意的是:在死亡的太平军中包括了一部分其他省籍的太平军,如何看待这个问题?护王所留残册名单表明,江浙皖地区的太平军中,此三省籍人员最多,其他省籍人员占很小比重,可忽略不计。江浙皖三省战事相垺,在资料缺失的情况下,各省的太平军部队姑且按"相互抵消"的原则,各计入该省人口损失。

通过对方志和其他史料的研究,我们可以得出太平天国战争时期江苏人口损失的一些基本事实:就地域而言,可以分为江宁布政使司人口损失和江苏布政使司人口损失。江宁布政使司的人口状况又可分为两大部分。一是江宁府所属以及扬州府的仪征县、江都县、甘泉县等地区的人口。这些地区是太平军和清军的对峙区,战争、瘟疫和饥荒先后爆发,并最终交织在一起,使城市和乡村人口急剧减少。二是苏北里下河及其以北地区的人口。这些地区主要受到捻军的影响,由于不是捻军活动的主要区域以及苏北各地区自身的防御发挥作用,战争对人口直接影响不大;战争期间,黄河改道使水灾发生频率不如战前,虽然有些地区的灾害严重程度高于战前,但除了砀山和邳州外,其他地区并非捻军活动的主要地区;且捻军活动最为频繁的萧县在1853—1866年的洪涝灾害并不严重,这就证明苏北里下河及其以北地区自然灾害与战争没有直接关系;虽然战争使政府、社会的救助力量减弱,但现有资料亦未能表明战争期间自然灾害对苏北人口造成的影响比战前更为严重。就时间而言,扬州府城的人口损失主要集中于1853年,江宁府所属六合县以及扬州府的仪征县、江都县、甘泉县等地区(不含扬州城)的人口损失主要集中于1857年至1862年,其中1857年至1861年的人口损失主要受到战争的影响,而1862年的人口损失主要是灾荒和瘟疫造成的。1860年太平军进攻苏南的战役虽对江宁府所属(六合和南京除外)及江苏布政使司的人口产生了一定的影响,但并不严重;1862年至1864年,由于太平天国的版图日益缩小,加大了对统治区的征求,清军则把太平军占领区作为发财的机会,加之战争破坏了生产的正常进行,致使饥荒和瘟疫交织在一起,人口损失严重。这些情况表明,江苏人口损失与太平军统治时间的长短没有绝对的关系。除了上述情况外,江苏省尚有两个比较特殊的地区即南京和上海。南京是太平天国的首都,太平天国奠都后,因人口不断地伤亡或逃亡,南京城人口逐渐减少,为了使城内人口保持在相对稳定的规模,南京城便不断地吸纳其他地区的人口,总体上,南京城人口损失极其严重。上海因其租界的特殊地位免于战祸,人口不仅没有减少,反而急剧增长,但上海吸纳人口有一个过程:小刀会起义对上海人口数量的影响不大;上海人口的增加是在第二次上海战役之时,以松江府民众为主;之前,迁徙到上海的主要是那些颇有家产者,人数有限;之后,迁徙到上海的主要是其他府的民众,不仅是上层人士,也包括中下层民众,但人数已远低于第二次上海战役时;在民众迁徙高潮之时,上海的人口达100万。

虽然,本书通过对太平天国战争前后及期间,江苏的人口数据资料和其他相关的文字材料,进行了较为系统的搜集、整理和考察,并在此基础上初步探讨了太平天国战争期间江苏的人口损失。然而,由于年深日久,文献无征,关于人口损失的一些相关问题,本书无法对其进行探讨。例如，人口迁徙构成的人口流失是人口损失的一部分，虽然有资料表明当时迁出江苏的人口不多，但没有有关迁出人数的资料，因而本书对此并没有深入探讨。再者，本书力图通过对造成人口损失的因素的探讨，以窥各因素与人口损失之关系，但由于各方面的限制，本书在材料的使用上仅以归纳法为主，这无疑在一定程度会影响到研究的深入程度。同时，对战争中军人和民众的受伤人数、因受伤而死亡的人数进行探讨以及将江苏省的人口损失与其他省份的人口损失进行对比，均可进一步加深对江苏人口损失特点的认识，但因资料和时间所限，本书基本没有涉及。以上这些问题，笔者在研究过程中已感觉到，但是，笔者深知，这些问题的解决绝非一日之功能毕。因此，笔者带着些许遗憾结束本书，而把对这些问题的解决俟诸他日。

附　录

附表1　　江苏民国二十一年人口（1932年）性别比

地区	男（人）	女（人）	性别比
南汇	239814	242293	99∶100
奉贤	99114	101257	98∶100
松江	204400	185319	110∶100
川沙	67333	62939	107∶100
上海	57414	57337	100∶100
青浦	125972	123332	102∶100
金山	79275	75150	105∶100
吴江	229688	202684	113∶100
吴县	483591	423999	114∶100
昆山	120453	114934	105∶100
嘉定	124452	120099	104∶100
宝山	83077	78929	105∶100
崇明	220285	186081	118∶100
太仓	149368	140529	106∶100
常熟	444748	414490	107∶100
无锡	472074	427217	110∶100
江阴	380906	336049	113∶100
武进	450486	392283	115∶100
宜兴	265600	230831	115∶100
溧阳	185117	136824	135∶100
高淳	125268	95951	131∶100
溧水	96174	73482	131∶100

续表

地区	男（人）	女（人）	性别比
江宁	264453	225769	117∶100
句容	131183	113587	115∶100
江浦	66018	57830	114∶100
六合	182336	174885	104∶100
仪征	110156	99273	111∶100
镇江	282940	240360	118∶100
金坛	131892	111948	118∶100
丹阳	243752	216250	113∶100
扬中	81005	73511	110∶100
泰兴	460849	440359	105∶100
江都	595800	563634	106∶100
高邮	324830	302948	107∶100
宝应	218883	209909	104∶100
淮安	374223	356511	105∶100
淮阴	218807	207958	105∶100
泗阳	312801	210801	148∶100
宿迁	348503	322438	108∶100
睢宁	283222	264626	107∶100
铜山	517493	469043	110∶100
萧县	267262	242382	110∶100
砀山	153320	139034	110∶100
丰县	162053	142427	114∶100
沛县	184786	161807	114∶100
邳县	305584	279320	109∶100
沭阳	284538	266222	107∶100
东海	203314	169425	120∶100
灌云	300210	281625	107∶100
赣榆	210394	188932	111∶100
涟水	277983	269392	103∶100
阜宁	529692	472217	112∶100
盐城	543504	495349	110∶100

续表

地区	男（人）	女（人）	性别比
兴化	293575	266612	110∶100
东台	625980	567585	110∶100
泰县	549047	504114	109∶100
如皋	763495	664809	115∶100
靖江	189688	158144	120∶100
南通	725152	633309	115∶100
海门	317834	290333	109∶100
启东	176007	159583	110∶100
南京市	387104	245574	158∶100
上海市	1732246	1290865	134∶100
总数	19035163	16772608	113∶100

资料来源：赵如珩：《江苏省鉴》，民国二十四年铅印本。

附表2　　　　　　苏南各县太平军守将

城市名称	统治者姓名	任职时间	备注
省城苏州	求天义陈坤书主军务，后封为护王	1860年夏—1862年春	
	左同检熊万荃主民务	1860年夏—1862年	
	逢天安刘肇钧主民务，后封凛王	1860—1862年后	
	慕王谭绍光	1862年秋—1863年12月	
长洲县	天安黄	1862年前后	
吴县	勋天福某	1861年前后	
	李善交	1863年4月上旬—下旬	
常昭	定南主将黄文金，后封堵王	1860年9月中旬—10月上旬（咸丰十年八月一日—二十三日）	
	慷天燕钱桂仁主军，后封比王	1860年10月—1863年1月常昭失守	
	详天福侯裕田，主民务	1860年9月中旬到任，1862年冬受钱桂仁排挤离职	

续表

城市名称	统治者姓名	任职时间	备注
昆新	江南文将帅李文炳	1860年夏—1862年春,同年5月因谋叛被杀	
吴江、震泽	颤姓	1860年夏—9月	
	懋天福萧朝兴	1960年9月—1862年8月（咸丰十年八月初八日—同治元年六月十一日）	
	水师天军主将冀（程姓）	1862年8月—1863年7月（同治二年六月初三日）	《庚癸纪略》为程姓据守
	扬王李明成	1863年7月到任,至同月底江镇失守	
常州	谒天安陈志书	1860年夏—1862年春	
	护王陈坤书	1862年春—1864年5月常州失守	
锡金	济天义黄和锦,后封佐王	1860年夏—1862年3月	
	乾天义李恺运	1862年3月—1863年4月	
	潮王黄子隆	1863年4月—12月锡金失守	
宜荆	汤惟攸	1860年6月到任	
	刘佐清	1860年秋—1864年3月宜荆失守	
江阴	广王李恺顺	1860年秋—1863年9月江阴失守	
太仓镇洋	会王蔡元隆	1862年冬—1863年5月	
嘉定	待考		
青浦	绍天豫周文嘉,后封宁王	1860年夏—1862年夏,其间一度调守绍兴	

资料来源：华强、陈志楣：《太平天国政区省郡县表》。

参 考 文 献

1. 清人著述和史料汇编

北京太平天国历史研究会编：《太平天国译丛》，中华书局1985年版，1—3辑。

包世臣：《安吴四种·中衢一勺》，卷七（下）《说储上篇后序》。

陈作霖：《金陵通纪》，成文出版有限公司影印，光绪三十三年刊本。

陈作霖：《凤麓小志》。

陈作霖：《金陵琐志》，成文出版有限公司影印，清光绪二十六年刊本。

曹自守：《吴县城图说》。

《筹办军务据实直陈折》，《张大司马奏稿，湘中稿》。

冯和法编：《中国农村经济资料》，上海黎明书局1933年版。

广东省社会科学院历史研究室、中国社会科学院近代史研究所中华民国史研究室、中山大学历史系孙中山研究室合编：《孙中山全集》第一卷，中华书局1981年版。

柯悟迟：《漏网喁鱼集》，中华书局1959年版。

张亮基：《张大司马奏稿》，王有立主编：《中国文史丛书》，据扬州古旧书店刊本影印，华文书局股份有限公司印行，第6辑。

江忠源：《江忠烈公遗集》，王有立主编：《中国文史丛书》，据同治十三年刊本影印，华文书局股份有限公司印行，第6辑。

罗尔纲、王庆成编：《太平天国》第1—10册，广西师范大学出版社2004年版。

陆润庠题签：《中兴苏浙表忠录》。

梁元生著，陈同译：《上海道台研究——转变社会中之联系人物，1843—1890》，上海古籍出版社2003年版。

《民国丛书》第一编，上海书店1982年版。

南京市文献委员会通志馆印行：《南京文献》（7），上海书店1948年版。

南京大学编：《江浙豫皖太平天国史料选编》，江苏人民出版社1984年版。

太平天国历史博物馆编：《太平天国史料丛编简辑》第1—6册，中华书局1961—1963年版。

太平天国历史博物馆编：《太平天国文书汇编》，中华书局1979年版。
太平天国历史博物馆编：《太平天国资料汇编》第1—2册，中华书局1979—1980年版。
《太平天国资料特辑》，（一），南京大学历史系藏抄本。
《清续文献通考》，商务印书馆万有文库本。
汤志钧编：《章太炎政论选集》，中华书局1977年版。
《上海滩与上海人丛书》，上海古籍出版社1989年版。
上海博物馆图书资料室编：《上海碑刻资料选辑》，上海人民出版社1980年版。
陈陶遗：《江苏兵灾调查纪实》，民国十三年。
上海社会科学院历史研究所编译：《太平军在上海：〈北华捷报〉选译》，上海人民出版社1983年版。
上海博物馆图书资料室编：《上海碑刻资料选辑》，上海人民出版社1980年版。
苏州博物馆、江苏师院历史系、南京大学历史系编：《何桂清等书札》，江苏人民出版社1981年版。
孙嘉淦：《南游记》。
上海历史研究所筹备委员会编：《上海小刀会起义史料汇编》，上海人民出版社1958年版。
《学习资料》，1967年。
汪氏：《苏垣纪事骈言论》。
《咸同广陵史稿》，《扬州地方文献丛刊》，广陵书社2004年版。
王凤生：《荒政备览》，卷上，道光三年婺源王氏刊本。
中国第一历史档案馆编：《清政府镇压太平天国档案史料》，社会科学文献出版社1993—2001年版，第8—26册。
中国史学会编：《捻军》第1、6册，上海人民出版社1962年版。
中国史学会编：《太平天国》第1—8册，上海人民出版社1962年版。
中国社会科学院近代史所研究所近代史资料编辑室编：《太平天国文献史料集》，中国社会科学出版社1982年版。
汪德门等：《太平天国史料专辑》，上海古籍出版社1979年版。
中国科学院地理科学与资源研究所中国第一历史档案馆编：《清代奏折汇编——农业·环境》，商务印书馆2005年版。
国家统计局人口统计司、公安部三局编：《中华人民共和国人口统计资料汇编（1949—1985）》，中国财政经济出版社1988年版。
《张大司马奏稿·湘中稿》。

《邹鸣鹤奏》，《方略》，卷十一。

赵如珩编：《江苏省鉴》，民国二十四年铅印本。

《曾忠襄公书札》卷七。

2. 地方志

赵如珩：《江苏省鉴》，民国二十年铅印本。

上海市地方志办公室编：《上海乡镇志》1—14册，上海社会科学院出版社2006年版。

3. 专著和论文

陈恭禄：《中国近代史》，商务印书馆1947年版。

陈垣：《二十史朔闰表》，中华书局1999年版。

段纪宪：《中国人口造势新论——中国历代人口社会与文化发展》，中国人口出版社1999年版。

曹树基：《中国人口史》，复旦大学出版社2002年版。

董蔡时：《太平天国在苏州》，江苏人民出版社1981年版。

杜黎：《鸦片战争前上海行会性质之嬗变——兼述资本家之形成》，油印，1981年。

复旦大学历史地理研究中心主编：《自然灾荒结构与中国社会历史结构》，复旦大学出版社2001年版。

傅崇兰：《中国运河城市发展史》，四川人民出版社1985年版。

［美］何炳棣：《明初以降人口及其相关问题（1368—1953）》，葛剑雄译，生活·读书·新知三联书店2000年版。

葛剑雄、曹树基、吴松弟：《简明中国移民史》，福建人民出版社1993年版。

葛剑雄、侯杨方、张根福：《人口与现代化》，学林出版社1999年版。

葛剑雄：《中国移民史》第六卷，福建人民出版社1997年版。

葛剑雄：《中国人口史》第二卷，福建人民出版社1997年版。

定宜庄：《清代八旗驻防研究》，辽宁民族出版社2003年版。

胡焕庸、张善余：《中国人口地理》上册，华东师大出版社1984年版。

冯和法：《中国农村经济资料》，上海黎明书局1933年版。

葛庆华：《近代苏浙皖交界地区人口迁移研究》，上海社会科学院出版社2002年版。

姜涛：《中国近代人口史》，浙江人民出版社1993年版。

姜涛：《历史与人口——中国传统人口结构研究》，人民出版社1998年版。

江苏地方志编纂委员会：《江苏志·人口志》，方志出版社1999年版。

简又文：《太平天国全史》，简氏猛进书屋1962年版。

蒋德隆主编：《长江中下游气候》，气象出版社1991年版。

[英]呤唎著：《太平天国革命亲历记》上下册，王维周译，上海古籍出版社1984年版。

谢永刚：《中国近五百年重大水旱灾害——灾害的社会影响及减灾对等研究》，黑龙江科学技术出版社2001年版。

梁方仲：《中国历代户口、田地、田赋统计》，上海人民出版社1980年版。

梁元生：《上海道台研究——转变社会中之联系人物，1843—1890》，上海古籍出版社2003年版。

李伯重、周生春主编：《江南的城市工业与地方文化（960—1850）》，清华大学出版社2004年版。

李伯重：《江南的早期工业化（1550—1850年）》，社会科学文献出版社2000年版。

李文海、夏明方主编：《天有凶年：清代灾荒与中国社会》，生活·读书·新知三联书店2007年版。

李文海等：《近代中国灾荒纪年》，湖南教育出版社1990年版。

李中清、王丰：《人类的四分之一：马尔萨斯的神话与中国的现实（1700—2000）》，陈卫、姚远译，生活·读书·新知三联书店2000年版。

刘石吉：《明清时代江南市镇研究》，中国社会科学出版社1987年版。

刘铮主编：《人口学词典》，人民出版社1986年版。

刘铮等编：《人口统计学》，中国人民大学出版社1981年版。

罗尔纲：《李秀成自述原稿注》，中华书局1982年版。

罗尔纲：《绿营兵志》，中华书局1984年版。

罗尔纲：《晚清兵志·淮军志》第一卷，中华书局1997年版。

龙盛运：《湘军史稿》，四川人民出版社1990年版。

路遇、滕泽之：《中国人口通史》，山东人民出版社2000年版。

路遇、滕泽之：《中国分省区历史人口考》，山东人民出版社2006年版。

梅朋、傅立德著，倪静来译：《上海法租界史》，上海译文出版社1983年版。

内森·凯菲茨著，郑真真等译：《应用数理人口学》，华夏出版社2000年版。

彭尼·凯恩著，郑文鑫等译：《1959—1961中国的大饥荒》，中国社会科学出版社1993年版。

南京市人民政府研究室编：《南京经济史》，中国农业科技出版社1996年版。

[美]施坚雅：《中国封建社会晚期城市研究》，王旭等译，吉林教育出版社1991年版。

佟新：《人口社会学》，北京大学出版社 2000 年版。

仁桂淳：《清朝八旗驻防》，生活·读书·新知三联书店 1993 年版。

田玄：《淮军》，山西人民出版社 2000 年版。

赵文林、谢淑君：《中国人口史》，人民出版社 1988 年版。

王庆成：《太平天国的历史和思想》，中华书局 1985 年版。

王育民：《中国人口史》，江苏人民出版社 1995 年版。

王育民：《中国历史地理概论》，人民教育出版社 1988 年版。

王定安：《湘军记》，岳麓书社 1983 年版。

王树槐：《中国现代化的区域研究，江苏省，1860—1916》，"中央研究院"近代史研究所专刊，1984 年。

吴建华：《明清江南人口社会史研究》，群言出版社 2005 年版。

余新忠：《瘟疫下的社会拯救——中国近世重大疫情与社会反应研究》，中国书店出版社 2004 年版。

杨子慧：《中国历代人口统计资料研究》，改革出版社 1996 年版。

［苏］П.П.雷巴科夫斯基编：《苏联人口七十年》，郭丽群译，商务印书馆 1994 年版。

中央气象局气象科学研究院主编：《中国近五百年旱涝分布图集》，地图出版社 1981 年版。

郭豫明：《上海小刀会起义史》，中国大百科全书出版社上海分社 1993 年版。

郭豫明：《捻军史》，上海人民出版社 2001 年版。

于醒民：《上海，1862 年》，上海人民出版社 1991 年版。

邹依仁：《旧上海人口变迁的研究》，上海人民出版社 1980 年版。

张仲礼主编：《近代上海城市研究》，上海人民出版社 1990 年版。

张仲礼：《中国绅士的收入》，费成康等译，上海社会科学院出版社 2001 年版。

张剑光：《三千年疫情》，江西高校出版社 1998 年版。

Gilbert Rozman, *Urban Networksin Ching China and Tokugawa Japan*, Princeton University Press, 1973。*The Demographic Dynamics of Some Clansin the Lower Yangtze Aree, Ca1400 - 1900*, Academia Economicpapers, Vol. 9. No. 1, March 1981.

蔡宏俊：《太平天国战争中人口损失研究述评》，《南京政治学院学报》2007 年第 2 期。

盛巽昌：《太平天国天京内讧实力未损失说》，《江西社会科学》1991 年第 4 期。

曹树基：《太平天国战争对苏南人口的影响》，《历史研究》1998 年第 2 期。

曹树基：《太平天国战争对苏南人口的影响》，《华东理工大学学报》（文科版）1997

年第 4 期。

曹树基、陈意新：《马尔萨斯理论和清代以来的中国人口——评美国学者近年来的相关研究》，《历史研究》2002 年第 1 期。

行龙：《论太平天国革命前后江南地区的人口变动及其影响》，《中国经济史研究》1991 年第 2 期。

洪焕椿：《论明清苏州地区会馆的性质及其作用》，《中国史研究》1980 年第 2 期。

李中清：《明清时期中国西南的经济发展和人口增长》，《清史论丛》第五辑。

李伯重：《气候变化与中国历史上人口的几次大起大落》，《人口研究》1999 年第 1 期。

米红：《清末民初两次人口调查》，《历史研究》1997 年第 1 期。

米红：《事件史方法及应用》，《人口与经济》1997 年第 3 期。

米红：《民国人口调查与资料的研究与评价》，《人口研究》1996 年第 3 期。

行龙：《论太平天国革命前后江南地区的人口变动及其影响》，《中国经济史研究》1991 年第 2 期。

余新忠：《咸同之际江南瘟疫探略——兼论战争与瘟疫之关系》，《近代史研究》2002 年第 5 期。

谢世诚：《太平天国苏福省人口初探》，《学海》1993 年第 2 期。

谢高潮：《浅谈同治初年苏浙皖的疫灾》，《历史教学问题》1996 年第 2 期。

王育民：《太平天国革命时期"人口损耗逾亿说"辨证》，《学术月刊》1993 年第 6 期。

周源和：《清代人口研究》，《中国社会科学》1982 年第 2 期。

朱国宏：《中国历史人口增长再认识：公元 2—1949》，《人口研究》1998 年第 3 期。

夏春涛：《太平军中的婚姻状况与两性关系探析》，《近代史研究》2003 年第 1 期。

王丰、李中清：《摘掉人口决定论的光环——兼谈历史人口研究的思路与方法》，《历史研究》2002 年第 1 期。

陈意新、曹树基：《尊重中国人口史的真实——对〈摘掉人口决定论的光环〉一文之回应》，《学术界》2003 年第 3 期。